UNIVERSITÉ DE FRANCE. — FACULTÉ DE DROIT DE LYON

DROIT ROMAIN

DISPOSITIONS

DE

DERNIÈRE VOLONTÉ

A ROME ET DANS LE DROIT ANCIEN

DROIT FRANÇAIS

LES

MONUMENTS HISTORIQUES

THÈSE POUR LE DOCTORAT

PAR

Ernest PARISET

LICENCIÉ ÈS-LETTRES
LAURÉAT DE LA FACULTÉ

PARIS

LIBRAIRIE NOUVELLE DE DROIT ET DE JURISPRUDENCE

ARTHUR ROUSSEAU, ÉDITEUR

14, RUE SOUFFLOT ET RUE TOULLIER, 13

1891

THÈSE

POUR LE DOCTORAT

A MON PÈRE

A MA MÈRE

UNIVERSITÉ DE FRANCE. — FACULTÉ DE DROIT DE LYON

DROIT ROMAIN

DISPOSITIONS

DE

DERNIÈRE VOLONTÉ

A ROME ET DANS LE DROIT ANCIEN

DROIT FRANÇAIS

LES

MONUMENTS HISTORIQUES

THÈSE POUR LE DOCTORAT

SOUTENUE DEVANT LA FACULTÉ DE DROIT DE LYON

Le samedi 24 janvier 1891.

PAR

Ernest PARISET

LICENCIÉ ÈS-LETTRES
LAURÉAT DE LA FACULTÉ

PARIS

LIBRAIRIE NOUVELLE DE DROIT ET DE JURISPRUDENCE

ARTHUR ROUSSEAU, ÉDITEUR

14, RUE SOUFFLOT ET RUE TOULLIER, 13

1891

FACULTÉ DE DROIT DE LYON

MM. CAILLEMER, ✳, correspondant de l'Institut, doyen, professeur de Droit civil ;

MABIRE, professeur de Droit civil ;

GARRAUD, professeur de Droit criminel ;

APPLETON, professeur de Droit romain ;

FLURER, professeur de Droit civil ;

THALLER, professeur de Droit commercial ;

ROUGIER, professeur d'Économie politique ;

ÉNOU, professeur de Droit administratif ;

AUDIBERT, professeur de Droit romain ;

COHENDY, professeur de Procédure civile ;

LESEUR, agrégé, chargé du cours d'Histoire générale du Droit français ;

SAUZET, agrégé, chargé du cours de Droit international privé ;

BERTHÉLÉMY, agrégé, chargé du cours d'Histoire interne du Droit français ;

BLONDEL, agrégé d'Histoire, chargé du cours d'Histoire du Droit public.

BECQ, secrétaire.

JURY DE LA THÈSE

Président : M. APPLETON, *professeur*.

Suffragants. . . . . . { MM. CAILLEMER, *doyen*.
ÉNOU, *professeur*.
BERTHÉLÉMY, *agrégé*.

DISPOSITIONS

DE

DERNIÈRE VOLONTÉ

Ita do, ita lego, ita testor.....
GAIUS, II, 104.

CHAPITRE PREMIER

DE LA TRANSMISSION DES BIENS.

SOMMAIRE. — Intérêt des recherches historiques sur l'origine du droit de tester par rapport au problème de la liberté testamentaire. — Propriété mobilière et premières dispositions à cause de mort. — Copropriété familiale et succession légitime. — Succession testamentaire et *ab intestat* : développement parallèle. — Utilité de l'histoire comparée pour les études de ce genre et légitimité de cette méthode. — Plan du travail.

Depuis une vingtaine d'années un économiste célèbre, M. Le Play, et, après lui, toute une école ont ramené l'attention sur la question de la liberté testamentaire. Savoir si le père de famille doit pouvoir disposer de son patrimoine dans la pleine jouissance de son autorité, ou si, au contraire, il ne doit pouvoir exercer cette autorité que dans des limites plus ou moins restreintes par la loi, tel est le problème qui se pose.

D'un côté, c'est la possibilité de récompenser dans la descendance un enfant qui a donné des preuves éclatantes de son amour filial, d'exhéréder au contraire celui dont la conduite aurait mérité un blâme ; c'est, en un mot, la faculté accordée au testateur de disposer de son bien selon ses affections ; de l'autre, c'est une réglementation de la répartition du patrimoine faite législativement et d'une manière immuable. Tout en laissant au testateur certaines prérogatives, on veille à ce que les biens ne sortent pas de la famille ; les enfants doivent recueillir des richesses auxquelles ils ont été appelés dès leur naissance et qui, dès lors, se rapprochent davantage du patrimoine perpétuel d'une famille que de la fortune personnelle d'un individu.

Tels sont, dans leurs grandes lignes, les traits caractéristiques des deux systèmes dont nous avons d'ailleurs à dessein exagéré les différences : dans la pratique, les législations en ont combiné les éléments de diverses manières. Nous n'avons pas l'intention d'entrer dans une discussion qui serait très intéressante, mais ne rentrerait pas dans le cadre de cette étude. Elle a d'ailleurs été traitée avec trop de science et de profondeur pour qu'il nous soit possible d'y revenir. Qu'il nous suffise d'ajouter que, malgré les efforts faits de part et d'autre, la solution définitive n'a pas été donnée ; cette solution même existe-t-elle ? On serait presque tenté d'en douter.

C'est en effet dans cette science économique, arrivée pourtant dans notre siècle à un si beau développement, qu'on sent le mieux, nous semble-t-il, les lacunes de l'esprit humain. Sur la plupart des grandes questions on ne peut aboutir à ces lois fixes et rigoureuses, qui donnent à d'autres sciences tant de clarté ; on trouve des règles relatives, mais rien qui satisfasse d'une manière certaine. Il en est ainsi pour le problème du libre échange et de la protection ; il en est de même pour la liberté testamentaire.

Et, si nous insistons sur ce point, c'est pour montrer que la discussion est encore ouverte sur le sujet et que l'on peut toujours espérer découvrir quelque argument nouveau, pour ou contre, qui puisse être un acheminement à une solution rationnelle.

En présence de ces difficultés, nous avions pensé qu'il serait peut-être intéressant de rechercher dans l'histoire quel était le système adopté aux différentes époques ; dans les sociétés les plus anciennes surtout, on pouvait voir, nous semblait-il, quelle était la tendance que faisait prédominer le développement de la civilisation. On pouvait ainsi, en dehors des considérations théoriques, se rendre compte expérimentalement du plus ou moins de conformité de la liberté testamentaire avec les dispositions naturelles de la loi sociale. Le champ de nos investigations nous était tout désigné d'avance. L'antiquité nous présente le peuple à l'esprit juridique le plus profond qui ait existé, ce peuple romain dont on a pu dire qu'il avait pour droit la raison écrite : il fallait donc étudier la question à Rome et découvrir dans les documents qui nous ont été transmis les vestiges du droit primitif ; en faisant ensuite les mêmes recherches dans les autres civilisations anciennes et en en rapprochant les résultats on pouvait espérer arriver à une vue d'ensemble.

Nous nous étions donc proposé de faire une étude complète du testament romain et nous avions déjà avancé notre travail lorsque nous avons eu connaissance du volume publié par M. Greiff en 1888, *De l'origine du Testament romain*. Toutes les opinions émises sur l'origine et le fonctionnement de l'institution chez les Romains ont été examinées par M. Greiff ; les auteurs les plus récents, Français et Allemands, ont été lus et cités. Fallait-il renoncer au sujet ? Il nous en coûtait beaucoup de perdre le fruit de notre longue préparation. Nous avons donc repris les textes et nous avons cherché si, en parcourant les mêmes sillons si bien tracés par M. Greiff, nous ne pourrions pas encore glaner quelques observations intéressantes. Il nous a semblé que certaines théories pouvaient être légèrement modifiées, que certains points pouvaient être mis davantage en lumière ; sans revenir sur les parties si excellemment traitées dans cet ouvrage, nous nous renfermerons donc spécialement dans les questions qui étaient restées un peu en dehors de son cadre.

Dès que la propriété apparaît, le problème de sa transmission à cause de mort se pose. Un homme meurt ; cet homme avait des biens, ornements, armes ou vêtements : c'est la propriété mobilière qui apparaît partout la première, car n'est-ce pas là que l'appropriation se fait le plus vite sentir ? On se sert continuellement de ces objets usuels, et l'on est le seul à s'en servir ; aussi subissent-ils les premiers cette transformation qui fait d'un corps inerte une dépendance et, pour ainsi dire, un prolongement de la personne du propriétaire.

Le bûcheron, dans la forêt, dit naturellement « mon bras », « ma main » : c'est sa volonté qui les dirige, qui emploie à son gré cet instrument primitif ; puis il dit de suite « ma hache », car la hache, une fois dans sa main, forme avec elle un tout indivisible ; elle suit le mouvement de la main ; elle obéit, comme elle, à cette intelligence qui est le premier bien de l'homme. De même le guerrier dira « ma lance » ; et ce sera déjà une propriété, car il aura sur cette lance un droit exclusif qu'il ne permettra à personne de violer impunément. Quand ce guerrier meurt, que va devenir sa lance ? Appartiendra-t-elle à ses enfants ? A tous ses enfants ou à un seul ? Ou le guerrier, de son vivant, aura-t-il pu désigner le propriétaire futur de cette lance pour qu'il n'en jouisse qu'après sa mort ?

Quand l'homme disparaît, tout ce qu'il a possédé, ces choses inertes, qui semblaient n'avoir d'existence que par lui, lui survivent et restent désormais sans maître, prêtes

à être la proie du premier occupant. Ce premier occupant
est naturellement celui qui se trouve à portée de la chose ;
ceux qui environnaient le défunt, c'étaient ses enfants,
ses frères, ses parents, en un mot c'est la famille. La constitution de la famille dans l'antiquité n'est plus aujourd'hui
à élucider. Les travaux si remarquables publiés par M. Fustel de Coulanges, et son ouvrage célèbre, *la Cité antique*,
ont largement contribué à établir les phases successives
par lesquelles ont passé les sociétés dont sont issus les
peuples modernes.

Il est admis aujourd'hui que la famille chez les peuples
Aryens, au moins, Indous, Grecs, etc. a dû être l'unité
formant la base de la société. La famille absorbe l'individu : les membres de la famille passent ; la famille doit
être éternelle, car elle est en même temps une religion,
religion consistant surtout dans le culte des ancêtres, qui
sont devenus, après leur mort, les dieux tutélaires de la
famille.

La famille, avec sa première extension, présente une
telle affinité, une telle cohésion entre toutes ses parties
qu'elle devient une unité qui est une véritable personne
morale. Dès lors la famille est propriétaire des biens :
quand donc un individu membre de la famille vient à disparaître, les biens qu'il possédait ne changent pas de maître ; c'est un droit de jouissance qu'il avait et qui s'éteint,
rien de plus ; il ne transmet rien, car il n'avait rien à
transmettre, et, l'on allait même plus loin, il n'y avait rien
qu'il pût transmettre. La suite logique de cette formation
du droit successoral est ainsi résumée par Fr. Hermann
Post : « Le testament n'apparaît nulle part dans les populations primitives, c'est un produit de la civilisation ; il faut
un progrès considérable des mœurs pour que cette institution s'établisse au milieu d'un peuple ».

Cet auteur arrive à cette conclusion après avoir examiné
les constitutions primitives des peuples les plus divers, tant

chez les anciens que chez les modernes. Dans les premiers temps, alors que les communautés de famille existaient, dit-il encore, il ne pouvait être question de succession. Les parents par le sang restaient dans l'indivision et le gouvernement du patrimoine se transmettait entre les chefs de la tribu. Le patrimoine commun ne pouvait être l'objet d'une aliénation. Quand plus tard on se choisit des chefs, le chef gouverne toute la tribu et c'est plutôt sa dignité qui se transmet à son successeur que son pouvoir sur le patrimoine en tant qu'héritage (Hermann Post, *Bausteine für eine allgemeine Rechtswissenschaft*, II, p. 172).

Lorsque graduellement les membres de la tribu s'habituent à ne plus verser dans le fonds commun la totalité de leurs acquisitions, c'est alors que l'on voit se développer le droit successoral au sens actuel du mot.

On commence, disons-nous, par posséder en propre ce qui sert à l'usage individuel, les ornements et les armes. Puis certaines personnes reçoivent le droit de recueillir ces objets à l'exclusion de tous autres. Les armes ordinairement sont attribuées aux hommes : ainsi, chez les Indiens du Brésil, les armes et les joyaux qui ne sont point déposés dans la tombe du défunt appartiennent aux fils. De même, dans le vieux droit germanique, c'est l'agnat le plus proche, capable de marcher au combat, qui hérite de l'armure ou au moins du glaive du défunt. Avec la destruction graduelle de la communauté de tribu, et le développement de la tendance des membres à demander le partage, apparaît aussi l'attribution à certains héritiers de portions précises de l'héritage. Le développement de ce droit successoral présente chez chaque peuple de nombreuses particularités. Mais partout on tend à un but commun, et c'est ainsi que le testament apparaît fatalement chez tous quand ils sont arrivés à un degré de développement suffisant.

A dater de ce moment, la succession testamentaire et la

succession *ab intestat* jouent dans les révolutions des institutions un rôle parallèle et rival qui atteste l'antiquité
du testament et son importance. Il faut d'ailleurs se rappeler que si d'une part on trouve chez certaines nations,
telles que les Chinois et les Germains, le droit successoral
complètement dépouillé de toutes possibilités de dispositions de dernière volonté, chez d'autres, au contraire, et
pour la nation romaine en particulier qui forme l'objet
principal de cette étude, le testament est si bien ancré dans
les mœurs, et depuis si longtemps, que la théorie semble
complètement renversée. On ne trouve plus, pour désigner
une succession où ne figure pas la volonté, qu'un terme
négatif : *succession ab intestat*. Le testament a donc une influence prépondérante, et l'on voudrait même accepter
communément qu'à Rome, à l'origine, la liberté testamentaire devait être complète, les entraves à cette liberté
n'ayant été mises qu'après coup. Tout en faisant nos plus
expresses réserves sur cette théorie, nous reconnaissons
qu'il faut presque remonter à l'origine de la cité pour trouver les premières traces de la succession testamentaire.
Nous employons à dessein cette expression large de droit
successoral testamentaire, pour faire antithèse au droit
successoral *ab intestat* ou plus simplement droit successoral légitime ; car sur le terme de *testament* nous verrons
qu'il y a à s'expliquer plus longuement. La succession *testamentaire* est celle où la liberté de celui qui possède les
biens entre en exercice : sa volonté les attribue plus ou
moins souverainement à des personnes qui devront lui
survivre et prolonger ainsi son influence même après la
mort. L'autre, la succession *ab intestat*, est celle où la loi,
ayant fait d'une manière plus ou moins savante la dévolution des possessions du défunt, les attribue, sans laisser
à son libre arbitre aucune participation, à ceux qui sont
censés lui tenir de plus près par le sang ou par l'affection ;
nous pourrions même dire parfois à ceux que l'utilité so-

ciale seulement semble appeler à prendre la place du dé-funt. Dans ce cas-là, on ne tient aucun compte des amitiés, des inimitiés, des préoccupations même les plus légitimes du défunt; et il ne faut point ici se laisser égarer par le mot testament qui pourrait faire naître des erreurs.

Cette expression, en effet, entraîne actuellement avec elle tout un ensemble d'idées qu'une longue série de siè-cles y a attachées d'une manière indestructible et qui pour-raient faire illusion sur les limites réelles de ce que nous avons appelé droit successoral testamentaire. Dans l'accep-tion ordinaire le testament est un acte par lequel on prend des dispositions qui ne doivent être exécutées qu'après la mort. Il est certain qu'il y a là l'expression la plus parfaite des dispositions de dernière volonté, mais ce droit de dis-poser peut pourtant se révéler sous les formes les plus va-riées ; et certainement, quand il apparaît pour la première fois dans les civilisations antiques, il ne prend point ces formes plus ou moins compliquées de ce que l'on appelle actuellement le testament.

Du jour où le propriétaire du plus simple objet mobilier, le guerrier de l'hypothèse que nous avons faite ci-dessus, frappé à mort dans un combat, donne à son fils, ou au com-pagnon d'armes qui le soutient, l'arc ou les flèches qui armaient sa main, le droit testamentaire apparaît. Il n'y a, il est vrai, qu'un acte qui se passe entre deux individus vivants et qui produit son effet immédiatement ; mais l'une des parties sait bien que ses instants sont comptés et qu'elle dispose pour le temps où elle ne sera plus. Et c'est ici que nous trouvons la preuve de ce qu'il y a de profondément juste et naturel dans le droit testamentaire. Comment dé-nier au propriétaire le droit de donner sa chose, d'en dis-poser entre-vifs ; et dès lors comment l'empêcher, au mo-ment de quitter ce monde, de disposer de ce qu'il a de plus précieux ? Nous connaissons la grande objection que l'on nous fera : ce qui n'est pas rationnel dans le testament, c'est le fait d'avoir une volonté qui produise ses effets après la mort de celui qui veut. Mais cet effet qui survivra à celui qui l'a produit, n'est-ce donc que dans le testament qu'on l'obtient ? N'en est-il pas de même dans l'adoption ? On serait alors contraint de dire, avec Hœlder et de forts bons auteurs, ou que l'adoption n'est pas rationnelle ou qu'elle n'a rien des dispositions testamentaires. Les auteurs dont nous parlons adoptent cette solution. Il faut avouer que l'adoption n'est pas un testament tel qu'on le comprend aujourd'hui, mais ce n'en est pas moins une disposition de libre volonté qui doit produire des effets après la mort.

Prenons, en effet, l'hypothèse si simple qui se trouve en définitive au fond de toutes les adoptions, qu'on les appelle adoption, adrogation ou εἰςποιησις. Un homme qui n'a pas d'enfants introduit à son foyer le fils de son voisin, et, avec l'agrément de la loi, le considère comme son propre enfant; cet adopté vient prendre après la mort de son père adoptif une part de la succession de ce dernier, peut-être même sa succession tout entière alors qu'elle aurait dû revenir aux successeurs *ab intestat*, aux frères du défunt. Le résultat est exactement le même que si le *de cujus* avant de mourir avait désigné, pour recueillir ses biens, le fils de son voisin au préjudice de ses propres parents. La transmission des biens est la conséquence de l'adoption, il est vrai, qui est un acte entre-vifs permis par la loi. Mais il ne faut point s'étonner si les premières dispositions à cause de mort, pour assurer leur plein effet, devaient commencer à être exécutées du vivant même du disposant. Qu'on nous pardonne ici un rapprochement, qui pourrait à première vue paraître bizarre, mais qui est pourtant de l'essence de notre sujet. Nos rois de France de la troisième race voulaient établir l'hérédité de la couronne en faveur de l'aîné de leurs fils ; ils avaient à lutter contre les grands vassaux ; ils ne trouvèrent pas d'autres expédients que de faire monter sur le trône leurs fils de leur vivant en les associant à la couronne. La volonté ici comme dans l'adoption ancienne est arrivée à ses fins de valoir après la mort.

D'autres fois certaines dispositions de la loi successorale ne peuvent être transgressées, mais on ne peut en conclure qu'il ne reste aucun autre moyen de disposer de ses biens à cause de mort. Parfois il ne sera pas permis de faire une constitution d'héritier, de se choisir un continuateur ; mais il sera loisible d'attribuer à titre particulier certains biens du patrimoine ; ou encore la loi donnera au père de famille la faculté d'assurer l'avenir de ses enfants en leur désignant lui-même un tuteur. Nous ne voulons point discuter la légitimité des restrictions plus ou moins grandes apportées à l'exercice du droit de tester ; mais nous croyons que, sous ces diverses formes d'adoption, d'institution d'héritier, de legs, de dation de tuteur, il faut voir toujours l'expression d'une volonté dernière ; du jour où elles existent, on peut étudier parallèlement à la succession *ab intestat* une succession testamentaire.

Ce genre de succession, commençant par avoir une importance minime, se développe rapidement pour finir par avoir sur les institutions sociales une influence considérable. Napoléon Ier, voulant transformer le royaume de Naples qu'il donnait à l'un de ses frères, lui conseillait simplement de mettre en vigueur le régime successoral du Code civil français. Celui qui dispose de ses biens pour l'avenir peut, en effet, faire merveilleusement refléter aux mesures qu'il prend ses préoccupations et sa manière de voir. On peut constater, de nos jours encore, l'influence des substitutions et du droit d'aînesse ; toutes ces règles pèsent directement sur la transmission des biens et les conditions économiques de la propriété. Elles servent à mettre en valeur, tantôt une espèce de biens, tantôt une autre ; elles influent sur l'état des personnes en formant parfois des classes privilégiées quant à la fortune, en tendant au contraire, dans d'autres cas, à répartir également

la richesse entre tous ; et tous ces effets découlent si logiquement de la nature des choses, qu'il nous semble que,
si le testament a été utilisé par certaines institutions dans
le cours des âges, ce n'est pas à elles pourtant qu'il faut
rattacher l'origine de sa popularité et de son développement ; ils ont leur source dans la nature même de l'homme.

Nous avons voulu préciser ce que nous entendions par
droit testamentaire avant de rechercher dans l'antiquité
quelles en ont été les premières manifestations. Il ne faut
pas se dissimuler les très nombreuses lacunes des textes
qui sont les seuls monuments de ces époques reculées ; et
dès lors il est difficile d'avancer sans s'engager dans des
hypothèses ingénieuses peut-être, mais qui pourraient facilement devenir aussi étrangères à la réalité des faits qu'à
la saine raison. Pour éviter quelques-uns de ces écueils,
nous pourrons pourtant nous servir d'un moyen très pratique : l'histoire comparée.

C'est un axiome que la même cause placée dans les
mêmes conditions produit toujours les mêmes effets ; et ce
qui est vrai dans l'ordre physique l'est aussi dans le monde
moral. L'homme possède, en plus, sa liberté qui fait sa
grandeur comme sa misère, et qui l'élève au-dessus du
reste de la création ; mais il n'y en a pas moins, au-des-
sous de cet élément mobile et changeant, une ressemblance générale qui tient à ce que tout homme, formé à
l'image de son créateur, tend à se rapprocher du même
idéal. Partout il y a la notion du même but à atteindre ;
partout la même raison discernant les moyens propres à
arriver à ce bien, terme final de l'objet créé. Cette iden-
tité d'origine et de but fait qu'un homme placé dans une
situation donnée agira en principe de la même manière
que tout autre homme placé dans les mêmes circonstances. Et, s'il en est ainsi dans les individus, il en est de même
à plus forte raison dans les peuples, réunions d'individus.

Il est bien évident qu'il y a mille influences accidentelles qui pourront se faire sentir sur l'individu : le climat, les habitudes, la nature même du sol qu'il habite ; mais remarquons que ces influences, très fortes sur l'individu, perdent déjà de leur puissance quand il s'agit de la réunion d'individus qui constituent un peuple. Dans la marche générale du peuple il n'y a plus que les résultantes les plus énergiques des forces, qui s'agitent en lui, qui se fassent sentir ; les petits accidents particuliers se perdent dans la masse. Si donc, pour connaître un homme, il faut connaître les hommes ; pour connaître la vie et le développement d'un peuple à plus forte raison faut-il étudier et connaître la vie des peuples.

Le développement ici bien plus lent que dans l'individu fait qu'il faut introduire une nouvelle science qui n'est plus la psychologie, mais l'histoire. Dans la suite des temps, les documents qui pourraient nous faire connaître certaines époques disparaissent ; il y a pour nous dans la série des événements de la vie d'un peuple des solutions de continuité regrettables ; on ne peut suivre les phases successives d'une même institution ni arriver à la grande vue d'ensemble pourtant si nécessaire. C'est alors qu'on doit faire intervenir l'histoire comparée. Il n'arrivera pas toujours que ces lacunes se présentent à la fois chez tous les peuples pour la même époque ; on peut en passant d'un peuple à un autre suppléer à ces lambeaux déchirés du tableau de leurs vies.

Cette méthode a pris dans notre siècle sa juste place au milieu des procédés de la science. Non certes qu'il faille l'appliquer avec une rigueur que ne comportent point les matières auxquelles nous l'appliquons ici. Il ne s'agit point de vouloir trouver avec Vico des cycles revenant fatalement dans toutes les branches du genre humain ; il faut éviter les assimilations hâtives et les déductions peu justifiées. Mais, étant donnés des peuples qui sortent de la même souche, ont vécu sous le même ciel de la même vie, on peut, et on est en droit de le faire, comparer leurs développements afin d'éclaircir les points obscurs de leurs institutions. Nous essayerons de suivre cette route qui a été ouverte principalement par Gans, au commencement du siècle, dans son magistral ouvrage sur le droit héréditaire, et nous pourrons peut-être en tirer profit dans notre matière spéciale du mode d'introduction du droit de tester.

Nous ne nous arrêterons point sur les législations orientales dont les rapports avec le droit romain, qui fait le fond de cette étude, sont très éloignés ; mais nous chercherons surtout comment la liberté de disposer à cause de mort s'est introduite à Rome, sous quelle forme, à quelle époque. Notre civilisation moderne repose tellement sur la vieille société romaine que toutes les constatations que nous pourrons faire sur ce terrain difficile auront leur importance pour la solution du problème de la liberté testamentaire. Nous trouverons des éléments importants dans la législation grecque, qui a été depuis quelques années. l'objet de si remarquables travaux : ici il s'agit d'un droit parallèle en quelque sorte au droit romain, du droit d'un peuple qui, par sa position géographique, ses relations commerciales incessantes, sa supériorité intellectuelle, a exercé une si réelle et si puissante influence.

En abrégé, dans ces divers milieux, nous verrons comment la succession testamentaire s'est introduite, comment elle s'est développée vis-à-vis de la succession légitime ou *ab intestat* ; comment l'on a compris la liberté testamentaire et le rôle respectif des héritiers et des légataires. Puis, nous rapprocherons les conclusions que nous aurons tirées de cette étude des conclusions que nous aura fournies le droit romain. Si nous pouvions trouver dans cet essai de droit comparé une justification des déductions que nous aurons obtenues dans la seule étude du Droit romain, ne puiserions-nous pas dans cette concordance une grande force pour les soutenir? Nous ferons ainsi la vérification des théories auxquelles nous serons arrivé.

Comme nous le disions plus haut, il est dans le droit testamentaire romain certains points qui nous sont désormais interdits; mais on peut encore tenter de trouver dans ce vaste champ un coin de terre à défricher. Étudier comment le testament apparaît pour la première fois à Rome, et sous quelles formes, suivre ses transformations successives, élucider l'introduction de la mancipation dans une matière qui de prime abord semble aussi éloignée de tout ce qui rappelle un contrat, tels sont quelques-uns des problèmes que l'on peut soulever avec intérêt et profit. On peut enfin essayer de rattacher à un édifice d'ensemble les nombreuses théories qui forment le droit testamentaire romain. Dans notre étude, voici le plan que nous nous proposons de suivre.

Dans un premier chapitre nous chercherons à déterminer l'importance assignée à Rome aux droits de la famille; nous examinerons la condition de ceux que les jurisconsultes romains ont appelés les héritiers siens; notre but sera donc de faire la part de ce que nous avons appelé le droit de succession légitime ou *ab intestat*; dans cet examen nous accepterons le testament comme un fait incontestable, sans l'approfondir.

Le droit des héritiers légitimes une fois établi, nous nous attaquerons dans les chapitres suivants au droit successoral testamentaire, c'est-à-dire à l'influence de la libre volonté dans les règles de la succession. Il nous faudra étudier les dispositions de dernière volonté, leur origine, leur nature; et, après avoir analysé leur essence, nous verrons quelles formes le Droit romain leur a permis de revêtir.

Les testaments *calatis comitiis, in procinctu, per æs et libram*, devront nous arrêter tour à tour. Lorsque nous aurons ainsi laborieusement travaillé à reconstruire l'édifice de la succession à Rome, nous conclurons en demandant au droit grec par une brève comparaison la confirmation ou la condamnation des résultats que nous aura donnés le Droit romain.

CHAPITRE II

LES HÉRITIERS SIENS.

Sommaire. — Nécessité d'instituer ou d'exhéréder les héritiers siens dans le testament. — Diverses classes d'héritiers. — Héritiers nécessaires. — Nature du droit des héritiers siens. — Le régime successoral romain n'a pas commencé par la liberté testamentaire au sens absolu du mot. — Il a débuté par la copropriété familiale et le droit exclusif des héritiers siens.

Gaius, au *Comm.* II, § 123, après avoir passé en revue les diverses conditions exigées pour la validité du testament, dit : *Item qui filium in potestate habet, curare debet ut eum vel heredem instituat vel nominatim exheredet, alioquin, si eum silentio præterierit inutiliter testabitur.* Gaius vient d'énumérer les conditions de validité de l'institution d'héritier, la *familiæ mancipatio*, les témoins, la *nuncupatio verborum* ; il va examiner la capacité requise dans la personne soit du testateur, soit de l'institué. La femme qui veut faire un testament ne peut y procéder qu'*auctore tutore*, avec l'assistance de son tuteur ; enfin, celui qui a un fils en sa puissance doit avoir soin ou de l'instituer héritier ou de l'exhéréder nominativement ; à défaut de quoi, s'il le passe sous silence, *inutiliter testabitur*, il aura testé inutilement. La sanction est énergique. De même, si l'*auctoritas* du tuteur a fait défaut à la femme mariée, le testament est nul, d'une nullité absolue, parce que dès le principe il n'a pas été fait conformément aux règles du droit, *ab initio non jure factum.* Un peu plus loin, il est vrai, il attire notre attention sur une controverse qui a divisé les jurisconsultes sur les caractères de cette nullité. « De l'avis de nos maîtres (*les Sabiniens*), dit-il, lors même que le fils décèderait du vivant de son père, aucun héritier ne pourrait invoquer ce testament parce que dès l'origine l'institution *non constiterit* n'a pas été valable. Mais d'autres écoles (*les Proculiens*) raisonnent autrement ; elles reconnaissent que, si le fils est vivant au décès de son père, il sera *suus heres ab intestato* et exclura les héritiers institués ; mais elles admettent néanmoins que sa mort ayant précédé celle du père enlèvera l'obstacle qui s'opposait à l'exécution du testament ; leur avis serait donc que le testament n'a pas été nul dès l'origine ».

Les termes de cette controverse ne viennent pas à l'encontre de notre opinion qui veut voir dans l'omission des héritiers siens à l'origine une cause de nullité absolue ; car, remarquons-le, c'est la théorie admise par Gaius et les Sabiniens, c'est-à-dire par ceux qui, d'une manière générale, tiennent à maintenir les principes anciens et traditionnels du Droit romain. Pour eux, l'institution a existé mais elle a été inutile ; et ce n'est pas un événement postérieur qui peut venir rétroactivement lui donner une vie qu'elle n'a point reçue au début au moment où le testateur avait voulu la faire. Un événement postérieur peut bien parfois faire tomber un testament régulier ; c'est ce qui arrive au cas de l'agnation postérieure d'un héritier sien, il y a alors *testamentum ruptum* ; mais le testament avait été régulier, il avait vécu de sa vie propre ; le cas n'est plus le même. Et les Proculiens, pour déclarer le testament valable dans l'hypothèse que nous examinons, sont obligés de s'inspirer de l'équité, de l'utilité sociale, pour donner ici comme dans beaucoup d'autres cas des solutions incontestablement plus pratiques, mais peu conformes à la logique du droit. Ils affectent de regarder le testament comme seulement paralysé par l'existence de l'enfant : l'enfant disparaissant, l'obstacle est éloigné, le testament vaudra ; mais cette argumentation ne nous semble pas conforme à la vérité des choses, c'est celle de Gaius qui est la vraie ; il y a une condition de fond, une condition de capacité qui est violée par l'omission des héritiers siens ; il ne s'agit pas d'une simple condition de forme, la nullité est radicale et absolue.

Et si nous insistons sur le caractère de la nullité du testament où le *de cujus* a passé ses enfants sous silence, c'est qu'il est assez difficile de déterminer d'une manière précise quel pouvait être le droit de ses héritiers que le Droit romain a appelés *sui et necessarii*. Comment faut-il comprendre cette règle ; s'agit-il d'une réserve, d'une légitime, dans le sens moderne de ces mots ; s'agit-il, au contraire, d'une règle de forme des testaments ? Cette question, dont la solution est fort importante pour l'étude de la liberté testamentaire à Rome, a fait le sujet de vives controverses dans la science juridique contemporaine. Du texte de Gaius, que nous avons reproduit (G. II, § 156), retenons d'abord qu'il y a une certaine classe de personnes qui se trouvent vis-à-vis du testateur dans une position particulière et nettement définie, et que l'on appelle les héritiers siens et nécessaires.

On compte trois classes d'héritiers en Droit romain : les héritiers *extranei* ou étrangers, qui ne sont pas soumis à la *potestas* du défunt ; les héritiers *necessarii*, ce sont les esclaves institués que l'on nomme ainsi parce que, bon gré mal gré, ils deviennent aussitôt après la mort du testateur libres et héritiers ; enfin les héritiers *sui et necessarii* qui sont ceux *qui modo in potestate morientis fuerunt.* (G. II, § 156.) Ces héritiers sont les personnes qui ont été soumises à la puissance du défunt, fils, filles, petits-enfants, généralement tous ceux désignés sous le terme de *liberi.* Or ce sont les personnes qui constituent cette catégorie que la loi ordonne à peine de nullité d'instituer ou d'exhéréder dans le testament.

Cherchons d'où leur vient leur appellation.

Sui quidem heredes quia domestici heredes sunt, et vivo

quoque parente quodammodo domini existimantur; unde etiam si quis intestatus mortuus sit, prima causa est in successione liberorum. (G. II, § 157.) Ces héritiers sont appelés *sui* parce que ce sont des héritiers qui font partie de la maison ; qui, du vivant du *de cujus*, peuvent déjà être regardés en quelque sorte comme des copropriétaires du patrimoine ; ce sont eux aussi qui, dans la succession *ab intestat*, passent au premier rang. Le sens de *suus* doit ici fixer l'attention, car il a pu être l'occasion de certaines erreurs : c'est l'adjectif possessif, et le possesseur est le *de cujus*. Il ne faudrait pas adopter le sens que l'on a proposé parfois mais qui est inexact, et en faire les héritiers d'eux-mêmes ; comme on l'a observé, il faudrait écrire alors non *suus heres* mais *heres sui*. — *Necessarii vero dicuntur quia omnimodo, sive velint, sive nolint, tam ab intestato quam ex testamento heredes fiunt.* Ils sont héritiers nécessaires à un double point de vue, qu'il faut bien distinguer : d'abord ils ne peuvent, au moins dans l'ancien droit, se soustraire à la charge de leur héritage qui va fatalement leur incomber, *sive velint, sive nolint,* et l'on doit à ce point de vue les assimiler à l'esclave héritier nécessaire ; ensuite ils le sont à un deuxième point de vue, en ce sens que l'héritage va nécessairement leur appartenir, qu'ils viennent comme héritiers institués en vertu d'un testament, ou comme héritiers *ab intestat* s'il n'y a pas eu de testament ou s'il n'est pas valable. Dans ce cas, d'ailleurs, l'institution n'ajoute rien à leur droit qui reste le même ; la seule différence est que par un testament régulier le *de cujus* a pu établir une série de dispositions de dernière volonté. Quant aux personnes qu'il faut comprendre dans cette classe, nous les avons déjà énumérées : les fils, les *liberi*. Ajoutons les enfants adoptifs et la femme *in manu*, et remarquons que les petits-enfants ne sont héritiers siens que dans le cas où leur père pour une raison ou une autre a cessé de l'être, hommage rendu en passant à la *patria potestas*.

Telle est, dans ses grands traits, la théorie romaine des héritiers siens et de la nécessité de leur exhérédation, telle que nous la révèlent les textes. Mais, quand il s'agit de déterminer la nature des droits de ces héritiers et le rôle qu'ils ont joué dans l'ensemble du droit successoral romain, on se heurte à de nombreuses difficultés dans l'examen desquelles nous avons dit qu'il nous fallait entrer.

Il est permis de croire, en effet, que la nécessité de l'exhérédation des héritiers siens a eu dans le droit testamentaire romain une origine différente de celle qu'on lui assigne ordinairement. Voici quelle est la théorie généralement admise sur la question. La loi des XII Tables avait accordé la liberté testamentaire ; et l'usage du testament *per æs et libram* avait fait de cette liberté une application pratique. Alors que dans le testament officiel des *calata comitia*, ou dans le testament *in procinctu*, le testateur devait être retenu par une sorte de pudeur au moment de déshériter les siens pour instituer un étranger, et que le souvenir même de l'intervention primitive du peuple suffisait pour prohiber toute injustice, dans les formalités privées du testament *per æs et libram* fait en petit comité il n'y avait plus aucune réserve qui fut imposée au testateur qu'une passion quelconque envenimait à l'égard des siens. Il n'y avait plus aucun frein possible à ses ressentiments : de là, des institutions malheureuses, des exhérédations plus malheureuses encore, portant le trouble dans les familles et le désordre dans la cité. En présence de cet ordre de choses, continue-t-on dans le système que nous exposons, il fallut trouver un remède ; et ce remède fut la nécessité de l'exhérédation expresse des héritiers siens, exhérédation qui fut tempérée plus tard par la *querela inofficiosi testamenti*.

Les choses se sont-elles véritablement passées ainsi dans la vérité des faits ? qu'on nous permette d'exposer quel-

ques objections à ce système dont la logique et l'apparence
raisonnable sembleraient assurer le triomphe. Tout d'a-
bord, peut-on admettre aussi facilement que dans une époque telle que nous apparaissent par des documents certains les troisième et quatrième siècles de Rome, lorsque,
dans une institution aussi fondamentale que le droit de
tester, on veut faire une modification, peut-on admettre,
disons-nous, que cette modification ait pour but de substituer à une liberté complète une série d'entraves dont on
n'avait pas eu l'idée tout d'abord ? Au moment même où
les idées religieuses primitivement si puissantes s'affaiblis-
saient et étaient sur le point de disparaître, dans le développement juridique de Rome ces mêmes idées auraient
provoqué la formation d'une théorie très importante pour
la société romaine et reposant uniquement sur cette distinction antique et d'inspiration religieuse des héritiers
siens ?

On dira que c'était une réaction du droit pontifical, du
droit patricien qui, se sentant battre en brèche par le courant nouveau, aurait voulu établir une dernière barrière,
et s'y serait cramponné avec d'autant plus d'énergie qu'il
y avait moins d'espoir de trouver d'autres appuis. Mais il
serait peu logique de supposer que cette exigence de l'exhérédation des héritiers siens ait pu s'imposer comme règle
à un courant d'opinion aussi fort que celui qui avait pu
substituer, au testament solennel d'autrefois, le testament
facile et pratique de la *mancipatio familiæ*. Ce serait admettre qu'une volonté postérieure ait pu imposer des limites nouvelles après avoir permis un instant de jouir de
la liberté ; il nous semble que ce système n'est pas rationnel, et nous allons voir comment nous pouvons trouver
dans les textes des arguments à l'appui de notre manière
de voir.

En résumé, voici les termes de la controverse : les uns
croient que le régime successoral romain débute par la

liberté testamentaire et que les restrictions en faveur des héritiers siens n'apparaissent que postérieurement ; nous, nous penchons vers un droit primordial et exclusif des héritiers siens, et des empiètements successifs faits sur ce droit par la liberté de tester. Pour arriver à une solution, un premier élément nous est fourni par l'étude de la nature du droit des héritiers siens. Si l'étude des textes nous le révèle comme une simple condition de forme du testament, il s'ensuit que c'est une institution postérieurement greffée sur lui pour des raisons d'utilité, et l'on a dû commencer par la liberté testamentaire ; au contraire, si nous reconnaissons qu'il y a là plus qu'une formalité, qu'il y a là le respect d'un droit, nous aurons un premier et puissant argument en faveur du second système qui est le nôtre. Et l'on ne saurait argumenter contre nous de ce fait qu'il faut supposer d'abord un pouvoir de disposition pour que l'existence du droit supérieur de certaines personnes puisse se révéler ; il y a là un raisonnement philosophique que l'on rencontre fréquemment, particulièrement chez certains auteurs allemands, et qui est un sophisme. Pour que la lumière soit, il n'est pas nécessaire qu'il y ait des ténèbres ; pour qu'un droit existe, il n'est pas nécessaire qu'on puisse le briser. A notre avis, indépendamment de toute idée de disposition de dernière volonté, l'héritier sien a un droit. Cette opinion n'est pas admise sans contestation.

Nous lisons dans le remarquable travail du professeur Franz Hoffman de Vienne (*Kritische studien in Romischen Rechte*, p. 200 et s.), lorsqu'il parle des héritiers nécessaires, un système tout différent du nôtre. D'après lui, il ne s'agit ici que de prescriptions de formes. Empruntant les expressions de Müller (*Lehrbuch der Institutionen*, p. 806) il dit : « le vieux Droit romain s'est contenté pour limiter la puissance testamentaire de la soumettre à certaines formes quant à ce qui concerne les héritiers *ab intestat* les plus proches ». Il laisse d'ailleurs le contenu du testament sans restriction. La simple observation des formes suffisait pour en assurer la validité alors même que les droits naturels des héritiers se trouvaient matériellement lésés. Par la simple exhérédation dans les formes légales, quelque peu motivée qu'elle fut, le testament était assuré contre toute vicissitude. « C'est aussi, dit-il, le sentiment de Francke (*Das Recht der Noterben*, 1831). Le très ancien Droit romain a déjà exigé que le père dans son testament institue ses héritiers siens ou les exclue d'une manière solennelle. Ces règles appartiennent à la forme du testament..... »

Ces définitions nous semblent à la fois incomplètes et inexactes. D'une manière générale, nous croyons qu'au lieu de voir dans la nécessité d'exhérédation une simple condition de forme imposée au testament, il vaut mieux reconnaître aux héritiers siens un droit primordial et supérieur. Nous ne dirons certainement pas avec Hunger (*Das romische Erbrecht*, apud *Hoffmann, op. cit.*, p. 198) que certaines personnes ont un droit à être reconnues comme héritières dans le testament soit d'une manière positive par une institution, soit d'une manière négative par une exhérédation. Cette reconnaissance faite dans la disposition de dernière volonté ne peut rien enlever ni ajouter au titre d'héritier, qui ne dépend point du testateur. Il ne s'agit pas non plus du droit pour les héritiers siens d'être simplement mentionnés dans le testament : s'il en était ainsi, on ne pourrait pas comprendre que celui qui reçoit à titre particulier des libéralités parfois considérables puisse faire annuler le testament où il a été passé sous silence dans l'institution d'héritier. Il ne faut pourtant pas se dissimuler qu'il y a là une des grandes difficultés du sujet.

Comment, voilà un héritier sien qui a, dites-vous, un droit propre, et pourtant vous pouvez d'un mot le mettre complètement en dehors de la succession ? Bien plus, vous pouvez joindre au préjudice l'ironie la plus amère, car, en instituant par testament l'héritier sien, vous pouvez par le même acte, dans les dispositions que vous y insérerez, réduire à zéro son émolument dans votre succession ? On le voit, l'objection est sérieuse ; il ne s'agit point ici d'une *réserve* dans le sens moderne du mot, sens qui s'est vulgarisé à la suite des réglementations du Droit impérial romain lors de l'établissement des quartes et de ce que l'on a appelé la légitime. Nous ferons seulement observer qu'il y a là, au fond, une confusion traditionnelle et une extension du mot réserve qui est fort discutable.

Par une singularité remarquable, et peut-être, il faut bien le dire, irraisonnée, les rédacteurs du Code civil ont compris cette erreur et n'ont pas voulu la partager. Dans les articles 913 et suivants, ils emploient constamment cette formule « les libéralités ne pourront excéder telle ou telle quotité ». Ils ne disent pas « L'héritier réservataire a droit à telle ou telle partie » car ils comprennent mieux la véritable nature des choses et se conforment à la logique des principes. L'héritier réservataire a un droit qui, en vérité, est sans limites ; il est appelé à la totalité du patrimoine. Mais ce qui est changeant, ce que la loi détermine, c'est la quotité des biens qui pourront lui être soustraits par la libre volonté du *de cujus*. Dans notre droit moderne, quand il y a un enfant, c'est la moitié qui est la portion que le testateur peut faire sortir du patrimoine familial ; mais on pourrait très bien comprendre que ce fut les trois quarts. Peu importe que, d'après la loi, l'actif de la succession puisse être anéanti par les libéralités : cela n'empêcherait pas que l'héritier gardât sa qualité ; et, quand il ne retirerait aucun bénéfice pécuniaire de son droit, ce droit lui présenterait encore le cas échéant de sérieux avantages.

L'existence d'un héritier sien et nécessaire n'est donc pas, en soi, incompatible avec la non-existence d'une portion à lui invariablement réservée : ce point à notre avis, doit être considéré comme certain. Dès lors il nous semble qu'il n'y ait rien d'inadmissible dans cette définition proposée par Sohm et rapportée par Hoffmann (*op. cit.*, p. 198) : « D'après l'ancien droit civil les héritiers siens ont un droit d'héritiers nécessaires : ils doivent pour que le testament soit considéré comme valable, ou être institués ou être exhérédés ; cette nécessité est la reconnaissance formelle de la participation des descendants à la propriété du patrimoine de la famille. »

La copropriété familiale, le grand principe qui domine tout le droit privé de l'antiquité, qui résulte fatalement en quelque sorte des conditions de formation des sociétés modernes, voilà où nous conduit l'étude de la classe des héritiers siens. Et c'est vainement que l'on voudrait nier à Rome l'existence de cet état, et supprimer cette phase dans le cours pour ainsi dire fatal des transformations successives de la propriété.

Nous avons le témoignage de Gaius rappelé ci-dessus, et que l'on ne saurait révoquer en doute : « *Sui heredes.... domestici heredes et vivo quoque parente quodammodo domini existimantur* ». Paul dans un autre passage attire notre attention sur la similitude des appellations *paterfamilias... filius familias,* et les auteurs romains, sous des remarques peut-être un peu naïves, cachent souvent un sens plus profond. Dans l'esprit des jurisconsultes, la pensée est claire ; ils voient à l'origine un droit commun à tous les membres de la même famille sur ce patrimoine reçu des ancêtres et qui doit être transmis aux petits-enfants. Et pourtant nul mieux que Gaius ne pouvait se rendre compte de la difficulté qu'il y aurait à faire concorder cette copropriété avec la redoutable et presque omnipotente puissance du *paterfamilias*, si vraiment il y a là difficulté comme le soutient un nombreux parti dans la science moderne. Gaius écrivait (C. I. 55) cette phrase célèbre : « *Fere enim nulli alii sunt homines qui talem in filios suos habent potesta-*

tem qualem nos habemus. » Trouvait-il donc qu'il y eut an-
tinomie entre ce pouvoir exorbitant et la participation de
ces mêmes enfants à la propriété du patrimoine confié à
l'administration du *paterfamilias* ? Nullement ; ces deux
notions, à première vue contradictoires, dans la vérité des
faits se concilient parfaitement. Pour le nier on abuse du
raisonnement, et l'on veut ainsi entendre la chose : le père
de famille a sur son fils une puissance souveraine, il a le
droit de vie et de mort, il pourrait le tuer s'il voulait, il
peut donc *a fortiori* par son testament le mettre en dehors
de l'hérédité. Dans ces conditions on ne peut admettre, dit-
on, que le fils ait véritablement un droit.

Pourquoi cette conclusion ? Le fait même que le père
peut briser la succession de l'héritier sien n'implique-t-il
pas forcément la reconnaissance de ce droit ? Le jurisconsulte Paul le sent bien quand il dit : (L. 11. D. 28. 2). « *Qui
etiam vivo patre quodammodo domini existimantur, nec
obstat quod licet eos exheredare quos et occidere licebat.* »
Autre chose est de reconnaître la toute-puissance du père
vivant, autre chose de prolonger cette puissance au delà
de la mort. Le père pouvait certes en vendant son fils le
priver de toute part à l'héritage ; mais, dès l'instant de sa
mort, les biens sont devenus d'eux-mêmes la propriété
des enfants. Et la preuve la plus remarquable de ce que
nous avançons, c'est l'obligation, pour le père de famille
qui veut priver son fils de la succession, de l'exhéréder, de
le mettre en dehors d'elle par tels moyens qui sont mis à
sa disposition.

Au fond on peut assimiler l'exhérédation à une expropriation ; c'est l'expropriation des héritiers siens au profit
des héritiers testamentaires dont sans cela la vocation serait de nul effet. Or, qui donc oserait soutenir qu'en matière d'expropriation ce droit supérieur de l'État comporte
d'un même coup la négation du droit de propriété et la
preuve de sa non-existence ? (Voir Holder, *Beitrage zur*

Geschichte des romischen Erbrechtes, p. 94). N'est-il pas de même *a fortiori* pour la confiscation? En cette matière le droit du propriétaire vient s'incliner pour une espèce déterminée devant le droit supérieur de l'État qui s'exerce selon des règles nettement définies. En matière successorale, de même, le droit de l'enfant membre de la famille peut être à un moment donné anéanti par la volonté du père, chef souverain de cette famille. Le père de famille, dans la religion de l'antiquité, exerce une magistrature, un sacerdoce ; son autorité est toute-puissante; mais, de même qu'elle comporte certaines limites, de même elle n'empêche pas l'existence d'autres droits qu'elle peut à l'occasion effacer. Ne sait-on pas que ce *paterfamilias*, si omnipotent, qui trois fois a vendu son fils perd désormais sur lui tout pouvoir ?

On nous fera peut-être une dernière objection : dans les conditions où vous nous représentez l'institution, quel rôle laissez-vous donc à la copropriété? Vous prétendez donner aux héritiers *sui* un droit. Pouvez-vous l'appeler un droit, cette vocation qui n'acquerra une valeur quelconque qu'après la mort du père et sous la condition que le père n'ait pas exhérédé par testament ses héritiers siens ?

Lors même que le droit de copropriété des héritiers siens serait ainsi paralysé pendant toute l'existence du père de famille, administrateur délégué du patrimoine reçu des ancêtres, ce ne serait point une raison suffisante pour nier son existence qui se révèle dès la mort du père d'une manière aussi éclatante ; car, dans ce cas, où trouver dans ce simple événement de la mort du père la cause du pouvoir qui appartient soudain aux héritiers siens ? Croit-on qu'on puisse donner une explication satisfaisante de ce phénomène surprenant si on n'en voit pas l'origine dès la naissance de l'héritier sien ? La copropriété familiale se révèle d'ailleurs par d'importants effets du vivant même du *paterfamilias* dans plusieurs autres chapitres du Droit.

Dans la matière de l'adoption on ne peut adopter qu'à la condition de n'avoir pas d'héritiers siens ; et un texte de Justinien (*Institutes*, liv. I, tit. XI, § 7) nous montre d'une manière remarquable, dans deux espèces différentes, les effets et la portée des droits que nous venons d'étudier.

« *Si quis nepotis loco adoptet, vel quasi ex eo filio quem jam habet adoptatum, vel quasi ex illo quem naturalem habet in sua potestate, in eo casu et filius consentire debet ne ei invito suus heres adgnascatur : sed, ex contrario, si avus ex filio nepotem det in adoptionem non est necesse filium consentire* ». Si un père de famille veut adopter un étranger pour lui donner la qualité de petit-fils en l'assimilant par une fiction à celui qui aurait été engendré par son fils encore soumis à sa puissance, il doit avoir le consentement de ce fils, ce dernier ne devant pas se voir imposé malgré lui un *suus heres*. N'y a-t-il pas là un exemple probant de l'importance attachée à la qualité d'héritier sien et des attributions qui en résultent pour ceux mêmes qui sont encore courbés sous le joug de la *patria potestas* ? — Si, au contraire, avec la dernière partie du texte, nous supposons que l'aïeul veuille faire sortir de la famille son petit-fils en le donnant en adoption à un *paterfamilias* étranger, plus n'est besoin du consentement du père de cet enfant ; cet acte rentre dans le pouvoir personnel du *paterfamilias*, chef de famille. L'intégrité du patrimoine n'en est pas atteinte ; le droit des héritiers siens n'a pas à entrer en jeu pour contrecarrer la *patria potestas* maîtresse de le briser dans la personne de ce petit-fils qu'elle rejette hors de la parenté. Nous pourrions trouver encore une utilité à cette copropriété, pour le vivant même du *pater-familias*, dans la matière de l'interdiction du prodigue, Paul nous rapporte la formule employée : « *Quando tua bona paterna avitaque disperdis..... ob eam rem tibi interdico.* » (*Sentences*, l. III, t. IV, § 7). L'interdiction est provoquée par les parents pour la dilapidation du patrimoine

« *paterna avitaque* » que l'on tient de son père et de son
aïeul. Nous ne chercherons pas d'autres exemples de ces
prérogatives des héritiers siens ; nous avons suffisamment
démontré que la puissance paternelle n'est pas incompatible avec l'existence des héritiers siens. Il nous reste maintenant à établir comment ce droit des héritiers siens doit
avoir précédé, dans l'ordre des temps, le pouvoir de disposition de dernière volonté du père de famille ; comment il
a dû dominer à l'origine le droit successoral.

Car nous croyons que l'on peut sans hésiter déduire des
principes posés leurs conséquences extrêmes ; et, en face du
système qui proclame à Rome la liberté testamentaire
primitivement illimitée, nous voulons soutenir une théorie tout opposée. Il nous semble que l'on ne doive pas mettre le Droit romain à part au milieu des droits des autres
nations, ni regarder son développement comme soumis à
des règles exceptionnelles. A Rome, comme ailleurs, il
faut admettre l'existence de la copropriété familiale à l'o-
rigine de la propriété privée : à un moment donné, le pouvoir testamentaire n'existait pas, puis il s'est graduellement
développé. Tout d'abord le testament était interdit à ceux
qui avaient des enfants ; plus tard ce droit exclusif des héritiers siens a été tempéré par la possibilité de leur exhérédation. Puis, les mœurs et le temps aidant, cette succession testamentaire a pris une influence prépondérante, et
elle a à tel point relégué au second plan la succession légitime qu'on a pu la prendre pour le type essentiel de la
transmission des biens et que l'on n'a plus trouvé pour
désigner la succession légitime que le terme négatif de
succession ab intestat.

Mais il n'en reste pas moins certain que, d'après les textes de l'histoire comme d'après le raisonnement philosophique, nous rejetons pour le Droit romain primitif la liberté
testamentaire. Nous avons, du reste, pour appui dans notre
manière de voir, l'assentiment d'auteurs célèbres parmi les

plus récents desquels nous citerons Schirmer dans son travail *Das Familienvermœgen und die Entwickelung des Notherbenrechts bei den Rœmern* (publié dans la *Zeitschrift fur Rechtsgeschichte*, 1881, part. rom., 15ᵉ vol, p. 165 à 180). Ce travail a été, du reste, violemment pris à partie par Hoffmann dans ses *Kritische Studien*, p. 209 et s. Nous allons exposer les arguments qui viennent corroborer le système que nous avons adopté.

1. — Nous avons déjà rapporté un peu plus haut le fameux texte de Gaius (II, § 157) « *Sui heredes appellantur quia domestici heredes, et vivo quoque parente quodammodo domini existimantur* ». Les héritiers dont il est question sont appelés « siens » parce que, du vivant du père ils sont déjà en quelque sorte les maîtres de ce patrimoine. Nous avons déjà insisté sur le sens qu'il faut attribuer à *suus* : cet adjectif possessif, pour nous, vise directement le *de cujus*, en marquant d'une manière précise la situation que ces héritiers occupent vis-à-vis de lui. Le *de cujus*, en un mot, doit faire passer ses biens à ses propres héritiers, ceux qui lui ont été donnés par la nature, ceux enfin qui doivent conserver le culte des ancêtres, divinités protectrices de la race à laquelle ils appartiennent. M. de Lapouge, dans une remarquable étude sur la nature et l'évolution historique du droit de succession, publiée dans la *Revue générale du Droit* (1885), a longuement insisté sur ce point que le droit de succession était pour ainsi dire un droit prenant sa source dans la nature physique ; que les enfants héritaient du tempérament, des qualités, des traits de leurs ancêtres comme ils devaient hériter de leurs biens. Mais nos adversaires ne se rendent pas et nous répondent en ces termes : De ce fait que les héritiers siens sont des *domestici heredes*, on tire ordinairement des conséquences qui n'en découlent pas du tout d'une manière nécessaire. S'il est certain qu'à défaut d'exhérédation les héritiers siens doivent appréhender l'héritage, ils n'y

viennent qu'en leur qualité de parents les plus proches ; ce
sont des successeurs légitimes. Ils viennent comme ces
derniers à la succession du *de cujus* et sont soumis comme
eux au bon plaisir de ses dernières volontés : et, s'il y a
ici une forme plus rigoureuse imposée pour leur exclusion,
ce n'est à d'autres fins que de faire préciser plus exactement la pensée du testateur.

On craint que le testateur ne se rende pas compte de la
portée de son acte, qu'il se méprenne sur l'existence ou la
non-existence de ses parents, et l'on veut que, par une mention expresse, il indique qu'il sait à quoi s'en tenir. Qu'on
nous pardonne une comparaison un peu éloignée, mais qui
rend bien le rôle que l'on donne dans cette opinion à l'institution ou l'exhérédation des héritiers siens ; c'est la formalité de la lecture de notre testament français qui doit
être lu en entier et contenir la mention de cette lecture
afin d'éviter tout malentendu sur le sens de l'acte. Ce serait beaucoup réduire l'importance de notre règle que l'a-
baisser à un rôle aussi secondaire.

On l'a dit avec raison : tout testament au fond est une
exhérédation. Pour les héritiers siens, ajoutez-vous, on
n'exige qu'une forme un peu plus solennelle : pour les exhéréder il faut le dire. Nous le reconnaissons bien, il y a
une exhérédation : mais, tandis que, vis-à-vis des héritiers
ordinaires, cette exhérédation résulte implicitement d'une
disposition en faveur d'un tiers, pourquoi faut-il à l'égard
des héritiers siens un acte de volonté expresse ? Pourquoi :
sinon parce qu'ici la question n'est plus la même et que
l'on se trouve en face d'un droit absolu ? Ce n'est plus ici
le simple appel éventuel des héritiers *extranei*, ni même
des autres héritiers *legitimi* ; c'est un droit acquis qu'un
acte de volonté du *paterfamilias* peut seul briser.

Quodammodo domini existimantur ; le jurisconsulte exprime, d'ailleurs, son opinion avec une énergie telle, que
pour neutraliser l'effet de cette déclaration, on est obligé

de dire : Gaius, dans ce passsage, ne veut point parler un strict langage juridique, c'est une image par laquelle il veut rendre plus sensible l'effet de la parenté, c'est une conception philosophique d'un jurisconsulte isolé. Mais c'est que précisément ce jurisconsulte n'est pas isolé, et il faut rapprocher de son texte celui de Paul rapporté dans la *Collatio legum*, XVI, 3, § 6.

2. — Voici dans quels termes Paul s'exprime : « *Suis heredibus adeo a morte testatoris rerum hereditarium dominium continuatur ut nec tutoris auctoritas pupillo nec furioso curator sit necessarius, nec si forte solvendo non sit hereditas* ». Dès la mort du testateur, la propriété des choses hérédicaires passe aux héritiers siens : *adeo ut* de telle sorte, d'une manière si absolue, qu'il n'est besoin ni pour le pupille de l'*auctoritas* de son tuteur, ni pour le *furiosus* de l'assistance de son curateur, encore que la succession ne doive pas être solvable. *Dominium continuatur* il n'y a pas entre le *de cujus* et les héritiers siens de solutions de continuité ; la propriété passe directement : non pas toutefois que l'on doive exagérer cette notion jusqu'à dire que dans ce cas il n'y a pas à proprement parler d'héritage.

Dans la copropriété familiale, telle qu'on doit l'entendre et telle qu'elle a existé à Rome, les copropriétaires, père de famille et héritiers siens, ne sont point sur un rang d'égalité, et par la mort du testateur il y a un changement réel. Ce qui est vrai, c'est ce que Paul dit une ligne plus haut § 5 : « *Qui sui heredes sunt, ipso jure heredes etiam ignorantes constituuntur ut furiosi, aut infantes, aut peregrinantes* ». Les héritiers siens sont de plein droit institués héritiers même à leur insu, comme les fous, les enfants ou même ceux qui voyageraient au loin. C'est dans ce sens qu'ils sont véritablement des héritiers nécessaires, ils ne peuvent se dérober à une qualité qui leur appartient, déjà même avant la mort du *de cujus*. Il ne faut point se laisser égarer, disions-nous déjà un plus haut, par une si-

militude d'appellation qui voudrait faire mettre au même
rang l'esclave, institué en même temps qu'affranchi, *heres
necessarius*, et le fils à la fois héritier sien et nécessaire.

L'esclave (G. II, § 153) est héritier *nécessaire* en vertu
d'un testament ; l'institution est liée pour lui avec le bienfait inappréciable de l'affranchissement, de la liberté dont
elle est la condition essentielle. L'esclave, qui ne peut refuser cette liberté, car enfin en tant qu'esclave il n'a pas de
volonté, ne peut pas refuser davantage cette institution qui
lui donne la liberté, qui lui donne comme une sorte de naissance politique, la qualité nouvelle sous laquelle il apparaît dans la société romaine. Dès lors, il doit prendre la
succession telle quelle avec ses honneurs comme avec ses
charges ; il y aurait une sorte d'ingratitude de sa part à ne
pas accepter le fardeau du passif que lui lègue son *patronus*.

Pour l'héritier sien, il n'y a rien de pareil : ce n'est pas
en vertu du testament seul qu'il est nécessairement héritier. *Vel ex testamento, vel ab intestato*, dit Gaius ; il est héritier dans tous les cas. Le fait de son institution ne modifie
pas sa qualité ; envers le *de cujus*, aucun devoir spécial de
reconnaissance. Il est vrai qu'il est aussi héritier nécessaire au même point de vue que nous venons de considérer
dans l'esclave : il est tenu des dettes indéfiniment sans avoir,
à l'origine, de moyens d'y échapper. Mais ce ne sont pas les
mêmes raisons qui déterminent ici cette responsabilié
parfois bien lourde.

Au lieu du devoir de gratitude, c'est un devoir de justice qui vient chez les héritiers correspondre au droit qu'ils
avaient déjà antérieurement sur le patrimoine. C'est ce qui
explique cette charge des dettes que la loi leur donne si
libéralement ; c'est leur qualité même d'héritiers siens
qui l'entraîne. Qu'on le remarque, les textes font une distinction tripartite bien nette : trois espèces d'hériteirs,
extranei, necessarii, sui et necessarii. Entre ces deux dernières classes il n'y a aucune assimilation possible, et il ne fau-

drait pas dire, comme quelques auteurs le veulent, qu'il y a deux espèces d'héritiers nécessaires : les *sui* et ceux qui ne le sont pas.

S'il en était ainsi, le texte dirait : il y a les *heredes necessarii* et les *heredes necessarii et sui*. Et l'on voudra bien ne pas traiter de puéril cet argument ; il repose sur le texte littéral, il est vrai ; mais, avec des hommes de la trempe des jurisconsultes romains, il importe de bien se dire qu'il ne doit pas arriver souvent qu'un mot se trouve sous leur plume sans une signification déterminée et une intention précise. Le texte dit *heredes necessarii* et *sui et necessarii* ; on ne doit donc pas conclure légèrement de l'un à l'autre et surtout procéder à une assimilation qui n'a rien de réel en fait ; car l'esclave, héritier nécessaire, n'a de droit que du jour où le testament, régulièrement fait, pourra recevoir son exécution.

Qui pourrait soutenir, enfin, cette assimilation en réfléchissant à la nécessité qu'il y a d'exhéréder les héritiers *sui et necessarii?* Pour les héritiers *necessarii* une question analogue peut-elle se poser seulement?

3. — Cette expression elle-même, de l'*exhérédation* des héritiers siens, *de exheredatione liberorum*, si souvent employée par les jurisconsultes romains, ne doit-elle pas donner à réfléchir?

Il n'est pas question de réserve, le point de départ n'est pas le même ; ces mots, nécessité d'exhérédation, ont une portée toute particulière et donnent à toute la théorie son cachet propre. De ce qu'il est nécessaire d'exhéréder, ne ressort-il pas avec une logique irréfutable ce fait que l'héritier sien vient seul et de plein droit à l'héritage du *de cujus*, et que cet événement forme la règle? Pourquoi prendre cette formule « nécessité d'exhérédation » si on suppose qu'à l'origine le testament était parfaitement libre et les héritiers siens dénués de tous droits? N'aurait-on pas commencé par décider qu'ils auraient droit à quelque chose avant d'ordonner qu'ils devraient être exhérédés pour n'a-

voir droit à rien? Le simple bon sens dicte ces conclusions
qui pourtant viennent se heurter, comme les termes précis
des textes des jurisconsultes, à cette idée élevée par nos
adversaires au rang d'axiome : la loi des XII Tables a consacré à Rome la liberté testamentaire.

4. — La loi des XII Tables, qui embrasse toute l'étendue
du droit sous ses formes si concises, traite du droit successoral, au moins dans les fragments qui nous restent, dans
cinq phrases très courtes qui forment ce que nous appelons
la 5ᵉ table. Les dernières phrases s'occupent de la succession des agnats et des gentils ; nous n'avons à examiner
que les deux premières : *Uti pater legassit super pecunia tutelave suæ rei, ita jus esto. Si intestato moritur, cui suus heres
nec escit, agnatus proximus familiam habeto.* Il nous semble trouver dans ces textes la confirmation de notre opinion, savoir : le droit primordial et supérieur des héritiers
siens dominant le droit testamentaire à l'origine et ne s'ef-
façant que peu à peu devant les dispositions de la libre
volonté du *de cujus.*

Examinons l'hypothèse prévue par la deuxième règle :
Si intestato moritur, cui suus heres nec escit. Dans le cas
où vient à mourir sans testament un *de cujus* qui n'a pas
d'héritiers siens, l'agnat le plus proche recueillera la succession. Le texte règle le droit des agnats, et il montre dans
quel cas ils sont appelés à recueillir le patrimoine. Il faut
pour cela deux conditions : 1° qu'il n'y ait pas de testament :
2° qu'il n'y ait pas d'héritiers siens. Dans l'un ou l'autre
cas, semblerait-on devoir dire *à priori,* plus de vocation
héréditaire des agnats. Mais, en réalité, il n'y a pas deux
conditions ; elles sont fondues en une seule, et cela résulte
du texte même.

Si intestato moritur cui suus heres nec escit... Qui peut
courir le risque de mourir *intestat,* qui peut seul en conséquence faire un testament à Rome? *Cui suus heres nec escit,* celui qui n'a pas d'héritiers siens. Ne sent-on pas toute

la force de ce fait que la loi ne commence pas par dire : en l'absence de testament, recueilleront l'héritage, d'abord les héritiers siens, puis les agnats, puis les gentils. Non, la loi dit : « Si celui qui n'a pas d'héritiers siens meurt sans testament... » Quand il y a des héritiers siens, il ne peut pas plus être question de succession *ab intestat* que de succession testamentaire; il n'est question que de succession légitime, car le *paterfamilias* qui a des héritiers siens ne peut faire de testament. Nous verrons plus tard le droit grec par une coïncidence merveilleuse donner la même solution et nous fournir ainsi un argument puissant pour soutenir l'exactitude de notre interprétation. Dans la loi suivante le législateur règlera la succession *ab intestat*; à défaut d'agnats, il appelle les *gentiles*, et spécifie que ce n'est pas seulement le plus proche, comme pour les agnats, mais tous ensemble *gentiles familiam habento*.

Pourquoi ces précautions minutieuses dans la réglementation de la succession des agnats et des gentils et ce silence sur les héritiers siens ? Pourquoi ne pas avoir dit : *Si intestato moritur, sui heredes familiam habento : cui suus heres nec escit, proximus agnatus* ? Il n'y a qu'une réponse, et elle résulte du texte même ; on ne peut mourir *intestat* que si l'on n'a pas d'héritiers siens, car, du moment où l'on a des héritiers siens, on n'a jamais pu faire un testament régulier et valide. L'héritier sien en effet vient à la succession en vertu d'un droit supérieur, et même plus tard, quand on admettra que l'héritier sien peut être institué dans le testament (et, comme nous le verrons, cela arrivera dans le *testamentum per æs et libram*), cette institution n'enlèvera ni n'ajoutera rien à sa qualité de *suus*.

Nous venons de toucher à un point délicat en nous demandant si l'héritier sien pouvait être institué dans un testament ; nous nous réservons d'étudier ailleurs la question de la confusion faite généralement entre le testament et l'institution d'héritier.

Pour le moment nous prenons testament dans son sens vulgaire ; et, quand nous disons qu'à l'origine le *de cujus*, qui a des héritiers siens, ne peut tester, nous voulons dire par là qu'il ne peut instituer des héritiers étrangers. Que les *sui* puissent ou non être institués héritiers, cela n'a pas grande importance pour la question de leurs droits, puisque nous savons au témoignage de Gaius qu'ils n'en étaient pas modifiés ; mais ce qui reste certain c'est qu'on ne peut admettre la liberté testamentaire au sens actuel du mot.

Cette liberté ne ressort pas nécessairement en effet, comme on veut le prétendre, de la célèbre loi des XII Tables (tab. V, § 1) qu'il nous faut maintenant étudier brièvement : *Uti legassit super pecunia tutelave suæ rei, ita jus esto.* Pour nos adversaires cette règle est l'expression claire de la liberté testamentaire absolue. Nous ne pouvons souscrire à cette manière de voir. Il y a deux manières d'interpréter cette formule selon qu'on admet qu'au moment où la loi des XII Tables a été promulguée les héritiers siens puissent être institués ou non ; cette question, comme nous le verrons, se ramène à savoir si, au moment de la loi des XII Tables, le *testamentum per æs et libram* était déjà possible, parce qu'il nous semble que c'est dans cette dernière forme de testament que l'institution des héritiers *sui* a dû être introduite pour la première fois ; mais les deux interprétations cadrent absolument avec le système que nous avons soutenu.

Si l'on admet que l'héritier sien puisse être institué par testament, le sens de la règle est celui-ci : le testateur est libre dans son testament de disposer à sa guise, *pecuniam tutelamve*, de la partie mobilière de sa fortune, de la tutelle, l'héritier sien ayant été institué conformément à la loi. Or le mot *pecunia*, comme de savants professeurs l'ont fait remarquer, n'est-il pas opposé au mot *familia* employé un peu plus loin ? D'un côté quelque chose de moins important, un acquêt dont on peut disposer, que l'on peut *léguer*, disons le mot ; de l'autre quelque chose de stable, de fondamental qui doit rester dans la famille, ce sera la *terra aviatica* des Francs Saliens. Il s'agit de legs. Voilà l'explication vraie ; et elle demeure valable alors même que l'héritier sien ne pourra être institué héritier, la loi permettant le premier legs, le legs *per vindicationem*, en dehors de toute institution. Dans la suite de ce travail, nous aurons à revenir plus longuement sur ces points que nous ne faisons que mentionner ici. Et d'ailleurs, s'il n'était pas vrai que cette loi ne visât que les legs, s'il fallait prendre à la lettre l'autre explication donnée par un commentateur de la loi des XII Tables (L. 120. D. *De verb. signif.* 50. 16) : *Qua lege latissima potestas tributa videtur et heredes constituendi..*, il resterait encore à nos contradicteurs à établir que cette liberté n'était pas réservée à celui-là seul qui, nous le reconnaissons, pouvait faire un testament, *cui suus heres nec escit*, celui qui n'avait pas d'héritiers siens.

5. — Nous trouvons enfin un puissant argument en faveur de notre manière de voir dans la sanction du droit des héritiers siens. A première vue, leur omission semble n'avoir pas de sanction ; et cela paraîtra une bizarrerie inexplicable si on ne leur reconnaît pas un droit propre et si on fait de leur constitution une condition de forme : mais avec notre explication rien de plus simple, puisque les héritiers siens par leur seule présence annulent le testament, *inutiliter testabitur ;* tout tombe. Et cela est d'autant plus facile que, comme Gaius nous le fait remarquer, les héritiers siens ont ce que nous appellerions la saisine et se trouvent immédiatement et de plein droit maîtres de la succession. Ce n'est que plus tard qu'apparaît la *querela inofficiosi testamenti* que quelques-uns de nos adversaires veulent vainement invoquer contre nous.

Comment, disent-ils, toute la procédure de cette *querela* montre clairement qu'il s'agit non de faire valoir un droit qui aurait appartenu aux héritiers siens, mais de corriger les erreurs d'un testateur vraisemblablement atteint de démence. Mais croyez-vous donc, répondrons-nous, que la *querela* soit l'action par laquelle les héritiers siens omis font valoir leurs droits ? S'il en était ainsi vous auriez raison ; mais tel n'est point son rôle. Reportons-nous aux *Institutes* de Justinien, liv. II. tit. 18 : « *Quia plerumque parentes sine causa liberos suos exheredant indultum est ut de inofficioso testamento agere possint liberi.* » Exhérédation sans cause, voilà le premier chef et le plus important de la *querela* ; et l'on voudrait que cette institution ait pour but de faire respecter la nécessité de l'exhérédation, tandis qu'elle a précisément pour effet de faire tomber cette exhérédation par des raisons d'équité dans des cas déterminés. On nous objectera, il est vrai, que Justinien ajoute : *quia plerumque exheredant vel omittunt*, l'omission des enfants rentre dans l'espèce prévue, il s'agit donc bien des héritiers siens. Mais non, le contexte le prouve. Justinien commence par parler des exhérédations avant de parler des omissions ; s'il s'agissait de notre règle, il aurait commencé par parler de ces dernières, le cas le plus fréquent et celui aussi où la *querela* serait le plus assurée de réussir. Mais ce n'est pas de l'omission des héritiers siens, distinction bien surannée dans le droit de Byzance, qu'il s'agit ici ; nous n'avons qu'à continuer le texte : « *Non autem liberis tantum permissum est testamentum inofficiosum accusare verum etiam parentibus liberorum. Tam autem naturales.....* etc. » La *querela* est donnée aux parents à l'égard de leurs enfants, aux enfants naturels, aux frères et sœurs, toutes ces personnes ne sont pas des héritiers siens ; et pour ceux qui seraient héritiers siens Justinien formule la réserve suivante, en leur donnant l'emploi de la *querela*: « *Si nullo alio jure ad defuncti bona venire possunt, nam qui ad hereditatem totam vel partem alio jure veniunt, de inofficioso agere non possunt.* » Il faut que l'*heres* n'ait pas d'autre action pour que la *querela* soit possible ; et elle est impossible s'il vient *ad totam*, c'est le cas de l'héritier sien ; ou s'il vient *ad partem*, c'est le cas des autres *liberi*.

On le voit, la *querela* n'a aucun rapport avec la théorie primitive des héritiers siens ; elle n'est pas la sanction de ce droit, elle n'est qu'une correction apportée par l'équité aux conséquences trop rigoureuses de l'exercice arbitraire du droit d'exhérédation. De même que la possibilité d'ex-héréder les enfants avait été donnée au père de famille, dans la suite des temps en conséquence de la disparition de l'i-dée primordiale de copropriété et du développement succes-sif de l'idée, si conforme au génie romain de la toute puissance paternelle, de même pourtant il convenait, au nom des intérêts sacrés de la famille, que le père ne pût abuser de ce nouveau droit. Et, par un résultat absolument logique, c'est contre cet abus, dont on n'avait pu prévoir d'avance les conséquences, que vint réagir l'introduction de la *querela* en permettant de faire tomber une exhéréda-tion régulière mais inique.

La *querela* n'est donc pas l'argument qui doit détruire notre système sur les héritiers siens ; tout concorde à rati-fier notre manière de voir. Nous parlions un peu plus haut du texte où le jurisconsulte rappelle que l'héritier sien n'avait pas besoin de faire adition d'hérédité. Son droit semble recevoir seulement par la mort du père une inten-sité nouvelle. Écoutons encore Gaius (C. III, § 87) à propos de la *cessio in jure* de l'hérédité.

« *Suus autem et necessarius heres an aliquid agat in jure cedendo quœritur. Nostri prœceptores nihil eos agere existi-mant, diversæ autem scholæ auctores idem eos agere putant quod ceteri post aditam hereditatem : nihil enim interest utrum aliquis cernendo aut pro herede gerendo heres fiat an juris necessitate adstringatur* ». Gaius se demande si l'héri-tier sien et nécessaire peut céder *in jure* l'hérédité. Les Sa-biniens pensent que non ; les Proculiens les assimilent au contraire à des héritiers qui auraient fait adition : peu importe qu'on soit devenu héritier, disent-ils, par action ou par *juris necessitate* ; c'est la nécéssité du droit qui met les héritiers siens en possession de l'héritage.

Il nous faut, en terminant, résumer nos conclusions après cette discussion assez longue sur les héritiers siens, avant d'examiner comment cette théorie va s'accorder avec le système testamentaire romain. Pour nous, à l'origine, on trouve, à Rome, la copropriété familiale avec toutes ses conséquences pour la transmission des biens après la mort ; puis, les dispositions de dernière volonté apparaissent et parallèlement le droit strict et absolu des héritiers siens s'accuse nettement. Le temps passe, amenant des transformations successives ; on permet d'exhéréder ces héritiers siens à la condition qu'il y ait une volonté formelle du père de famille.

Plus tard l'exhérédation amène des abus ; on éprouve le besoin de corriger les erreurs du *paterfamilias*, et alors introduction de la *querela*.

La *querela* à son tour entraîne trop 'd'arbitraire, il faut une règle, et les réserves, au sens actuel du mot, finissent par devenir l'expression moderne du droit antique et traditionnel des héritiers siens.

CHAPITRE III

LE DROIT DE DISPOSER A ROME.

Sommaire. — Le testament : sens du mot *testamentum*, — il a été profondément modifié. — A l'origine le testament a pour but les legs avant l'institution d'héritier. — Diverses espèces de legs. — Legs et donations à cause de mort. — Transformations et restrictions successives du droit de faire des legs à mesure que la notion de l'hérédité se développe.

Nous venons de voir qu'à Rome, comme chez tous les autres peuples de l'univers, la succession a appartenu d'abord aux proches parents qui sont venus immédiatement et naturellement recueillir les biens du *de cujus*. Autour du *paterfamilias*, il y a certains membres de la famille qui font en quelque sorte partie de lui-même et ce sont eux que le Droit romain a appelés du nom bien caractéristique de *sui, héritiers siens*. Leur droit au patrimoine date du jour de leur naissance et non du décès de leur auteur. Ils complètent l'unité de la famille parce qu'ils assurent la continuité de la direction ; et nous voyons cette unité dans les trois termes *heredium, herus, heredes sui,* qui représentent la propriété patrimoniale, le chef actuel, les chefs à venir. Pour se rendre pleinement compte de l'étendue de leurs attributions, il nous faut maintenant les mettre en présence des dispositions de dernière volonté et voir comment, ce préliminaire étant posé, l'on a marché à Rome vers la liberté testamentaire.

Nous disons à dessein *dispositions de dernière volonté* : la tradition, en effet, a singulièrement dénaturé le sens primi-

tif du terme sous lequel on les désigne ordinairement. Pour
le dernier Droit romain le testament, en définitive, c'est
une institution d'héritier. Le droit moderne a conservé
cette interprétation ; et pourtant nous pensons qu'il y a là
une confusion qu'il importerait beaucoup d'éviter.

Gaius (II, § 98), parlant des modes d'acquisition à titre
universel, nous dit : « *Ac prius de hereditatibus despiciamus
quarum duplex conditio est : vel ex testamento, vel ab intestato ad nos pertinent.* » Examinons d'abord les hérédités qui
peuvent être de deux sortes, testamentaires ou *ab intestat*.
Si Gaius énonce d'abord la succession testamentaire, faut-
il attribuer cette préférence à la théorie tant soutenue chez
les interprètes du Droit romain, et pourtant bien exagérée,
il nous semble, de la prédominance de la succession testamentaire à Rome ? En définitive, cette prédominance n'existe
que pour le cas où il n'y a pas d'héritiers siens ; or ce cas
est de beaucoup le moins fréquent. Il nous semble plutôt que l'ordre adopté par lui est la conséquence de ce qui
précède. L'auteur traite des transmissions à titre universel ; dès lors il est naturel qu'il place en première ligne le
testament, par lequel la volonté opère sciemment cette
transmission, plutôt que la succession *ab intestat* d'où elle
résulte implicitement. En réalité, il énumère les deux espèces d'hérédité, établit une gradation ; et cette juxtapo-
sition du testament à la succession *ab intestat* montre
quelle importance le testament a acquise et conserve dans
les mœurs.

Gaius poursuit : « *Et prius est ut de his despiciamus quæ
nobis ex testamento obveniunt. § 101. Testamentorum autem genera initio duo fuerunt* ». Et d'abord occupons-nous
des choses qui arrivent en vertu d'un testament. Au début,
il y eut deux espèces de testament. Chose bizarre ! Gaius
ne nous définit pas le testament. Il indique les effets, il en
fait pressentir le rôle, il va en approfondir les formes ; il
ne nous dit pas ce qu'il est. La raison de cette omission

échappe à première vue ; mais une courte étude du sujet apporte une explication de cette omission qui a une signi-fication très particulière. Que faut-il donc entendre par testament, dans le sens romain, devons-nous nous demander ?

L'étymologie doit nous l'apprendre, et nous donner d'abord sa contribution : *testamentum* vient directement du verbe *testari*, prendre à témoin ; quand je dis *testor*, j'affirme une volonté, j'exprime un désir, et je demande à ceux qui m'écoutent d'apporter, au besoin, leur témoignage, *ut testimonium perhibeant*. Nous devons remarquer ici la terminaison *mentum* qui a sa valeur particulière, et qu'il faut se garder de confondre avec d'autres : elle sert à indiquer l'acte qui constitue et qui résume l'opération exprimée par le verbe. Nous n'avons pas ici *testimonium* qui indiquerait le témoignage apporté par le tiers, un acte indépendant de celui qui agit, de celui qui prend à témoin ; nous avons *testamentum*. Et de même que *monumentum, id est quod monet*, le monument, c'est ce qui avertit et conserve le souvenir : *documentum, id est quod docet*, le document, c'est ce qui contient un renseignement ; *testamentum, id est quod testatur*, le testament, c'est l'acte qui prend à témoin, c'est l'acte par lequel on affirme, l'acte qui fait preuve.

Testamentum, c'est l'acte qui fait preuve, disons-nous, preuve de n'importe quel fait juridique à l'origine : en effet le terme n'indique pas plus une disposition de dernière volonté à l'origine que la constatation d'un contrat quelconque. Et l'on trouve de nombreuses traces de ce sens primitif dans la latinité postérieure. *Intestabilis* signifie indifféremment celui qui ne peut faire de testament ou celui qui ne peut être témoin. St. Isidore de Séville, dans son livre des Origines, dit qu'il pourrait citer de très nombreux exemples du mot *testamentum* pris dans le sens de *pactum*. Tertullien prenait cette signification quand il donnait à la

Bible les noms d'*Antiquum* et de *Novum testamentum* ;
dans les derniers jours de l'Empire romain, nous trouvons
encore dans la loi des Ripuaires au Tit. 61, *De venditioni-*
bus, la formule *testamentum venditionis* « *quod testatur ven-*
ditionem », et il est à remarquer qu'au moyen âge il conserve ce sens général.

Toutefois, parmi les différents actes juridiques dont il
importe d'établir l'existence par des témoignages, il en est
un qui diffère considérablement de tous les autres en ce que
l'auteur principal aura disparu lorsque l'acte devra produire son effet. Dans l'exécution des dispositions de dernière volonté, le témoin principal, le *de cujus*, est mort ; il
faut donc que les moyens de preuve présentent ici une force
particulière pour suppléer à cette lacune, et que le *testa-*
mentum ait une valeur exceptionnelle. Et cet acte entouré
de précautions spéciales devient à la longue l'acte contenant témoignage par excellence, le *testamentum,* testament
au sens moderne du mot.

Tout ceci s'accorde parfaitement avec la définition que
nous a laissée Ulpien (*Fragm.* XX, § 1) : « *Testamentum est*
mentis nostræ justa contestatio in id solemniter facta ut post
mortem nostram valeat ». Cette définition contiendrait bien
des lacunes si on ne la considérait pas au point de vue que
nous venons de déterminer ; elle nous montre que même
au temps d'Ulpien la langue juridique conservait encore,
par fidélité aux traditions, la définition antique, et nous
sommes ainsi à même de retrouver la signification primitive du mot *testamentum* à côté de celle qui lui a été donnée
par les transformations du Droit. Si donc Gaius n'en donne
pas de définition, c'est par la bonne raison que, par *testa-*
mentum, on n'entendait plus l'institution à laquelle s'appliquait la définition originaire.

Que dit en effet Ulpien ? « *Testamentum est contestatio* »,
étymologiquement, *cum* avec, *testis* témoin ; c'est une réunion de témoignages, le résultat d'une série de moyens de

preuves réunis et dans quel but? *Contestatio mentis nostræ* ; ce qu'ils doivent prouver, c'est l'état de notre esprit, c'est notre volonté à un moment déterminé. Mais alors, si c'est un simple document, un moyen de preuve, pourquoi lui attacher cette importance? Ulpien nous en donne la réponse, *in id solemniter facta ut post mortem nostram valeat*; le testament, c'est la preuve régulièrement administrée de notre volonté, fournie dans des formes solennelles pour qu'elle puisse valoir après notre mort. Voilà la raison de ces formalités ; voilà l'explication de cette si grande importance attachée aux moyens de preuve que l'on a fini par donner leur nom à l'acte lui-même qu'ils devaient prouver. Toute cette solennité a pour but de rendre l'acte valable après notre mort, car c'est à ce moment là seulement qu'il doit recevoir son exécution. Un contrat ordinaire doit avoir son effet tout de suite : celui qui l'a conclu en réclamera l'exécution, en désignera les témoins, au besoin en trouvera d'autres. Pour la validité de la preuve testimoniale, il y a des règles générales qui doivent d'ailleurs être observées dans nos dispositions de dernière volonté comme dans tout autre acte juridique ; c'est à elles qu'Ulpien fait allusion lorsqu'il dit : *justa contestatio, justa* c'est-à-dire conforme aux règles du Droit. Mais, pour l'exécution de ses volontés dernières, le disposant n'est plus là ; il ne peut ni imposer ses ordres, ni en donner l'interprétation précise. Il faut alors qu'il soit resté un monument plus durable de ses intentions ; et, pour être effective, la *justa contestatio*, qui doit valoir *post mortem*, doit avoir été faite selon des formes solennelles, *solemniter facta*. Ces formes à la longue sont devenues l'objet de règles minutieuses, et le *testamentum* est le testament contenant les dispositions de dernière volonté, tel que nous l'entendons aujourd'hui.

Le *testamentum,* ainsi appliqué, est un *testamentum sui generis.* Pour comprendre la forme sous laquelle il s'est présenté dans le droit successoral romain, il importe de rechercher quelles étaient les dispositions de dernière volonté qui pouvaient solliciter la prévoyance du père de famille.

Au moment où nous examinons la famille romaine, la cité est encore la réunion des *gentes* patriciennes, et les vieilles institutions sont dans toutes leurs forces. Les familles sont représentées dans le Sénat, assemblée où s'élaborent les lois par les soins des *patres*. Elles forment les trente curies qui se réunissent en *comitium*, guidées par leurs chefs, pour délibérer sur toutes les graves questions qui intéressent le pouvoir religieux, le pouvoir politique et le pouvoir familial. Le peuple des *Quirites* est souverain dans ces assemblées curiates dont il défend avec un soin jaloux toutes les prérogatives. Le *paterfamilias* a donc, à la fois, le souci du nom par lequel s'affirme la *gens*, c'est-à-dire l'ensemble de toutes les personnes qui se groupent autour du même chef, le *pater*; le souci du culte par lequel se conserve l'unité des membres autour du foyer; enfin celui des biens auxquels tous les membres doivent avoir part: *nomen, sacra, pecunia*. La conservation de ce nom de la famille et de ce culte des ancêtres est la préoccupation continuelle de toute l'antiquité, comme l'a si bien montré dans ses admirables ouvrages M. Fustel de Coulanges. De là, la nécessité d'avoir des enfants qui seront chargés de ce soin ; de là aussi l'obligation de se procurer une postérité factice là où la nature refuse cette consolation.

Le développement de l'adoption dans l'antiquité, qui pourrait paraître extraordinaire aux peuples modernes, trouve là sa véritable raison d'être. A défaut d'enfants, je vais prendre au foyer de mon voisin l'un des siens, et, par une fiction légale, il sera considéré comme mon fils ; il héritera de mes biens, et assumera la charge de mes devoirs. Aussi, nous faisant l'écho de voix plus autorisées que la nôtre, nous n'hésitons pas à déclarer que l'enfant adoptif est le premier héritier testamentaire.

Au fond, rationnellement, entre l'adoption et l'institution d'héritier, il n'y a que cette différence bien minime, c'est que l'effet de l'acte dans l'institution d'héritier au lieu de se produire de suite est reporté au moment de la mort. Nos adversaires nous accordent que c'est la marche régulière qui a dû être suivie chez les nations antiques : le père de famille qui ne voit personne autour de lui a commencé par choisir de son vivant un enfant qu'il a adopté ; plus tard, pour éviter les inconvénients inséparables de cette adoption faite d'une manière irrévocable, entraînant des rapports de vie commune, on a décidé que cette adoption pourrait rester secrète ou du moins serait sans effet jusqu'à la mort du *de cujus*. Mais, en faisant ces concessions, nos adversaires nous disent que par dérogation à Rome il en a été tout autrement, et que l'institution d'héritier n'a rien de l'adoption. Il nous semble qu'en étudiant le premier testament romain, le testament *calatis comitiis*, l'on arrive à une conclusion très différente. Nous reviendrons donc dans un instant sur cette question ; mais, tout en reconnaissant la place prépondérante occupée dans le testament par l'institution d'héritier, nous croyons qu'il ne faut pas prendre à la lettre, à l'origine, la règle du droit classique ainsi formulée par Gaius (II, § 229) : « *Caput et fundamentum intelligitur totius testamenti heredis institutio* ». Cette règle, à notre avis, a été la conséquence de l'introduction de la forme solennelle du testament, qui a été la forme *per æs et libram;* mais il ne s'ensuit pas que l'institution d'héritier ait été la seule, ni même la plus ancienne des dispositions de dernière volonté.

L'homme qui possède un objet en toute propriété a le droit d'en disposer. Dès que le premier propriétaire mobilier s'est senti le maître de ses vêtements et de ses armes, il a compris qu'il pouvait user de la prérogative de les donner. Du moment que l'on est propriétaire d'une chose, on est le maître de la détruire, et l'on est aussi le maître

de la faire passer, par sa libre volonté, en la main et la
puissance d'un autre. Le premier qni a pu dire « je suis
propriétaire » a dit en même temps, « donc, je puis donner »;
or cette donation, lorsqu'elle est faite par un propriétaire
près de quitter ce monde, a reçu un nom spécial bien connu
dans le droit successoral : c'est le legs.

Modestin nous dit (L. 36, D. *De legatis,* 31. 1): « *Legatum
est donatio testamento relicta* ».Le legs est une donation laissée par testament. Il ne faut point confondre le legs avec la
donation à cause de mort qui s'est perpétuée dans le droit
classique ; mais il est certain que la donation à cause de
mort n'est pas autre chose que la forme originaire du legs,
et que ce sont les inconvénients de cette institution qui
seuls ont opéré les transformations qui en ont fait le legs. De
même que, d'un côté, le legs s'est substitué à la donation à
cause de mort pour éviter une exécution immédiate et l'engagement irrévocable contracté avec un tiers, de même, d'un
autre côté, la donation à cause de mort a subsisté et a fini
même par reprendre une grande importance pour obvier
aux difficultés qui, dans le Droit postérieur, vinrent entourer l'exécution des legs. Nous trouvons ici-même la preuve
de l'évolution que, sous l'influence des changements des
mœurs et des besoins d'une société nouvelle, le testament
a présentée dans les rapports des legs et de l'institution
d'héritier.

Le premier testament ne contenait que des legs ; peu à
peu la notion de l'institution d'héritier s'introduit. L'importance extrême de ce choix donne graduellement à cette
partie du testament la première place ; c'est à cet unique
point de vue que l'on fait le testament ; c'est lui, cet héritier, qui est chargé des legs, et, du moment où il ne fait
pas adition d'hérédité, le droit classique admet que les
legs tombent. Mais est-ce bien l'intention et l'esprit primitif du Droit romain ? Les textes sont là pour répondre. Dans
la donation *mortis causa*, point de dépendance de l'institu-

tion d'héritier : par le seul effet de la mort (D. 40. 1. 15) la donation est réalisée sans attendre l'adition d'hérédité. La donation *mortis causa* a conservé intacte sa valeur originaire, tandis que la portée primitive du legs a été complètement faussée par cette notion postérieure, sur laquelle nous ne saurions trop attirer l'attention, qui ne veut plus voir dans un testament qu'une institution d'héritier. Il est vrai que, d'accord avec ce système et sous l'inspiration de cette confusion, nous trouvons cette autre définition du legs dans Florentinus (L. 116. D. *De legatis*, 1. 30. 1): « *Legatum est delibatio hereditatis qua testator ex eo quod universum heredis foret, alicui quid collatum velit* ». Le legs est une soustraction faite à l'hérédité, par laquelle le testateur attribue à un tiers une portion qui aurait dû faire partie de l'intégralité destinée à l'héritier. Cependant, dans ce passage, quoique soumis à l'influence de la confusion dont nous venons de parler, Florentinus ne heurte pas de front la notion ancienne *donatio testamento relicta*; car, à la rigueur, l'héritier dont il parle pourrait n'être pas un héritier testamentaire, et alors sa définition serait absolument conforme au droit primitif. D'ailleurs nous devons observer que ce texte de Florentinus vise comme celui de Gaius, examiné précédemment, une époque postérieure, l'époque où il y a un héritier appelé à recueillir l'universalité de la succession, et par conséquent chargé de délivrer le legs à qui doit en bénéficier.

En soi, le legs est une donation à cause de mort faite dans un testament. Écoutons, en effet, les jurisconsultes romains parlant de la donation à cause de mort telle qu'elle existe de leur temps. « *Legatorum instar obtinent* » (D. 39. 6. 17), dit Julien. Ulpien répète : « *Comparantur legatis* », (38. 5. 1 § 1), « *Vice legatorum funguntur* » (38. 2. 3 § 17). Paul enfin au Digeste, 6. 2. 2 : « *Ad exemplum legatorum capiuntur* ». Ailleurs, parlant des lois Furia, Voconia, Falcidia, Gaius rédit trois fois, § 225 et suivants, que ces lois ont pour but de restreindre la quotité de ce que l'on peut *legatorum nomine et mortis causa capere* : ce sont les legs et les donations *mortis causâ* toujours assimilés. La seule différence qu'il y a entre le legs et la donation à cause de mort, c'est que la donation à cause de mort conserve les inconvénients auxquels le legs avait remédié (présence du donataire, exécution immédiate), mais que, d'autre part, elle évite le lien juridique qui, dans le droit classique, attache d'une manière indissoluble le sort de la libéralité à celui de l'institution d'héritier, devenue la clef de voûte du testament.

L'examen des différentes formes juridiques des legs nous permettra de montrer encore plus péremptoirement combien cette manière d'interpréter l'institution des legs est juste et conforme à la réalité des faits. Reprenons Gaius (C. II, § 193) : « *Legatorum genera quatuor* ». Il y a quatre espèces de legs, *per vindicationem, per damnationem, sinendi modo, per præceptionem.* « *Per vindicationem hoc modo legamus ; Lucio Titio, v. g., hominem Stichum do, lego. Si, vero ita legatum fuerit....... Sumito, vel sibi habeto, vel capito, æque per vindicationem.* » Nous léguons *per vindicationem* sous cette forme : Je donne, je lègue à Lucius Titius, l'esclave Stichus ; de même si nous employons les expressions : « qu'il prenne », « qu'il possède ». Telle est la première forme de legs qui nous soit présentée par le jurisconsulte ; et, disons-le tout de suite, l'ordre adopté par Gaius n'est pas purement arbitraire. Il s'est conformé à la chronologie ; et le genre de legs qu'il nous présente le premier est aussi de beaucoup le plus ancien. Cette opinion est généralement adoptée par la science moderne ; nous citerons parmi ses partisans, Schulin (*Das griechische Testament*) et Holder (*Beitrage*, p. 72).

Non seulement Gaius nous présente le legs *per vindicationem* en première ligne, mais il nous indique la formule préférée *do, lego*, c'est une donation et en même temps un engagement pour l'avenir ; or nous venons de voir dans la définition du legs *legatum est donatio.*

Si nous recherchons la nature de la deuxième grande espèce de legs, le legs *per damnationem*, car les deux autres espèces ne sont guère que des variétés des premières, Gaius nous dit § 201 : « *Per damnationem hoc modo legamus ; Heres meus Stichum meum dare damnas esto* ». Voici en quels termes on fait un legs *per damnationem* : que mon héritier soit condamné à donner à un tel mon esclave Stichus. Ce n'est plus là la donation proprement dite qui forme l'essence même du legs à son origine : c'est une condamnation, un ordre donné à l'héritier. On ne peut comprendre le legs *per damnationem* que lorsque l'institution d'héritier est devenue une partie nécessaire du testament. Car il faut le remarquer, et c'est un point fort important pour notre théorie, le legs *per vindicationem* ne suppose pas la présence d'un héritier. *Je lègue à Lucius un esclave.* Entre le *de cujus* et le bénéficiaire point d'intermédiaire, la propriété doit passer directement : et c'est pour cela que nous lisons encore dans Gaius (II, § 196), « *Ex autem solœres per vindicationem legantur recte quæ ex jure Quiritium ipsius testatoris sunt.* » Les seules choses que l'on puisse léguer *per vindicationem* sont les choses qui appartiennent au testateur, et qui lui appartiennent non seulement à sa mort mais au moment même où il en dispose ; on ne déroge à cette règle, vieux reste du legs-donation primitif, que pour les biens *quæ numero, pondere, mensura constant.* Enfin l'expression même, conservée par la tradition dans son énergique solennité, *do, lego, capito, sumito,* cet impératif absolu nous reporte à l'époque où le citoyen, en exprimant ses dernières volontés, *legem dicebat,* exerçait un droit public devant l'assemblée populaire, *léguait* au sens absolu du mot.

Si donc, d'une part, nous reconnaissons que l'introduction du legs est antérieure, en droit, aux institutions d'héritier, si d'autre part nous reconnaissons qu'à Rome le legs *per vindicationem* est la forme la plus ancienne des legs et qu'elle ne suppose en aucune manière la nécessité d'une institution d'héritier, il en résulte, avec une logique rigoureuse, qu'à Rome la première disposition de dernière volonté a été un legs *per vindicationem*, et qu'un legs *per vindicationem* a dû former tout le contenu du premier testament.

Devant des solutions qui peuvent paraître, à première vue, audacieuses dans leur nouveauté, nous devrions peut-être nous arrêter avec hésitation. Nous le ferions certainement, si nous n'avions rencontré, à toutes les étapes de notre route, des voix autorisées pour soutenir les opinions que nous avons admises. En nous avançant dans ces sentiers parfois glissants, nous avons, et n'était-ce pas le guide le plus sûr, constamment tenu nos yeux fixés sur les textes. Si quelquefois nous n'avons pas donné à l'argumentation un développement que l'étendue de ce travail ne comporte point, nous espérons néanmoins que l'on aura pu suivre notre pensée dans l'étude de ces documents d'un si haut intérêt.

Il nous faut ici reprendre un texte dont nous avons déjà tiré certaines conséquences ; c'est le célèbre fragment de la loi des XII Tables : « *Uti legassit super pecunia tutelave suæ rei, ita jus esto* ». (Bruns, *Fontes*, p. 22).

Nous avons examiné plus haut dans quel sens il fallait interpréter cette *latissima potestas* accordée au testateur de disposer de son bien ; mais, ce que nous n'avions pas dit, c'était la nature de ces dispositions ; or, maintenant, le sens du mot *legassit* est pour nous bien clair, ce que la loi des XII Tables reconnaît et confirme, c'est le pouvoir de faire des legs *per vindicationem*. Ceci nous est encore indiqué par l'explication que Gaius nous donne de cette loi (*Comm.* II, § 224) : « *Sed olim licebat totum patrimonium legatis erogare... nec quidquam heredi relinquere præter*

quam inane nomen heredis ; idque lex XII *Tabularum per-
mittere videbatur qua cavetur ut quod quisque de re sua
testatus esset, id ratum haberetur his verbis ; Uti legassit...* etc. » Jadis il était permis de disposer en legs tout
son patrimoine et de ne rien laisser à l'héritier sinon un
vain titre. Telle était en effet la permission qui semblait
résulter de la loi des XII Tables par les mots *uti legassit.*.
Il ne s'agit pas ici de permettre au testateur d'instituer
héritier qui il veut : le droit des héritiers siens subsiste tout
entier. Mais ce que peut faire le testateur, c'est de léguer
per vindicationem ses possessions mobilières, de disposer
à titre particulier de tout ce qui ne rentre pas dans cet
heredium inaliénable qui ne doit pas sortir de la famille.
Il peut attribuer les *pecunia tutelave suæ rei* ; et, cette partie du patrimoine se développant peu à peu et prenant vis-
à-vis de la propriété réservée de l'*ager romanus* une importance hors de toute proportion, il arrive que l'héritier sien
peut être réduit à ne conserver, selon l'expression du jurisconsulte, qu'un *inane nomen.* Il a la *familia* suivant l'expression de la loi des XII Tables, qui dit à l'héritier légal
familiam habeto, tandis qu'elle permet au testateur de distribuer tout le reste aux héritiers de son choix. L'héritier
sien conservait ce *nomen* qu'il n'était pas en son pouvoir
de rejeter ; mais plus tard l'*heres scriptus extraneus*, dans
les mêmes circonstances, refusa de faire adition d'hérédité
et laissa tomber le testament. C'était un second inconvénient qui venait se joindre au premier, par lequel on arrivait à spolier les héritiers siens.

Il est remarquable du reste que ce n'est qu'en adoptant
le système que nous venons d'exposer que l'on peut donner
une explication satisfaisante de la série des restrictions
que le droit postérieur a apportées au droit de faire des
legs.

Gaius, (II, § 225) : « *Itaque lata est lex Furia qua exceptis
personis quibusdam ceteris plus mille assibus legatorum no-*

mine mortis ve causac apere permissuss non est ». C'est pourquoi l'on vota la loi Furia, par laquelle, à l'exception de
certaines personnes déterminées, il était défendu à tous
de recevoir à titre de legs ou à cause de mort plus de mille
as. Sur le chiffre indiqué de mille as un doute est possible ;
il semble bien faible, si l'on se reporte aux évaluations de
l'as romain, données par notre regretté et savant professeur
Monsieur Belot dans son magnifique ouvrage sur les *Chevaliers Romains*. Quoi qu'il en soit, il est certain que l'on
est obligé de limiter la quotité du legs : la *latissima potestas* est devenue un abus entre les mains de testateurs dérai-
sonnables.

Mais l'existence même de cet abus, le fait par le testateur
de laisser des legs qui semblent exorbitants, comment
l'expliquer avec la doctrine de nos adversaires ? Vous ad-
mettez qu'à Rome la liberté testamentaire est la règle, et
que la loi des XII Tables a dû donner plein pouvoir au *de
cujus* de choisir son héritier ; s'il en était ainsi, ce serait
la famille qui serait la victime d'exhérédations déraison-
nables, c'est elle qui se plaindrait de l'abus des dispositions
testamentaires et c'est aux parents que la loi devrait porter
secours. Au lieu de cela, ce n'est pas celui qui est mis en
dehors de l'héritage qui se plaint ; c'est l'héritier, c'est lui
qu'il faut défendre contre les legs excessifs ; c'est le pouvoir de faire des legs dont seul on abuse !

Nous ne savons pas quelle raison plausible on peut donner de ces singularités avec le système que nous combat-
tons ; mais quand on considère les choses à notre point de
vue tout s'aplanit, tout se simplifie. La loi des XII Tables
ne permettait pas d'instituer librement héritier qui l'on
voulait ; elle respectait le droit des héritiers siens, et ce
n'est que plus tard que l'on a admis la possibilité de les
exhéréder ; ce qu'elle avait donné, c'était le droit de faire
librement des legs *per vindicationem*. Or, qu'est-il arrivé ?
Le testateur, à mesure que l'esprit de famille s'affaiblit, souf-

fre et se plaint de la contrainte qui lui est imposée. « Je ne puis choisir mon héritier, se dit-il, on m'impose tel ou tel dont je ne voudrais point ; eh bien ! je vais tourner la loi. En vertu de la loi des XII Tables je puis faire des legs librement à ma guise ; je répartirai entre des légataires la totalité de l'actif de mon patrimoine ; mon héritier n'aura plus que des charges, et, au lieu d'un bienfait, ma succession ne sera plus pour lui qu'un fardeau onéreux. »

Mais, s'il avait été libre de choisir son héritier, aurait-il été réduit à employer un subterfuge pour faire triompher ses désirs ? Combien n'aurait-il pas été plus simple de priver de l'héritage cet héritier dont on ne voulait pas, et de mettre en sa place le légataire à qui l'on veut transmettre tout l'avantage de la succession ? Si le testateur n'avait eu un héritier qui lui était imposé, jamais il n'aurait songé à l'instituer pour lui retirer aussitôt tout le bénéfice de cette institution. Car il ne faudrait pas dire qu'il y a peut-être là un calcul de la part du *de cujus* qui prévoit que sa succession sera onéreuse, que le passif dépassera l'actif, et qui choisit pour héritier un homme de paille dans la pensée de faire passer sur la tête de celui qui lui est cher tout ce qu'il aura pu liquider. Les textes n'envisagent nullement cette éventualité : ils visent les successions les plus opulentes, et le premier remède que trouve le législateur est de décréter que les legs ne pourront pas dépasser un *quantum* déterminé ; donc l'actif ne fait pas défaut.

Avec cette mesure, on empêchait un abus, celui qui se présentait naturellement le premier dans le développement logique des choses ; on empêchait le *de cujus* de dépouiller celui qui était son héritier par le sang, ou par la loi, au profit de celui que son affection aurait voulu favoriser. Mais, si on arrivait ainsi à empêcher le testateur d'avantager un tiers au préjudice de ceux qui avaient vocation légale, on n'arrivait pas au but réel que l'on poursuivait de protéger efficacement cet héritier. Que fit, en effet, le testateur ? Voulant quand même protester contre celui qui va être son héritier contre son gré, il léguera encore toute sa fortune mais en la distribuant par fractions de mille as entre diverses personnes.

La loi intervient de nouveau, § 226 : « *Ideo postea lata est lex Voconia qua cautum est ne cui plus legatorum nomine mortisve causa capere liceret quam heredes licerent.*» On vota la loi Voconia par laquelle il fut établi qu'aucun légataire ne pourrait recevoir une part plus considérable que celle qui serait attribuée à l'héritier. Ce fut encore insuffisant : la part de l'héritier peut en effet être réduite à une quotité insignifiante hors de toute proportion avec les charges qu'il aurait à soutenir. Alors intervient, § 227, «*Lex Falcidia qua cautum est ne plus legare liceat quam dodrantem.* » La loi Falcidia défend qu'on puisse léguer plus des trois quarts de l'hérédité.

Ainsi, après de nombreux tâtonnements, le législateur arrive à déterminer la portion inaliénable dans la succession ; il déclare que nécessairement l'héritier aura droit au quart du patrimoine. Ce principe n'est autre chose que celui de la légitime qui va être proclamé et généralisé dans le droit classique.

Il ne faut pas s'étonner qu'on ait mis un temps si long à trouver ce qui semble aujourd'hui le premier remède qui aurait dû être apporté aux abus engendrés par la liberté de faire des legs. N'oublions pas qu'il s'agissait de restreindre un droit naturel, inhérent au droit de propriété, le droit de disposer de *pecunia tutelaque suæ rei,* c'est-à-dire des biens mobiliers et aliénables. Les premières lois restrictives n'ont pas osé porter atteinte à ce droit du propriétaire en lui-même ; elles ont visé seulement le légataire. Elles lui ont d'abord interdit de recevoir au delà d'une certaine limite, puis elles ont proportionné la part qu'il pourrait recevoir à la part recueillie par l'héritier. Ce n'est qu'en dernier lieu que la loi Falcidia porte une atteinte directe à ce droit antique en disant qu'en tous cas un quart de la succession devra appartenir à l'héritier ; le droit de disposition du *de cujus* est limité arbitrairement par la loi aux trois quarts ; on ne peut plus dire *uti legassit, ita jus esto.*

Arrivé à cette nouvelle transformation du legs qui correspond à l'époque classique, résumons-nous en deux mots : le legs à Rome remonte à la plus haute antiquité ; il a dû exister à Rome dans le testament avant même l'institution d'héritier, et la loi des XII Tables lui a donné une liberté qui a vite dégénéré en licence. Il a fallu une série de lois pour obtenir que le testateur conciliât avec les intérêts de l'héritier sien, et plus tard avec les droits de l'héritier institué, son pouvoir de faire des legs dans son testament.

Institution d'héritier et legs sont les deux dispositions de dernière volonté les plus importantes ; ce n'est pas dire qu'il n'y ait encore d'autres mesures par lesquelles on pouvait exprimer ses désirs et obtenir dans le testament une *justa contestatio.* Telle est par exemple la tutelle testamentaire. Il est permis aux parents de donner, en mourant, des tuteurs aux enfants qu'ils ont en leur pouvoir ; ils peuvent ainsi sauvegarder leurs intérêts pour le temps où ils ne seront plus. Par une singularité remarquable, cette *datio tutoris* a conservé dans le droit classique son caractère primitif d'indépendance à l'égard de l'institution d'héritier ; cela tient évidemment à la nature même de la disposition complète par elle-même. Il y a aussi une autre disposition que nous tenons à mentionner, c'est celle de l'affranchissement. Cette opération ressemble, il est vrai, à un legs de liberté, si l'on peut admettre que la liberté puisse se léguer ; mais elle a un caractère propre qui est bien indiqué dans un texte de Gaius (1, § 40) examinant la capacité des mineurs de vingt ans à l'égard des diverses dispositions de dernière volonté : « *Cum ergo certus modus manumittendi minoribus viginti annorum dominis per legem Œliam Sentiam constitutus sit, evenit ut qui XIV annos ætatis expleverit licet tes-*

tamentum facere possit et in eo heredem sibi instituere lega-taque relinquere possit, tamen si adhuc minor sit annorum XX libertatem servo dare non potest ». Nous avons voulu citer ce texte un peu long parce qu'il résume, à propos du mineur et de la loi Œlia Sentia, ce que nous avons dit de ces diverses opérations distinctes de dernière volonté, instituer un héritier, attribuer des legs, affranchir un esclave. Chacune de ses opérations a un caractère particulier, mais toutes n'en constituent pas moins ces dispositions de dernière volonté qui, pour être valables, doivent être renfermées dans un testament *calatis comitiis, justa contestatio mentis nostræ in id solemniter facta ut post mortem valeat.*

CHAPITRE IV

LE PREMIER TESTAMENT ROMAIN

Sommaire. — Trois formes de testaments. — Le testament *calatis comitiis* est le premier en date : il contient des legs ou des institutions
d'héritier. — L'institution d'héritier consiste à mettre un étranger
en la place qu'aurait occupée l'*heres suus*. — Intervention de l'État ;
double rôle des comices : quand il s'agit de legs, ils donnent l'authenticité à l'acte qui est ordinairement écrit ; quand il s'agit
d'institution d'héritier, ils votent. — Assimilation originaire, puis
disjonction progressive de l'institution d'héritier et de l'adrogation.

Contestatio justa solemniter facta, voilà, avons-nous dit,
le trait caractéristique du testament. Le principe admis
de tout temps à Rome que tout contrat et tout acte juridique n'avaient droit à la protection de l'Etat qu'à la condition d'avoir été mis sous la sauvegarde expresse des dieux
et de la cité a été le vrai point de départ du formalisme romain. Les règles de forme, fort strictes dans les autres
sphères du droit, ont dû recevoir dans le domaine testamentaire une importance encore plus grande.

Testamentorum autem genera initio duo fuerunt. Gaius
nous apprend qu'à l'origine il y avait deux espèces de testaments, l'un qui se faisait *calatis comitiis*, c'était celui des
périodes de paix ; l'autre qui se faisait *in procinctu*, c'était
celui des époques de guerre ; plus tard s'introduisit une
troisième forme qui fut le *testamentum per æs et libram*,
(Gaius, II, §§ 101, 102). Ulpien (*Frag.* XX, § 2) nous confirme l'existence de ces trois variétés originaires du testament : « *Testamentorum genera fuerunt tria, unum quod*

calatis comitiis, alterum quod in procinctu, tertium, quod per æs et libram. »

C'est donc là que nous devons rechercher la forme du premier testament et l'origine de toutes les phases successives par lesquelles ont passé à Rome les formalités constitutives du testament. Les deux jurisconsultes nous présentent en première ligne le testament qu'ils appellent *calatis comitiis*.

Gaius (II, § 101) : « *Nam calatis comitris faciebant quæ comitia bis in anno testamentis faciendis destinata erant* ». On faisait son testament dans les *comitia calata* qui, deux fois par an, étaient affectés à la confection des testaments. Ce mode de tester, continue-t-il, était usité en temps de paix par opposition au testament *in procinctu* qui était un testament militaire fait en temps de guerre et à l'armée. Le jurisconsulte est sobre sur cette forme du testament qui, pour lui, n'appartenait plus qu'au domaine de l'histoire; et qui, dans les mœurs romaines, avait été remplacée depuis longtemps déjà. Gaius nous dit, en effet, au § 103, que ce premier testament peu à peu tomba en désuétude et que le testament *per æs et libram* se substitua à lui.

D'autre part le testament *in procinctu* n'était qu'une forme exceptionnelle ; il s'ensuit que l'ordre dans lequel ces testaments sont énumérés n'est pas arbitraire mais chronologique, et que c'est sous cette forme du *testamentum calatis comitiis* que nous devons chercher le premier testament. C'est aussi l'avis de Justinien (*Inst.* II, Tit. 10, § 2) et du *Commentaire* que l'on attribue ordinairement à Théophile. Les auteurs modernes ont admis ce point sans conteste ; parmi eux nous citerons Schulin dont le beau travail (*Das griechische testament*) nous viendra ici souvent en aide. Nous verrons que l'étude du *testamentum calatis comitiis* nous conduit à la même solution.

On faisait, disons-nous, les testaments *calatis comitiis*. Avant de rechercher ce qu'étaient ces comices, remarquons qu'il ne faut pas se méprendre sur cette expression *testamenta faciebant calatis comitiis*. La construction grammaticale de la phrase est là pour donner le sens vrai et restreint. Nous avons un ablatif qui répond à la question *quando*, quand ; il s'agit de l'époque et de la circonstance où ce testament peut se faire ; et cela arrive deux fois par an ; cette observation aura son importance quand il faudra rechercher le rôle de ces *comitia calata* qui se tenaient deux fois par an, au dire de Gaius. Nous trouvons les renseignements suivants dans Théophile : « Και το μεν *calatis comitiis* εγινετο καιρω ειρηνης τουτον τον προπον, ο κηρυξ απασαν περιηει την πολιν συγκαλων και πας ο δημος συνετρεχε και ο βουλομενος υπο μαρτυρι διετιθετο τω δημω. Ειρηται δε *calatis comitiis* εντευθεν. *Calare* γαρ εστι το καλειν, *comitia* δε η συνοδος επειδη ουν καλουμενοι συνεησαν εκληθη *calatis comitiis*. » Le testament *calatis comitiis* se faisait en temps de paix de la manière suivante : un héraut parcourait toute la ville en convoquant les citoyens ; tout le peuple se rassemblait, et celui qui le désirait faisait son testament ayant pour témoin tout le peuple rassemblé. De là le nom de *calatis comitiis* : *calare* veut dire appeler, *comitia* indique assemblée ; l'assemblée convoquée s'appellera *calata comitia*.

Ce texte est fort important ; il contient l'ensemble le plus complet de renseignements que nous ayons sur le *testamentum calatis comitiis*, et la science moderne a constaté que Théophile, loin d'apporter à la partie historique de son commentaire la superficielle érudition de l'œuvre de Justinien, puisait aux bonnes sources les détails qu'il nous donne.

Aulu-Gelle (*Nuits*, L. XV, ch. 27) nous donne la même explication du mot *calata comitia* : « *Comitia curiata per lictorem curiatum calari, id est convocari* ». Les comices curiates sont convoqués par curies par un licteur. Cette réunion solennelle se fait deux fois par an ; mais il ne faudrait pas tirer de là la conséquence que ces comices étaient réunis dans le seul but de faire les testaments. Aulu-Gelle (*loc. cit.*) les définit ainsi : « *Quæ pro collegio pontificum habentur aut regis aut flaminum inaugurandorum causa. Iisdem comitiis et sacrorum detestatio et testamenta fieri solebant* ». Dans ces mêmes comices on avait coutume de faire les inaugurations des pontifes, du roi ou des flamines, la *sacrorum detestatio* et les testaments. La compétence de cette forme première de l'assemblée romaine dans son élément primitif, la curie, était donc très générale ; elle partageait avec le Sénat le pouvoir législatif, elle décernait l'*imperium* aux magistrats, elle s'occupait simultanément du gouvernement de l'État et de tout ce qui touche au droit du culte et de la famille. Si le texte d'Aulu-Gelle, parce qu'il mentionne successivement les différentes sortes des assemblées populaires, *curiata, centuriata et tributa*, a donné lieu à des interprétations très diverses, comme celle de Holder (*Beitrage*, p. 44) qui pense que les *calata comitia curiata* servaient à l'inauguration des prêtres et les *calata comitia centuriata* à la consécration des adoptions et des testaments, il nous semble incontestable qu'à l'époque où nous nous plaçons les *comitia curiata* sont seules compétentes pour les testaments. Ce sont elles seules qui ont pour ainsi dire des attributions d'ordre religieux ; les assemblées centuriates avaient un tout autre caractère. Nous ne voulons pas entrer ici dans l'examen approfondi du rôle respectif des comices curiates et centuriates ; mais il faut nous rappeler que ces dernières avaient pour base le cens. Elles se composaient de tous les citoyens payant une certaine quotité d'impôts et compris dans les cinq classes qui étaient appelées à former l'armée ; elles avaient donc un caractère censitaire et militaire, mais en aucune façon le caractère de l'assemblée curiate qui reposait sur la religion et la famille. Peu à peu, sous l'influence de l'ambition et du développement des plébéiens, les *comitia centuriata* augmentent d'importance ; et, après de nombreuses révolutions, elles finissent par arracher aux curies leur pouvoir politique ; mais elles dédaignent ce qui, dans l'assemblée curiate, rappelait l'ancienne religion et les anciennes institutions, ne doutant pas qu'avec l'ordre de choses nouveau un changement dans les mœurs se produirait qui déterminerait l'affaiblissement de l'influence de la religion et la modification des vieilles coutumes.

En ce qui concerne le testament, les comices centuriates ne durent pas intervenir dans ses formes antiques et traditionnelles. Nous croyons d'autant plus exacte cette manière de voir qu'elle repose sur l'observation d'un autre fait. On sait que certaines prérogatives des comices curiates ont passé aux comices centuriates, quand ceux-ci se furent substitués aux premiers ; mais en même temps, en matière testamentaire, une transformation analogue se produisait ; le *testamentum per æs et libram* remplaçait le *testamentum calatis comitiis* ; et si les comices centuriates n'ont pas eu à s'en occuper, c'est pour la bonne raison que, quand elles auraient pu le faire, le *testamentum calatis comitiis* était tombé en désuétude et avait été remplacé par la forme nouvelle du *testamentum per æs et libram* qui ne demandait nullement l'intervention de l'assemblée populaire. Remarquons enfin la dénomination première *testamentum calatis comitis* : on ne dit pas si ces comices sont *curiata* ou *centuriata* parce qu'au moment où a été constitué le dit *testamentum*, les seules assemblées des *Quirites* étaient les comices par curies. Ce n'est qu'après la réforme de Servius Tullius que les comices par centuries sont devenus des réunions politiques. Aulu-Gelle, en historien jaloux de préciser les renseignements qu'il recueillait sur les institutions romaines, a consigné tous les détails qui lui étaient donnés sur le fonctionnement des assemblées populaires. C'est ainsi qu'il a insisté sur les attributions spéciales des comices par curies en ce qui concerne la présentation des testaments : attribution qu'il n'énonce plus

lorsqu'il parle ensuite des comices par centuries ou par tribus qui ont successivement dépouillé les comices par curies
de leurs privilèges politiques.

Les textes viennent de nous apprendre à quelle époque
et dans quelles circonstances se faisait le premier testament romain ; mais ils sont muets sur les opérations qui
constituaient son essence, sur les dispositions qu'il pouvait contenir, sur le rôle de l'assemblée populaire. Nous
avons vu, dans le chapitre précédent, quel était le contenu
du testament à l'époque classique, et nous en avons déduit les formes primitives que les diverses parties dont
il se compose avaient dû revêtir ; nous allons essayer
maintenant de nous rendre compte de quelle façon le *testamentum calatis comitiis* a pu réaliser les divers desiderata auxquels il répondait.

Le premier testament, et par suite, le *testamentum calatis comitiis*, a dû contenir deux choses ; des institutions
d'héritier et des legs. Nous verrons que chacune de ces
dispositions a exigé un mode spécial de l'intervention du
peuple assemblé dans ses curies.

« Les premiers héritiers, dit Pernice (ap. Holder, p. 20,
Kritisch. Vierteljahr., 22, p. 258) ont été les *sui heredes ;*
et c'est d'après cette première succession qu'a été modelée
toute la succession testamentaire. Notre étude sur les héritiers siens nous a conduit aux mêmes conclusions. Au
début de toute succession, on trouve d'abord la *domestica
hereditas*. Or, de même que le premier héritier *ab intestat*
a été le fils légitime du *de cujus*, de même le premier héritier testamentaire a été son fils adoptif. Ceci ressort et de
l'antériorité de la succession *ab intestat* et de la formule
employée par le testateur. Gaius (*Com.* II, §§ 116-117) :
« *Ante omnia requirendum est an institutio heredis solemni
more facta est. Solemnis autem institutio hæc est : Titius, heres esto* ». Avant toutes choses, il faut que l'héritier soit ins-

titué dans la forme solennelle qui est la suivante : *Titius, heres esto.*

Le testateur dit *heres esto* ; il n'invente donc pas pour l'institué une place nouvelle, une qualité particulière ; il le met dans une situation nettement définie, lui donne une qualité qui existait avant lui. (Voir Holder, *op. cit.* p. 20 et s.) Et ce qui sert à bien préciser ce sens primitif du mot *heres*, c'est qu'il n'est employé par la loi des XII Tables qu'en parlant des héritiers siens, et non en parlant des agnats ou des gentils.

Cette conception est la seule d'ailleurs qui résolve d'une manière satisfaisante le problème de la transmission des dettes du défunt à l'héritier. Nous avons vu, plus haut, que les enfants, par suite de la dépendance dans laquelle ils ont été vis-à-vis du père, par suite de la part qu'ils ont eue depuis leur naissance à la propriété de la famille, sont responsables à l'égard des créanciers de leur *paterfamilias*, et sont en face de ces charges les continuateurs de leur auteur. Or l'héritier institué leur est assimilé, leur est substitué, est mis en leur lieu et place ; dès lors, jouissant de leurs prérogatives, il doit accepter le fardeau de leurs obligations ; voilà la raison de l'obligation personnelle de l'héritier. Hors de là, il faut admettre que l'institution ne consisterait que dans la transmission de la *familia* ; mais faudrait-il donc dire alors que les dettes font partie de la *familia* ?

Toutefois, si l'on admet que l'héritier testamentaire est tenu des dettes par extension et application de ce qui se passe pour le *suus heres*, il reste à expliquer comment on a pu faire passer à ces nouveaux héritiers un caractère qui semblait dériver essentiellement de la qualité de *suus* ? Holder (ch. I. *op. cit.*) attribue l'obligation aux dettes du *suus* aux faits suivants. La puissance que le créancier acquiert sur son débiteur en vertu de l'obligation de ce dernier, dans la conception première, s'exerce d'abord sur sa personne. Elle s'exerce ensuite sur ce qu'il s'est approprié, sur ce qui dépend de lui, personnes ou choses, car à Rome il y a un droit de propriété sur les enfants et sur les esclaves.

Alors que la personne du débiteur disparaît par la mort, le créancier conserve son droit vis-à-vis du *suus*. Celui-ci, en effet, en retrouvant sa liberté, est resté soumis aux obligations dont il était pour ainsi dire le gage dans la main toute puissante du *paterfamilias* disparu. Mais si le *suus* est tenu aux dettes, il n'est pas possible que le testateur puisse mettre en sa place un tiers sans que ce tiers ne se trouve, par là, dans la même situation ; on ne peut enlever au créancier son ancien débiteur, sans lui en fournir un nouveau ; et ce n'est que devant la garantie de ce nouveau propriétaire que le créancier peut renoncer à son droit direct sur les choses du défunt.

Ceci peut suffire pour que l'équité soit satisfaite ; mais il est peu probable qu'au début les choses aient pu se faire aussi facilement : ce n'est pas de sa propre initiative, ce n'est qu'avec l'assentiment du pouvoir que le débiteur peut se substituer à l'égard du créancier un tiers responsable, à la condition qu'il présente les garanties suffisantes. Cet intérêt des tiers créanciers vient s'ajouter à la haute importance sociale et religieuse que le rôle de continuateur de la famille donne au choix de l'héritier, pour justifier la nécessité de l'assentiment du pouvoir, comme nous le disions ; et c'est à dessein que nous employons un terme aussi général, car nous allons avoir à nous expliquer sur la nature très controversée de cette intervention. Si le fait de se constituer un héritier en l'absence d'héritier sien est chose grave, il est bien plus grave encore d'appeler un héritier *extraneus*, quand il y a des *sui* ; nous avons étudié leurs droits ; il y a dans leur exhérédation une expropriation véritable. Le droit de vie et de mort du père vivant sur ses enfants n'implique pas le droit d'exhérédation pour un temps où la *patria potestas* a cessé d'exister.

Tout en voyant dans le testament un acte qui exige le concours du pouvoir, nous ne nous rallions pas à la théorie de ceux qui prétendent que l'idée d'une volonté exerçant son influence après la mort est contraire au droit naturel, et qui exigent qu'une loi spéciale autorise chaque dérogation aux lois successorales. Une école nombreuse soutient que tout testament est une loi, s'appuyant sur ce que les jurisconsultes romains emploient souvent le mot *lex* pour le désigner ; mais il ne faudrait point se méprendre sur la valeur réelle de ce mot qui a pu produire bien des erreurs. Le sens de *lex* est très général ; il se rattache à la racine sanscrite d'où vient le grec λεγω, qui a fait en latin *legere*, *lectum*, qui veut dire, ce qui est lu, et aussi ce qui est posé ; ce mot implique l'idée de poser quelque chose de fixe, d'immuable. Un savant professeur (M. Blondel) faisait les curieux rapprochements suivants ; en allemand *gesetz* veut dire loi, et il vient du verbe *setzen* i. e. poser : en grec θημις c'est la justice et le verbe τιθημι a encore pour sens *poser*, d'où dérive διαθηκη, mot grec correspondant à *testamentum*. Nous pouvons mentionner également qu'Isidore de Séville (*Orig. des mots*, liv. II, ch. X) dit que *lex* vient de *legendo*: « *Lex a legendo vocatur* ».

Lex à proprement parler est donc un règlement; et c'est aussi bien un règlement entre particuliers qu'un règlement de l'État. En droit public, c'est un lien imposé aux membres de la communauté par le chef : *lex est commune præceptum*, dit Papinien ; en droit privé, c'est un pacte, une convention. On dira dans ce sens, *lex commissoria*, *lex collegii* ; nous dirons même plus : pour nous, *lex* est un acte qui a des effets juridiques, c'est un titre. N'est-ce pas le lieu de rappeler que dans la Bible les mots διαθηκη *testamentum* ont souvent cette signification *pactum*, *fœdus*, convention faisant loi entre les parties ?

Il est certain que le testament est un acte juridique d'une nature toute particulière, et qui n'est pas sans analogie avec un acte de souveraineté ; il y a une sorte de délégation donnée par la loi au père de famille pour exercer une fonction qui ne devrait appartenir qu'à l'autorité souveraine. Mais admettre qu'il faut une loi pour déroger à l'ordre légal des successions, ce serait admettre que cet ordre a été lui-même fixé par une loi : or, la succession des *sui*, comme celle des agnats et des gentils, est antérieure à la loi des XII Tables qui ne fait que sanctionner des usages déjà existants. Les règles de la succession *ab intestat* sont sorties naturellement des institutions primitives et de l'organisation familiale romaine ; c'est ce droit naturel, *jus naturale*, qui constitue la succession légitime, la tutelle légitime, en un mot tous les droits privés, *jura gentilitia*. Aucune loi n'a été nécessaire pour établir une législation qui chez tous les peuples a traversé les mêmes phases. Le droit des héritiers siens d'après la loi des XII Tables est primitivement une institution sacrée et contre laquelle rien ne peut prévaloir. Aussi quand on veut introduire les dispositions de dernière volonté, se trouve-t-on en présence de deux objections sérieuses. (Voir Holder, p. 27.)

D'une part on peut dire que le testateur n'a pas le droit de disposer de son bien parce qu'à sa mort il ne le possède plus ; d'autre part on peut lui opposer qu'il va contre les droits que des tiers, héritiers ou même simples créanciers, ont sur ces biens. A la première objection nous répondons : le propriétaire, qui de son vivant peut disposer de son bien, peut aussi à l'instant de sa mort le faire passer entre les mains de celui qu'il choisit. La mort ne met pas fin à ma propriété : je ne puis plus l'exercer ; un autre doit l'exercer en ma place. Dans la forme primitive du *testamentum per æs et libram*, la *mancipatio familiae* n'a pas d'autre but.

Quant à la deuxième difficulté, elle est plus sérieuse. Il faut, dit-on, respecter les droits que des tiers ont sur le patrimoine : certaines obligations vont être à la charge de l'héritier, et des liens de droit vont exister non seulement avec les créanciers du *de cujus*, mais avec les légataires. L'assentiment de ces tiers ne sera-t-il pas nécessaire pour que le patrimoine, sur lequel ils ont des droits, tombe en des mains étrangères ; ou, à défaut de cet assentiment, ne faudra-t-il pas une loi ? C'est la place du *suus* que l'héritier va occuper ; et il est certain que l'on ne pourra pas sans l'intervention de l'autorité introduire un étranger en ce rang privilégié ; mais, du moment où la loi lui aura reconnu son titre de fils, l'héritier sera membre de la famille et tenu aux dettes ; à la mort de son père adoptif, il n'y aura pas à proprement parler de transmission de patrimoine. Il faudra qu'il acquitte envers les tiers les obligations de son auteur, quoique pendant ce temps tout l'actif de la succession puisse lui être dérobé par des legs.

Le testateur, en instituant un héritier, poursuit un double but ; d'une part, il cherche un représentant qui liquidera sa situation en payant ses dettes et en terminant les opérations commencées ; d'autre part, il cherche un continuateur pour assurer le culte de ses ancêtres et ses traditions familiales si chères au cœur des Romains. L'institution d'héritier ne comporte pas autre chose ; et si le patrimoine du *de cujus* vient aussi lui appartenir, c'est comme une chose accessoire et qui primitivement ne semble nullement nécessaire.

Tout ceci est parfaitement d'accord avec l'opinion qui compte de fort nombreux partisans, et qui conduit à ne voir dans l'institution d'héritier, à l'origine, qu'une seule et même chose avec l'adrogation. Certains auteurs diront : c'est inadmissible parce qu'à l'époque historique, on ne voit nulle part d'adoption testamentaire. Pour nous il nous semble que la conséquence à tirer est tout autre ; car, si on trouvait dans le droit classique une adoption testamentaire différente de l'institution d'héritier, il faudrait en conclure que nous nous trouvons en présence de deux opérations juridiques différentes ; tandis que, du moment où elles sont tellement mêlées qu'on ne peut les séparer, on est en droit d'admettre qu'elles ne forment qu'une seule institution qui a pu subir du reste des transformations diverses. Le premier héritier testamentaire a été un continuateur du *de cujus*, mis à la place d'un héritier sien qui faisait défaut, et cette opération n'est pas autre chose qu'une adrogation comme nous le constaterons tout à l'heure dans les textes.

D'ailleurs qu'on nous permette de rappeler ici la distinction que nous avons longuement discutée ; il importe de ne pas oublier que le testament et l'institution d'héritier ne sont pas la même chose : le premier testament contient des legs et des institutions d'héritier ; mais l'institution d'héritier, n'est pas indispensable ; et, si nous croyons pouvoir dire que la première institution d'héritier est une adrogation, nous ne voulons pas dire la même chose du premier testament.

Il s'ensuit donc que le *testamentum calatis comitiis* a pu être de deux sortes : ou bien il n'a contenu que des legs, les legs *per vindicationem*, et dans ce cas nous verrons que le rôle du pouvoir public est très restreint et que l'assemblée des curies ne votait point ; ou bien, il contenait une institution d'héritier, et alors c'était la même opération qui a été appelée depuis l'adrogation, et dont l'accomplissement nécessitait un vote populaire. Nous insistons sur cette observation que l'hériter institué était mis aux lieu et place d'un héritier sien, car elle est la base de notre argumentation ; n'en trouve-t-on pas une preuve dans la forme impérative des institutions et plus tard des legs dits *per damnationem ?* Le legs *per damnationem*, la deuxième espèce de legs qui ait existé à Rome, pour n'être venu dans l'ordre chronologique qu'après le legs *per vindicationem*, n'en doit pas moins remonter à une époque reculée. La formule qu'il emploie dans son énergie primitive, *Seius, damnas esto*, est contemporaine de l'*heres esto* de la première institution d'héritier. Cet impératif hautain montre qu'il y a dans l'institution primitive d'héritier autre chose que la simple expression d'une volonté particulière. Comment admettre que l'État puisse laisser à un citoyen le pouvoir exorbitant d'imposer à quelqu'un qui n'est pas sous sa puissance le fardeau parfois bien lourd d'une succession ? Tout s'explique au contraire si ce citoyen s'adresse à quelqu'un, qui a pris dans sa famille la place d'un enfant héritier sien, qui est un fils *in potestate* en vertu d'une permission expresse de la loi.

Ainsi nous sommes conduit logiquement à l'idée d'une acceptation primitive de l'héritier ; car si la loi peut permettre qu'un citoyen se soumette à la puissance d'un autre, elle doit veiller à ce que cela ne se fasse pas contre son gré. Or, cette acceptation, c'est celle qui existe pour l'adrogé. Et, preuve nouvelle à l'appui de ce que nous avançons, il est certain qu'à l'origine celui-là seul pouvait être institué héritier qui pouvait comparaître pour répondre. Il doit accepter immédiatement, s'il est considéré comme capable par l'assemblée du peuple qui l'environne. De même, lorsque, plus tard, cette acceptation est remise à une époque postérieure, on lui donne le droit, au moment de prendre possession de la succession, de délibérer, de la répudier même s'il ne se sent pas le courage de la conserver avec tous ses inconvénients. Il ne doit se décider qu'en connaissance de cause : l'acceptation ancienne deviendra la *crétion* et prendra les formes solennelles de l'adition d'hérédité.

Les textes sont peu explicites sur la manière dont l'héritier était institué dans le premier testament. Mais il est remarquable que toutes les formalités de l'adrogation, telles qu'elles nous sont décrites par Aulu-Gelle (L. V, c. 19) coïncident d'une manière merveilleuse avec ce que nous savons de ce premier testament ; et c'est un argument nouveau en faveur de leur assimilation première. Il faut d'abord l'intervention des pontifes, *arbitris pontificibus*; ils interviennent au nom des intérêts religieux dont ils sont les gardiens, *sacra publica et sacra privata*, ils interviennent comme défenseurs du droit de famille et des héritiers siens. Cet avis formulé, les interrogations commencent; et le peuple doit intervenir à son tour. Comme pour le testament les comices sont convoqués; la déc sion à prendre est grave, ce sera une loi qui s'imposera à tous au nom des intérêts de la communauté: *generale jussum populi rogante magistro*, dit Aulu-Gelle (L. X, c. 20). Mais de ce qu'une loi est nécessaire pour valider une adrogation, il n'en faudrait pas conclure qu'elle le sera toujours pour compléter un testament, quel que soit d'ailleurs son contenu.

Dans l'adrogation il y a vraiment un vote; il porte sur le fait de mettre sous la puissance d'un autre un citoyen qui est libre et *sui juris*; c'est une permission donnée par le peuple à un acte qui peut sembler à première vue exorbitant. Mais dans le testament, de même que dans l'adrogation, la transmission des biens reste en dehors de l'approbation expresse; elle est de la compétence des pontifes qui présideront à la répartition du patrimoine. C'est la transmission du *jus vitæ necisque* que l'autorité souveraine doit reconnaître. Il nous semble donc que le peuple vote non pas les testaments, mais seulement les institutions d'héritiers quand il y en a dans le testament; et qu'il sanctionne par sa présence, sans assentiment direct, les testaments où l'on ne fait que disposer des biens, et qui ne contiennent que des legs.

Dans ce second cas le rôle des comices est de donner au testament ce que nous voudrions appeler l'authenticité. Les *comitia calata*, à l'origine, étaient la forme ordinaire des comices, mais une forme officielle avec la présence du roi, des pontifes, de la cité entière. Or dans tous les testaments il y a deux éléments essentiels dont la législation romaine a cherché instinctivement à assurer l'existence, la publicité et l'authenticité ; ces deux éléments dans le premier testament ne sont pas encore séparés, n'ont pas encore leur existence nette et distincte.

On sent la préoccupation d'avoir des témoins nombreux, les plus nombreux possibles, pour assurer la pleine exécution d'un acte dont on ne peut savoir à l'avance quand il aura son entier effet. On veut que l'acte soit public, afin de prévenir toute fraude à l'heure où le testateur ne pourra plus se lever pour défendre la vérité. Cette publicité ne suffit pas : comme le dit Gaïus (C. II, § 101). On ne pouvait assembler le peuple à volonté pour le faire assister à des testaments. Mais, si le testament ne peut se faire, malgré tous les inconvénients de la pratique, qu'à des époques déterminées, dans des assemblées solennelles qui ne se tiennent que deux fois par an, on veut du moins assurer ce que nous appelons l'authenticité du testament. Il y a là une notion complexe, difficile à définir, où il s'agit de validité de consentement et de certitude de date. Ulpien la vise nettement dans sa phrase déjà revenue souvent sous notre plume : *contestatio solemniter facta… in id ut post mortem valeat.*

Quand il ne s'agit que de testaments renfermant des legs, le peuple assemblé dans ses comices joue à peu près le rôle qui est assigné au notaire aujourd'hui : celui-ci ne sanctionne pas le testament ; et pourtant, s'il n'est pas là, rien n'est valable, le choix de l'héritier est nul, la volonté du testateur inefficace. Il y a quelque chose de plus que la préoccupation d'assurer à cet acte si important un grand nombre de témoins ; et c'est à tort, il nous semble, que Mommsen ne veut voir dans les *calata comitia* qu'une assemblée de témoins. Ce n'est pas une foule aussi considérable qui peut porter témoignage. Comment peut-on savoir quels sont ceux qui sont présents ? Comment même une réunion aussi nombreuse peut-elle entendre le testateur ? Non, dans cette cérémonie solennelle, quand il n'y a pas de vote, la présence de l'autorité populaire sous la forme la plus auguste sert à donner à l'acte accompli une exceptionnelle valeur, en fournissant à la preuve de cet acte ce caractère de haute vérité, qui constitue, à proprement parler, ce que nous appelons l'authenticité.

Le contenu de l'acte se prouve en effet par le témoignage, et surtout par ce mode, plus sûr encore que le témoignage, de la preuve littérale, par le document qui contient les dispositions de dernière volonté. Or c'est dans le Droit romain qu'il faut rechercher l'origine de cette notion traditionnelle qui attache généralement au testament l'idée d'un écrit. En Italie, l'écriture remonte presque jusqu'aux temps de la fondation de Rome ; et nous croyons que, dès la plus haute antiquité, le testament a dû se servir de ce procédé de l'écriture si propre à assurer sa conservation. Devant les comices, le testateur se présentait porteur de tablettes : sur le bois ou sur la cire étaient tracées ses dernières volontés. Là, elles étaient lues en public ; et, en l'absence d'opposition, ce document, qui était écrit soit par le testateur, soit par une main étrangère, était remis à une personne que la loi ou l'assemblée désignait. Schulin, qui a adopté cette théorie, suppose que le dépôt devait être fait au temple de Vesta. Plusieurs textes justifient cette manière de voir ; et c'est à propos de l'introduction du testament *in procinctu* qu'ils ont l'occasion de nous donner certains éclaircissements à ce sujet.

Le testament *in procinctu*, d'après Gaius (II, § 101), est pour le temps de guerre ce que le *testamentum calatis comitiis* est pour le temps de paix ; les citoyens le font en partant pour le combat, *cum belli causâ ad pugnam ibant*. Festus nous explique l'origine du mot *in procinctu* : « *Procinctos, quasi præcinctos atque expeditos, nam apud antiquos togis incincti pugnasse dicuntur* ». L'expression était employée en parlant du Romain partant en guerre pour indiquer une manière spéciale de porter la toge afin de pouvoir facilement manier les armes. De là l'expression, *procincti*, pour les citoyens prêts à partir en guerre ; et de *testamentum in procinctu* pour le testament fait devant eux. Festus ajoute : « *In procinctu testamentum dicitur quod miles pugnaturus nuncupat præsentibus commilitonibus* ». On appelle ainsi celui que le soldat, allant au combat, *nuncupat*, dit à haute voix en présence de ses camarades. — Et Plutarque, (*Vie de Coriolan*, ch. 9) : Ηνδε τοτε τοις Ρωμαιοις εθος εις ταξιν καθιστα-μενοις και μελλουσι τους θυρεους αναλαμβανειν και περιζωνεσθαι την τηβεννον, αμα και διαθηκας αγραφους τιτεσθαι τριων η τετταρων επακουοντων ονομα-ζοντας τον κληρονομον. — C'était alors l'usage chez les Romains, rangés en bataille, au moment de prendre leurs boucliers et de se ceindre de leur toge, de faire des testaments non écrits, trois ou quatre témoins écoutant ; en même temps ils désignaient nominativement leur héritier. — Plutarque, parlant de ce genre de testament, insiste sur cette particularité que le testament était αγραφος, sans écrit. Si on rapproche cette expression de *nuncupat* de Festus, on se trouve en présence d'un ensemble de détails sur le caractère verbal de ce testament qui permettent de supposer légitimement qu'il constitue une dérogation à la règle d'un document écrit pour l'autre testament, le *testamentum calatis comitiis*.

Plutarque ajoute : τριων η τετταρων επακουοντων, testament non écrit, deux ou trois soldats l'écoutant. Cette fois-ci, nous voilà en présence de témoins ; il faut deux ou trois camarades qui soient non seulement présents physiquement, mais qui entendent le contenu du testament. Or cette nécessité s'explique d'elle-même ; s'il faut des témoins, c'est qu'il n'y a pas d'acte écrit ; au moment du combat, on n'a pas de tablettes, on n'a pas le loisir d'écrire ; la majorité même des soldats n'est pas en état de le faire ; tout est verbal. Aussi, il faut que la preuve testimoniale vienne remplacer la preuve littérale qui fait défaut ; au lieu de document, nous avons des témoins. Ces témoins donnent la publicité en fournissant la preuve. Mais, comme nous le disons plus haut, cette preuve doit présenter un caractère particulier ; l'acte doit avoir une authenticité. Or, cet élément, nous l'avons ; il est indiqué au texte même de Plutarque : Ῥωμαίοις εἰς τάξιν καθισταμένοις cet acte n'est valable que dans des circonstances particulières solennelles et nettement déterminées : l'armée est rangée en bataille, prête à combattre l'ennemi ; auparavant il y avait eu des cérémonies religieuses, on avait pris des auspices. Ces circonstances sont la justification d'une dérogation à la loi ordinaire des testaments; elles servent aussi à imprimer à l'acte fait au milieu d'elles le caractère particulier qui mettra la légitimité et la véracité du testament à l'abri de tous soupçons.

Nous avons toutefois, à propos de ces deux textes, employé l'argument *a contrario*, dont il faut toujours un peu se méfier. Nous avons un argument plus direct ; c'est la formule rapportée par Gaius (II, § 104) à propos du testament *per æs et libram* : « *Hæc ita ut in his tabulis cerisque scripta sunt, ita do, ita lego, ita testor ; itaque vos, Quirites, testimonium mihi perhibetote* ». Les formalités spéciales du *testamentum per æs et libram* sont terminées, et le testateur prend la parole pour prononcer cette formule dont la seule inspection atteste l'antiquité : *Ita do* ; *ita lego* ; *ita testor*. Ces trois mots comprennent et résument les phases de la succession testamentaire ; ils commencent par la donation primitive, et finissent, en passant par le legs, par renfermer l'institution d'héritier et le testament au sens classique. C'est évidemment un souvenir d'une institution précédente transporté dans une institution nouvelle. Or l'institution ancienne c'est le *testamentum calatis comitiis* ; et il est fort probable que la phrase que nous venons de transcrire, se trouvait sur les lèvres de celui qui, testant devant les comices, présentait les tablettes avec le témoignage écrit de ses dispositions de dernière volonté. Nous trouvons encore

dans cette phrase de Gaius une preuve de ce que nous avancions de la haute antiquité de l'emploi de l'écriture *tabulis cerisque*. Au reste Cicéron n'a-t-il pas présenté avec une
grande précision les trois testaments lorsqu'il dit (*De ora-
tore*, I, § 53). « *Reprehendebat igitur Galbam Rutilius quod
is.... ac se tanquam in procinctu testamentum faceret, sine
libra atque tabulis populum romanum tutorem instituere* ».
Rutilius reprochait à Galba de.... et d'instituer pour héritier le peuple romain, à la tribune, sans balance et sans
tablettes comme s'il faisait un testament *in procinctu*. *Libra*, c'est le testament *per æs et libram* ; *tabulis*, c'est le testament *calatis comitiis* ; le testament verbal c'est le testament *in procinctu*, valable à la condition d'être fait en
campagne. Ce privilège d'être prononcé devant témoins
sans écrit forme décidément son principal caractère en
opposition à la preuve littérale requise pour les autres
testaments.

Le testament *in procinctu* présentait donc une véritable
dérogation dans la forme, faite en faveur du citoyen sous
les armes : mais quant au fond il avait la même portée que
le *testamentum calatis comitiis*. Tantôt il contenait de simples dispositions, des legs, des dations de tuteur, comme
le prouve le passage de Cicéron cité ci-dessus. Tantôt c'é-
taient des institutions d'héritier comme nous l'indique Plutarque (*Vie de Coriolan*, ch. 9.). Nous avons déjà fait remarquer que le testament *in procinctu* comme le testament
calatis comitiis avait un caractère religieux et offrait toutes les garanties d'authenticité par ses formes solennelles,
l'armée remplaçant le peuple qui figurait dans les comices.
Il n'y avait que cette différence, qu'aux comices se trouvait substitué le peuple en armes rangé pour le combat.

Mais si, en ce qui concerne les testaments ne contenant
que des legs *per vindicationem*, le rôle des comices n'est pas
plus actif, il en est autrement en ce qui touche les institutions d'héritiers qui, à l'origine, nous l'avons vu, ne sont

pas logiquement distinctes de l'adrogation et de l'adoption. Le raisonnement et les déductions rationnelles nous ont conduit à penser que le premier héritier testamentaire a été un enfant adopté, un adrogé. Commençons par nous débarrasser de la difficulté secondaire que pourrait faire naître la distinction des deux mots *adrogation* et *adoption* dans le droit classique. Cette distinction ne remonte pas à l'antiquité où elle n'existait pas : il n'y avait alors que le mot adoption employé dans tous les cas. Plus tard, on emploie spécialement le mot adoption pour le cas où il s'agit d'un *alieni juris*; mais il y a un fait juridique tout à fait différent de celui qui nous occupe. Aulu-Gelle (V, § 19) : « *Adoptantur autem cum a parente, in cujus potestate sunt, tertia mancipatione in jure ceduntur, atque ab eo qui adoptat apud eum apud quem est legis actio, vindicantur* ». Voici comment se réalise l'adoption de ceux qui sont encore au pouvoir de leurs parents : leur père les mancipe trois fois et les cède *in jure* à celui qui les adoptera ; ce dernier les revendique devant le magistrat compétent par les actions de la loi. Il y a donc là emploi du procédé détourné des trois mancipations pour arriver à briser la *patria potestas*, puis un procès fictif pour arriver à établir la propriété de l'adoptant. Tout ceci montre que cette adoption est un produit d'une jurisprudence postérieure, habile à utiliser les ressources du droit préexistant; et il n'y a à s'attacher, à l'origine, qu'à ce que le droit de Gaius appelle *adrogatio*.

Or comment se faisait l'*adrogatio* d'après Gaius et à l'époque classique, car pour l'antiquité les documents nous font défaut ? « *Populi auctoritate adoptamus eos qui sui juris sunt ; quæ species adoptionis dicitur adrogatio, qui aetis qui adoptat, rogatur an id fieri patiatur ; et populus rogatur an id fieri jubeat* ». Tel est le passage de Gaius, (I, § 99). Quand on veut adopter quelqu'un qui est *sui juris*, cela se fait par l'autorisation du peuple ; cette opération juridique porte le nom d'adrogation, parce qu'on interroge et celui qui adopte pour savoir si c'est bien là son intention, et celui qui est adopté pour s'assurer de son consentement, et le peuple pour voir s'il confirme cette adoption. *Populus rogatur an id fieri jubeat* : le peuple doit voter, on lui soumet une *rogatio*. Aulu-Gelle (V, § 19), nous dit la même chose en entrant un peu plus dans les détails : « *Sed arrogationes non temere nec inexplorate committuntur, nam comitia, arbitris etiam pontificibus prœbentur, quœ curiata appellantur, œtasque ejus qui arrogare vult an liberis potius gignundis idonea sit, bonaque ejus qui arrogatur ne insidiose appetita sint, consideratur*, etc. » Les adrogations ne sont pas faites à la légère ; on recherche les mobiles de l'adoption, on examine la condition des personnes ; il y a un serment à prêter ; enfin, c'est une question de convenance dont les prêtres sont juges, *arbitris pontificibus*. Les pontifes donnent leur avis ; mais cela ne suffit pas, il faut qu'il y ait une *rogation* et un vote. Le texte d'Aulu-Gelle nous rapporte toute la suite de l'opération et les diverses formules.

Or, entre cette adrogation et l'institution d'héritier, telle qu'elle a dû exister dans le *testamentum calatis comitiis*, il nous semble qu'il n'y a pas de distinction à faire, car c'est une seule et même chose. Un très grand nombre d'auteurs ont adopté cette manière de voir au moins en partie ; et parmi eux nous citerons Gans, au commencement du siècle (t. II, p. 53 et s.), et tout récemment Greiff (p. 60). Laissant de côté les arguments que nous fournirait le droit grec nous notons seulement que de nombreux textes à Rome peuvent être recueillis, et s'ajouter à ceux déjà cités. Aulu-Gelle a réuni parmi les attributions des *calata comitia*, les *sacrorum detestationes*, préludes de l'adoption, et les testaments ; le terme *adoptare testamento* se retrouve à chaque pas dans les auteurs classiques. Les deux ouvrages de Gans et de Greiff, auxquels nous venons de faire

allusion, discutent longuement ces textes et établissent
nettement la relation intime de l'adrogation ou adoption
avec l'institution d'héritier. Nous renvoyons donc purement
et simplement à ces travaux pour l'énumération des passages qui font la preuve de cette assertion ; il nous semble d'ailleurs que ce point ressort déjà suffisamment de
l'ensemble de l'étude que nous venons de faire. Une objection cependant pourrait être faite, la voici : comment
expliquer, en admettant l'origine commune de l'adrogation
et de l'institution d'héritier, leur existence distincte et parallèle dans le droit classique ? Il y a là une difficulté qu'il
est utile de résoudre, et une question à laquelle il importe de répondre d'une façon précise.

Sur l'assimilation primitive de l'institution d'héritier
et de l'adrogation, nous nous séparons de M. Greiff en ce
que nous croyons devoir aller plus loin que lui ; car, pour
nous, dans les deux premières formes du testament *calatis
comitiis* et du testament *in procinctu*, elles ont toujours été
confondues. La forme de l'institution première est celle
qui a été conservée dans le droit postérieur et qui a pris
alors le nom d'adrogation ; telle est la raison du silence
des textes sur la forme de l'institution d'héritier dans ces
testaments primitifs ; et ce n'est qu'avec l'apparition d'une
nouvelle forme de tester, le *testamentum per æs et libram*,
qu'il devint nécessaire de séparer adrogation et institution
d'héritier.

D'après ce nouveau mode, il n'y aura plus l'appareil solennel de l'assemblée populaire et le choix d'un héritier
fait à la face du peuple tout entier. Celui qui est choisi
sera bien le continuateur du défunt, mais ce ne sera plus,
tout de suite et par le fait même, un héritier sien, un enfant
nouveau introduit dans la famille, un fils adoptif soumis
à la *patria potestas*. Le lien qui rattachera l'héritier au testateur ne sera plus le lien sacré qui unissait l'adrogé à son
adrogeant, à la suite des cérémonies du *testamentum cala-*

tis comitiis ; et le testateur n'acquerra plus ce *jus vitæ necisque* qui mêlait au bénéfice de l'institution pour l'héritier une condition plus onéreuse. La situation de l'héritier a été transformée ; et, en présence de cette transformation radicale, l'institution d'héritier devient un acte juridique nouveau qui ne présente plus les caractères de l'institution ancienne, qui en diffère même tellement que l'on donne à cette dernière un nom particulier, *l'adrogation*.

A côté de cette institution d'héritier d'un type nouveau, on a, en effet, éprouvé le besoin de conserver pour des cas particuliers l'institution d'héritier dans sa forme originaire ; seulement on a changé sa dénomination. Le citoyen qui n'avait pas d'enfants pouvait encore éprouver le désir de remplacer à son foyer, par une génération légale, ceux que la nature lui avait refusés ; la simple institution d'héritier, après les transformations que nous avons suivies, ne répondait pas pleinement à ce besoin. Comme autrefois, il voulait immédiatement introduire dans sa maison un étranger qui tiendrait la place du fils absent. Il donnait le rang et la qualité de *suus* à cet adrogé, car c'est le nom que va porter celui qu'il aura choisi ; et cet adrogé va perdre son ancienne qualité de *sui juris* pour rentrer sous la *patria potestas* de son adrogeant ; il n'en eût pas été de même, si il avait été simplement institué héritier, dans le sens moderne de l'expression. Or, la conséquence de cette adrogation était grave et aurait pu introduire le trouble dans la cité si les formes antiques n'avaient pas été conservées. Aussi, dans l'adrogation du droit classique, observe-t-on rigoureusement les règles anciennes. Comme autrefois, dans le *testamentum calatis comitiis*, l'adrogé *rogatur* ; il est libre, on lui demande son acceptation ; les intérêts sacrés des ancêtres sont en jeu, la présence des pontifes est nécessaire, ils doivent examiner longuement les convenances de l'acte qui va s'accomplir. Enfin cet acte, aux conséquences si graves pour la cité, ne peut être exécuté qu'après une ratification des dérogations au droit traditionnel qu'il contient. On sait qu'à la longue les comices par curies sont tombées en désuétude, les membres des curies ne se rassemblaient plus, les licteurs venaient seuls à la réunion solennelle, et les lois curiates des derniers temps étaient votées seulement par l'assemblée de ces trente fonctionnaires ; mais le principe est resté intact.

Pour expliquer le dédoublement de l'adoption primitive et ce caractère nouveau de l'institution d'héritier il n'est donc point nécessaire, à notre avis, de recourir à l'explication ingénieuse mais peut-être un peu compliquée que propose M. Greiff (p. 63). Pour lui, l'adrogation était un acte en deux parties ; l'une se passait devant les pontifes et le peuple réunis en simple *concio* et afin d'effectuer l'initiation sacrale de l'adopté ; l'autre partie se passait devant le même peuple réuni en assemblée législative afin de conférer à l'adoptant le *jus vitæ necisque* sur l'adopté. On n'avait qu'à séparer ces deux actes, et à n'en garder que le premier pour créer le *testamentum calatis comitiis*. Le vote d'une loi spéciale, toujours d'après Greiff, devenait inutile, ce qui ne veut pas dire que le peuple et les pontifes étaient destitués de tout contrôle : il est très probable au contraire qu'une *causæ cognitio* publique continuait à précéder le testament comme elle avait précédé l'adrogation. La distinction posée par M. Greiff est rationnelle, mais il semble qu'en fait elle n'a jamais existé ; tout se faisait dans une seule et même cérémonie et dans un laps de temps fort court, trois heures s'il faut en croire le témoignage de Cicéron. D'ailleurs cette séparation d'une formalité religieuse et d'une formalité législative successives, qui ne saurait guère s'appuyer sur des textes, comment et quand se serait-elle opérée ? En face d'une hypothèse qui, pour être logique, n'en est pas moins controversable, n'est-il pas plus simple de chercher la solution du problème dans la nature du nouveau mode de tester ? C'est l'étude du testament *per æs et libram* qui va nous donner la clef des transformations successives de l'institution d'héritier. Mais avant d'aborder cette nouvelle matière, résumons-nous en deux mots : 1° le testament *calatis comitiis* peut ne contenir que des legs, alors il n'est pas voté par les comices ; 2° il contient une institution d'héritier ; dans ce cas, il y a lieu à un vote, et cette institution n'est pas autre chose qu'une *adrogation*.

CHAPITRE V

LE TESTAMENT PER ÆS ET LIBRAM.

Sommaire. — Son origine dans les nécessités de la pratique pour le cas de danger pressant. — Deux parties : 1° *Mancipatio familiæ*. — La *mancipatio* est à l'origine une vente réelle. — 2° *Nuncupatio testamenti*. — On arrive à faire des legs en appliquant la loi des XII Tables : *Cum nexum faciet mancipiumve, uti lingua nuncupassit ita jus esto.* — *L'emptor familiæ* devient peu à peu un héritier au sens moderne du mot : différence avec l'*heres* du *testamentum calatis comitiis* dont le type est conservé dans l'adrogation. — Transformation du rôle du *familiæ emptor*. — Réfutation de la théorie qui prétend trouver une opération *per æs et libram* distincte de la *mancipatio*. — Concordance et conciliation de quelques règles du droit successoral.

Gaius, (II, § 102, § 103) : « *Accessit deinde tertium genus testamenti quod per æs et libram agitur..... Quod testamentum dicitur per æs et libram scilicet quia per mancipationem agitur.* § 103 : *Sed illa quidem duo genera testamentorum in desuetudinem abierunt, hoc vero solum quod per æs et libram agitur in usu retentum est* ». Aux deux formes primitives des testaments *calatis comitiis* et *in procinctu* vint s'ajouter une troisième forme qui fut le testament *per æs et libram*; on l'appela ainsi parce qu'il s'opérait à l'aide d'une mancipation. Puis bientôt les deux formes primitives tombèrent en désuétude, et le testament *per æs et libram* resta seul en usage. Les premières formes du testament sont donc assez rapidement abandonnées pour faire place à une espèce nouvelle, espèce qui présente tant d'avantages sur les anciennes qu'elle finit, après un court espace de temps, par les remplacer complètement. Quelle

est cette forme et comment s'introduit-elle ? Gaius répond :
« *Qui neque calatis comitiis neque in procinctu testamentum fecerat, is, si subita morte urgebatur, amico familiam
suam id est patrimonium suum mancipio dabat, eumque
rogabat quid cuique post mortem suam dari vellet* ». (*Com.*
II, § 102). Celui qui n'avait pas fait de testament, ni dans
les *calata comitia*, ni *in procinctu*, s'il venait à se trouver
en prochain danger de mort, mancipait à son ami sa *familia* et lui indiquait ce qu'il voulait qui fut donné à chacun après sa mort. Pour tester on va donc employer un
détour ; on va se servir d'une vente : le testateur mancipe
son patrimoine.

C'est une opinion généralement admise qu'il faut chercher l'origine de ce procédé, à première vue bizarre, chez
les plébéiens. Dans la cité, comme le prouvent les longues
luttes du peuple et du patriciat, ils occupaient un rang in-
férieur ; certains droits leur étaient refusés. En opposition au testament *calatis comitiis* fait solennellement devant
les curies assemblées, ils introduisent le procédé plus simple du *testamentum per æs et libram* ; pour transmettre
leurs biens à celui qu'ils ont choisi comme héritier, ils les
lui vendent. La commodité de cet expédient fait fortune ;
tous veulent l'employer ; et le testament *per æs et libram*
devient le testament national des Romains. Malgré les autorités que peut invoquer ce système, il nous semble que
les choses n'ont pas dû se passer tout à fait ainsi. Avec
l'antagonisme qui a existé entre le peuple et les patriciens,
à priori, il serait étonnant qu'une institution sortie du sein
des plébéiens ait pris aussi vite une importance capitale
dans le Droit romain. Dans une matière surtout d'un caractère à la fois public et sacré comme la succession il est
difficile d'admettre l'invasion aussi rapide d'une institution
contre laquelle tous les préjugés de race se seraient aussitôt insurgés. En admettant même que cet usage ait pu
prendre naissance parmi les plébéiens et devenir très fré-

quent, les patriciens n'auraient-ils pas conservé parallèlement leur mode particulier de tester qu'ils auraient dès lors considéré comme un privilège? Les textes surtout semblent venir à l'appui de ce que nous avançons sur l'inexactitude de cette manière de voir.

Que nous dit en effet Gaius (II, § 102) ? « *Qui neque calatis comitiis, neque in procinctu testamentum fecerat, is, si subita morte urgebatur....* » A quel propos ce testament s'introduit-il ? Pour le cas où l'on se trouve soudain dans la prévision d'une mort prochaine. Et qui peut le faire ? Celui qui n'avait pas testé, soit *calatis comitiis*, soit *in procinctu*. Gaius ne dit pas « celui qui n'avait pas pu faire son testament »; il dit « celui qui ne l'avait pas fait ». Il y a une très grande différence ; car, du moment où l'on prévoit le cas du testament que l'on n'a pas fait, il s'ensuit logiquement qu'on aurait eu le droit de le faire. C'est donc celui-là même qui aurait pu tester soit *calatis comitiis*, soit *in procinctu*, qui va tester *per æs et libram*. Le nouveau mode, il est vrai, va être beaucoup plus pratique ; on ne se trouve pas toujours dans une armée en bataille, et au milieu du tumulte des camps on peut craindre de manquer de prévoyance. Quant au testament *calatis comitiis*, ce n'est que deux fois par an qu'il est rendu possible ; or, il est difficile d'attendre six mois, si l'on est malade. De plus il pourrait être d'un mauvais présage pour le Romain en bonne santé de penser à ces circonstances qu'il évite même de désigner par leur nom et qu'il n'indique que par une périphrase.

Le nouveau testament, au contraire, pourra être fait au moment nécessaire, *si subita morte urgebatur* ; c'est la nécessité pressante qui détermine son introduction. Et ceci implique même l'idée d'une dérogation à une règle dont l'application demande du temps, l'écoulement de la période qui sépare les testateurs des prochaines *calata comitia*. On n'indiquerait pas ce mode de tester comme un remède suprême, si ceux qui l'employaient en tous temps n'avaient jamais pu se servir que de lui ; mais si l'on se réserve de n'user de ce procédé qu'à la dernière extrémité, c'est que ceux qui le font sentent qu'en attendant un peu ils pourraient employer un mode plus normal et ne veulent déroger à la loi qu'*urgente morte*.

Un texte de Théophile (ad L, I. D. *De test. ord.*) nous confirme dans cette manière de voir : Ὄντων δὲ τουτων δυο γενων, συνεβαινε τινας αιφνιδια νοσω κατασχεθεντας αδιαθητους τελευταν ουτε γαρ *calatis comitiis* διατιθεντο δια το μηπω επιστηναι τον καιρον ουτε *procinctu*, δια το μη ειναι πολεμον αλλως τε δε διατιθεσθαι τις απαισιον ενομιζεν υγιαινιοντι σωματι. Δια τουτο επενοηθη τριτον γενος οπερ ελεγετο *per æs et libram*... Du temps des deux premières formes de testaments, il arrivait que plusieurs, frappés d'une maladie soudaine, mouraient intestats : ils ne pouvaient tester *calatis comitiis*, car ce n'était pas l'époque ; ils ne pouvaient tester *in procinctu*, car on n'était pas en guerre ; beaucoup d'ailleurs regardent comme néfaste de tester en pleine santé. C'est pourquoi l'on inventa une troisième espèce de testament..... Théophile explique ainsi que le premier qui a été testé *per æs et libram* aurait eu le droit d'employer les deux formes primitives si les circonstances s'y étaient prêtées.

Mais les circonstances ne s'y prêtent pas, on cherche un moyen pratique d'effectuer la transmission des biens, et l'on trouve la vente réalisée par la *mancipatio*. Rappelons le texte du jurisconsulte (Gaius, I, § 119) : « *Est autem mancipatio imaginaria quædam venditio, quod et ipsum jus civium romanorum est.* » La mancipation est une sorte de vente *imaginaria* (il y aurait à s'entendre sur le sens de ce mot, que nous croyons devoir traduire par symbolique) ; c'est un droit propre des citoyens romains, un mode essentiellement quiritaire réservé à ceux-là seuls qui jouissent des privilèges de la cité romaine. Tout est traditionnel dans cette opération juridique ; elle doit se faire en présence de cinq témoins citoyens romains et d'un officier public porteur

d'une balance. Il nous semble que l'on pourrait invoquer
ce caractère à l'appui de notre argumentation : l'extension
donnée à cette opération antique n'a pu prendre naissance
que chez des observateurs rigides des règles anciennes ;
des contempteurs du Droit ancien ne se seraient pas em-
barrassés de formes aussi compliquées qu'il fallut bien vite
rendre plus simples.

Gaius nous dit en effet (II, § 103) : « *Sane nunc aliter ordinatur atque olim solebat ; namque olim familiæ emptor id
est qui à testatore familiam accipiebat mancipio, heredis locum obtinebat, et ob id ei mandabat testator quid cuique post
mortem suam dari vellet : nunc vero alius heres testamento
instituitur a quo etiam legata relinquuntur alius dicis gratia
propter veteris juris imitationem familiæ emptor adhibe-
tur* ». Le testament *per æs et libram* dans la suite des temps a
subi une transformation remarquable. Autrefois le *familiæ
emptor*, celui à qui le testateur mancipait la *familia*, prenait le lieu et place de l'héritier ; c'est pourquoi le testateur le chargeait de répartir après sa mort ce qu'il avait
destiné à chacun ; maintenant (au temps de Gaius) ce n'est
plus l'*emptor familiæ* qui prend la place de l'héritier, c'est
un autre personnage qui est institué dans le testament et reçoit la charge des legs ; l'*emptor familiæ* n'a plus que le
rôle d'un figurant amené là par fidélité aux traditions antiques. Il ne faut point se méprendre sur la portée de ce
changement, car le texte le détermine avec précision. L'é-
volution se fait tout entière dans le rôle du *familiæ emptor* ;
mais ce dernier n'en est pas moins conservé jusqu'à la fin,
propter veteris juris imitationem ; c'est assez dire que l'on
a scrupuleusement respecté les formes anciennes, et que, à
l'exception de cette personnalité de l'*emptor*, tout le reste
du testament n'a point changé ; les Romains tiennent avant
tout à conserver les usages anciens.

En étudiant les formalités du *testamentum per æs et
libram* au temps de Gaius, nous pouvons donc nous dire

que nous examinons les formalités qui existaient à l'origine, au moment même de l'introduction de la *familiæ mancipatio* ; la partie matérielle de l'acte est restée invariable alors même que tout est devenu symbole traditionnel dans le rite accompli. « *Qui facit*, continue Gaius, II, § 204, *adhibitis sicut in ceteris mancipationibus quinque testibus civibus romanis puberibus et libripende, postquam tabulas testamenti scripserit, mancipat alicui dicis gratia familiam suam.....* ». Celui qui veut tester, ayant réuni comme pour les autres mancipations cinq témoins citoyens romains pubères et le *libripens*, après avoir écrit sur les tablettes ses dispositions de dernière volonté mancipe au *familiæ emptor* sa *familia*. Le jurisconsulte, parlant pour son époque, dit : « *mancipatio dicis gratia*, pour la forme ». Pour y arriver, l'*emptor familiæ* prononce les paroles solennelles : « *Fámiliam pecuniamque tuam, etc. Deinde ære percutit libram, idque æs dat testatori velut pretii loco. Deinde testator, tabulas testamenti tenens, ita dicit : Hœc ita ut in his tabulis cerisque scripta sunt, ita do, ita lego, ita testor ; itaque vos Quirites, testimonium mihi perhibetote ; et hoc dicitur nuncupatio, nuncupare est enim palam nominare* ». Puis il frappe la balance avec la pièce de monnaie et la remet au testateur en guise de prix. Ensuite le testateur tenant à la main les tablettes contenant son testament s'exprime en ces termes : Toutes ces choses, je les donne, je les lègue, j'en dispose par testament, ainsi qu'il est écrit sur ces tablettes ; et vous, *Quirites*, soyez en les témoins.

Il y a donc deux parties dans ce testament tel qu'il existe au temps de Gaius, deux éléments distincts mais qui doivent néanmoins être nécessairement unis pour que le testament existe, ce sont la *mancipatio familiæ* et la *nuncupatio testamenti*. D'abord ce que l'on est convenu d'appeler la *mancipatio familiæ*, c'est une vente, la vente du patrimoine faite selon la tradition antique et consacrée

pour la forme spéciale qui est la *mancipatio*. A l'époque
où le jurisconsulte écrit, cette vente, réservée aux choses
importantes, n'est plus qu'un ensemble de cérémonies symboliques, souvenir d'un passé lointain. Mais il est facile
de reconstruire l'origine des formalités accomplies, et nous
ne ferons ici qu'adopter, sans hésiter, l'opinion qui nous
semble indiscutable de savants auteurs (Voigt, Ortolan,
Pellat, M. Appleton). La *mancipatio* était, à l'origine,
une opération de vente complète et réelle, et elle remonte aux temps reculés où à Rome la monnaie n'existait
pas encore.

On se servait, pour les paiements, de lingots d'airain
que l'on pesait. Il en a été de même au commencement
de toutes les civilisations, et nous retrouvons encore actuellement dans l'Extrême-Orient et chez les peuplades sau-
vages un usage analogue. Or ces lingots se pèsent, ne se
comptent pas, car ils sont tous différents les uns des autres.
C'est l'histoire économique de la monnaie que nous retrouvons ici. Le premier essai monétaire a été de mettre
une marque sur le lingot de manière à garantir la pureté
de la composition ; mais cette monnaie-là aussi se pèse. Ce
n'est que par un dernier perfectionnement, que l'on recou-
vre le lingot tout entier d'empreintes particulières en lui
donnant une forme déterminée de manière à assurer l'iden-
tité de composition et de poids des pièces dont on se sert ;
alors seulement on comptera la monnaie, on ne la pèsera
plus. On n'en est pas encore là à Rome quand apparaît la
mancipatio.

Pour vendre, le vendeur va trouver son acheteur ; ils
viennent ensemble sur la place publique ; et là, au moment où il lui remet l'objet qu'il cède, il reçoit son prix.
Pour vérifier si la somme est complète, il faut une balance :
c'est une sorte d'officier public qui tient cet instrument à
la disposition des parties, le *libripens* ; il prête son ministère ; et tout cela se passe devant un certain nombre de

témoins qui fourniront la preuve de ce contrat dont, sans eux, on ne conserverait aucune trace.

Voilà la vente primitive des Romains, et c'est elle que l'on a purement et simplement appliquée à la *familia* pour arriver ainsi d'une manière détournée au résultat que l'on aurait obtenu en faisant un testament *calatis comitiis* ou *in procinctu*. Le raisonnement du disposant était bien simple : je puis de mon vivant vendre à tel ou tel mon esclave ou mon cheval, et lui faire ainsi passer la propriété de mes biens moyennant un prix que je suis toujours libre de fixer ; rien ne m'empêche donc, au moment ou je sens que je vais quitter ce monde, de faire passer mon patrimoine à celui que j'aurais institué mon héritier si j'avais eu le temps de faire mon testament. Je suis le maître de déterminer le prix dans la vente ; dans l'espèce, je le fixerai donc à une valeur très modique *nummo uno* : mais du moment où le contrat aura été passé dans les formes légales, personne ne pourra s'élever contre lui, et l'*emptor* deviendra propriétaire de tous mes biens. L'opération était donc régulière, et le contrat valable ; son mécanisme se comprend facilement. Mais, si les textes nous indiquent d'une manière affirmative que dans ce testament on permet la *mancipatio familiæ*, nous nous trouvons en présence d'une première difficulté, qui est de savoir par quel raisonnement juridique les Romains sont arrivés à admettre cet emploi de la mancipation. Les jurisconsultes, et particulièrement Ulpien (XIX, § 1), nous ont laissé en divers passages une énumération limitative des *res mancipi* ; et parmi celles-ci la *familia* ne figure point. Pour nous, l'explication suivante est celle qui paraît la meilleure. A l'époque où nous nous plaçons, il est probable que la *mancipatio* était le seul moyen reconnu et légal à Rome de transférer la propriété ; c'était en tous les cas le seul mode applicable aux *res mancipi* . Les *res mancipi* comprennent tous les biens de quelque valeur qui existaient dans la Rome primitive, les es-

claves, les terres d'Italie tant urbaines que rurales, les bêtes
de somme ; or, ce sont tous ces biens qui composaient la
familia ainsi formée presque uniquement de *res mancipi*,
Que la famille à titre d'universalité ne fut pas considérée au
début comme *res mancipi*, le testateur n'en avait pas
moins la facilité de disposer de ses troupeaux, de ses terres
et de ses esclaves, de vendre le tout à une même personne
qui devenait par ce moyen *emptor familiæ* ; il avait le droit
de manciper chaque objet et par une série de mancipations pouvait atteindre son but. Peu à peu, l'on dut arriver à grouper ces biens de manière à simplifier l'opération.
Ulpien nous dit, il est vrai (**XIX**, 6) : « *Res mobiles non
nisi præsentes mancipari possunt et non plures quam quot
manu capi possunt ; immobiles autem, etiam plures simul
et quæ diversis locis sunt mancipari possunt* ». Les choses
meubles, pour pouvoir être mancipées, doivent se trouver
dans la main du contractant, et on ne peut pas en manciper à la fois plus que cette main peut en contenir ; mais
quan aux choses immeubles, on peut en manciper plusieurs à la fois, et qui se trouvent dans les lieux les plus
divers. On s'est servi de cette dernière règle. Esclaves et
troupeaux étaient attachés à quelques *prædia tam rustica
quam urbana* ; on vendait le tout ensemble, et l'on arrivait
ainsi à réaliser la transmission de tout son *patrimonium*.
Or le jurisconsulte nous l'a dit : *familia, id est patrimonium* ;
ce qui justifie l'emploi légal de la *mancipatio*. Il n'était question à l'origine ni des *sacra*, ni des créances, ni des dettes.

Telle est la première partie du testament *per æs et libram*,
il y en a une seconde que Gaius appelle la *nuncupatio testamenti*. Le vendeur a voulu faire passer entre les mains
de son acheteur son patrimoine ; il a ainsi réalisé sa volonté
vis-à-vis de l'un d'entre ceux qu'il voulait favoriser par son
testament. Mais nous avons vu que le champ du testament
était beaucoup plus vaste, aussi le testateur va-t-il compléter l'œuvre qu'il a commencée. Il y a une loi des **XII**

Tables, qui s'exprime ainsi : « *Cum nexum facict mancipium-que uti lingua nuncupassit, ita jus esto* ». Cette loi confirme le droit pour celui qui mancipe de poser dans ce contrat telles conditions auxquelles il le subordonne ; de même, pour le *nexum*. Notre testateur utilise cette faculté qui lui est donnée par la loi des XII Tables : en mancipant son bien, il écrit sur des tablettes ses dispositions de dernière volonté, et immédiatement après la formalité légale de *l'æs et libra* il prononce la formule que nous avons rapportée plus haut : *Hæc ita, ut in his tabulis, ita do, ita lego, ita testor* ; ce sont les charges imposées à son *emptor familiæ*. Les textes emploient des expressions très significatives : *rogabat* dit Gaius, II, § 102, et, § 103, *mandabat*. Il y a là une clause d'un contrat ; et quand ce contrat est un testament, cette clause en faveur d'un tiers devient l'expression du legs. Ce n'est pas ailleurs, à notre avis, qu'il faut chercher l'origine de la deuxième grande espèce de legs, du legs *per damnationem*. Nous l'avons déjà rencontré sur notre route en parlant du *testamentum calatis comitiis*, où nous croyons qu'à partir d'une certaine époque il a pu être inséré ; mais nous serions très tenté d'admettre qu'il a pris d'abord naissance dans le *testamentum per æs et libram* comme nous venons de l'indiquer. Dans ce cas, ces deux formes de testaments ayant dû coexister pendant un certain temps avant que le testament *calatis comitiis* tombât en désuétude, on a transporté dans ce dernier ce mode nouveau de léguer qui est appelé par la suite des temps à devenir le legs normal et qui suppose nécessairement une institution d'héritier.

On voit comment le testateur arrivait par la *mancipatio familiæ* à réaliser ses intentions : à l'aide de cet expédient que la science du jurisconsulte a tiré des institutions existantes il a suppléé aux formalités qu'il n'avait pas les facilités de remplir. Il a attribué des legs à titre particulier à divers bénéficiaires ; il a fait choix d'un individu auquel il transmet son patrimoine. Il y a donc bien là un testament ;

mais ne nous y trompons point ; s'il y a et testament et
institution d'héritier, il n'y a pourtant pas encore d'héritier,
d'*heres* tel qu'il était créé par le *testamentum calatis comitiis.*

La *mancipatio familiæ* est un testament : elle renferme,
nous venons de le voir, tout ce qui forme l'essence du contenu du testament, les legs et le choix d'un héritier ; elle
renferme, également, les éléments primordiaux que nous
avons définis plus haut en nous occupant des premières
dispositions de dernière volonté, l'authenticité et la publicité. Ce n'est pas que les Romains, nous le répétons, se
soient jamais préoccupés d'une manière distincte d'assurer
l'observation de chacune de ces règles ; mais leur sens juridique, si droit, en avait instinctivement senti la nécessité.
La publicité est assurée par la présence des témoins, qui
fourniront en même temps la preuve testimoniale. Cette
preuve ne suffit point, et le testament, en outre, doit être
authentique : il le deviendra par l'intervention du *libripens*
et l'application des règles minutieuses de la *mancipatio.*
Enfin les *tabulæ* forment le document écrit qui vient apporter à l'acte le secours de la preuve littérale. Ainsi l'examen
de ce qui va être le *testamentum per æs et libram* nous
montre tous les éléments réunis ; pourtant, nous le répétons, il n'y a pas encore d'héritier au sens traditionnel du
mot.

L'*emptor familiæ*, Gaius nous le dit, à l'origine, était
véritablement acheteur pour son propre compte du patrimoine du testateur, et il prenait possession de tous les
biens du *de cujus* ; celui-ci pouvait lui en livrer la propriété,
mais ce qu'il ne pouvait faire de plein droit c'était lui donner cette qualité d'enfant, de membre de la famille, d'*heres suus,* que les cérémonies du *testamentum calatis comitiis* pouvaient seules conférer. Cette situation avait ses
inconvénients comme ses avantages : d'une part, l'*emptor
familiæ* n'était pas soumis à la *patria potestas* du testa-

teur ; d'autre part, il n'était point appelé à participer aux
sacra de la famille et à perpétuer le culte des ancêtres ; il
n'était point tenu comme l'*heres suus*, l'*heres scriptus* du
testamentum calatis comitiis, par le fait même de son institution, de toutes les obligations du défunt ; à l'origine, les
dettes ne lui incombent pas, elles ne font pas partie de la
familia qu'il a achetée ; enfin aucun lien personnel ne se
formait entre le testateur et ce *familiæ emptor*, qu'à la dernière période de sa vie le *de cujus* avait ainsi appelé à recueillir ses biens. Et pourtant, malgré la condition nouvelle qui lui était faite, si différente de celle de l'*heres suus*
dans le *testamentum calatis comitiis*, l'*emptor familiæ*, nous
l'avons vu par l'analyse du *testamentum per æs et libram*,
était le seul héritier institué dans ce nouveau testament,
et, selon l'expression du jurisconsulte, *heredis locum obtinebat* (Gaius, II, § 103).

Ce problème, obscur à première vue, n'est pas aussi
difficile à résoudre qu'on pourrait le supposer. Nous assistons ici à cette transformation de l'idée primitive de la
qualité d'héritier dont nous avons cherché dans le chapitre précédent à déterminer l'époque et les circonstances.
Nous avions établi qu'à l'origine l'adrogation et l'institution d'héritier étaient confondues, ne formaient qu'une
seule et même institution, et nous avions constaté que
dans le Droit romain classique, ces deux opérations juridiques s'étaient séparées pour avoir une existence distincte. Après avoir analysé la situation réciproque qu'elles
occupaient l'une vis-à-vis de l'autre, nous avions ajouté :
c'est dans la forme même du testament *per æs et libram*,
nouvellement introduit, que nous allons trouver l'explication du dédoublement de l'institution d'héritier primitive.

L'*emptor familiæ*, par suite des circonstances juridiques
où il se trouve placé et qui viennent d'être analysées, réalise, le premier, le type de l'héritier au sens moderne du

mot. Jusque là le droit n'a connu d'autre héritier que l'enfant, la descendance soit dans l'ordre physique, soit dans l'ordre légal. L'héritier institué était un fils adoptif ; ce n'était qu'en cette qualité qu'on pouvait le regarder comme un continuateur du défunt, et réciproquement toute adoption constituait une institution d'héritier. Désormais il y aura deux choses distinctes : l'institution d'héritier et l'adoption qui prendra le nom d'adrogation. L'adoption gardera son caractère mi-partie sacré, mi-partie familial ; et l'institution d'héritier entrera dans le domaine du droit purement privé. Pour expliquer cette séparation de deux éléments confondus à l'origine, il n'est pas nécessaire, on le voit, de recourir à une modification législative d'une institution existante ; chez les Romains, les institutions se modifient avec le temps, tombent en désuétude sans que l'on touche aux règles juridiques établies ; ces règles se transforment d'elles-mêmes, le principe de leur évolution une fois posé. Il est certain que l'affaiblissement de la religion et les changements des mœurs ont contribué au développement de la notion nouvelle de l'héritier ; mais celle-ci résulte naturellement de la forme testamentaire de la *mancipatio familiæ*, et de la nature même des droits que cette *mancipatio* donnait au *familiæ emptor*. On n'est pas, toutefois, arrivé du premier coup à attribuer à l'*emptor familiæ* l'ensemble des prérogatives qui appartiennent à un héritier au sens moderne du mot. Nous venons d'examiner ce droit de l'*emptor* à son origine ; nous allons voir comment, peu à peu, il s'est complété par le développement naturel des principes juridiques.

Le *familiæ emptor*, avons-nous dit, n'était pas tenu des dettes par le fait même de la *mancipatio* : c'était une première différence avec la situation de l'héritier auquel incombaient toutes les obligations du *de cujus*. Mais ce privilège était trop contraire à l'équité et à la logique des choses pour pouvoir longtemps subsister. Les créanciers qui avaient un droit sur la personne même du *de cujus* avaient acquis en même temps un droit sur tout ce qui par l'appropriation avait constitué une sorte de prolongation de sa personnalité ; et, après que le débiteur avait disparu, ils conservaient ce droit sur les biens qu'il laissait derrière lui. Le *familiæ emptor* n'était pas tenu personnellement ; mais les créanciers avaient une espèce de droit de suite sur les biens qu'il avait recueillis dans la succession ; or ces biens, comment les distinguer de la fortune antérieure du *familiæ emptor*? Cette confusion ne doit pas préjudicier aux créanciers ; il faudra donc qu'elle préjudicie au *familiæ emptor* : on le rendra responsable des dettes même sur ses biens propres. Le pas à franchir est très étroit, aussi est-il vite franchi. L'*emptor familiæ*, par l'intention des parties, par la réalité du fait, n'est-il pas d'ailleurs *loco heredis*?

Il y avait un intérêt plus précieux encore que celui des créanciers, et que la nouvelle institution par elle-même n'avait point respecté. Le grand rôle de l'héritier institué était de conserver les traditions des *sacra* de la famille ; l'*emptor familiæ*, de par l'origine de son pouvoir sur les biens, n'avait pas qualité pour célébrer les sacrifices offerts aux ancêtres. Tant que cette lacune n'était pas comblée, le nouveau testament ne pouvait arriver aux yeux de la loi à remplir son but d'une manière complète. On ne pouvait songer à employer l'ancien procédé de l'adoption sans revenir du même coup aux inconvénients du *testamentum comitiis*, le vote du peuple, la réunion de l'assemblée curiate à des époques fixes très distantes les unes des autres ; on ne pouvait pas penser davantage à reprendre l'adoption en la dépouillant de ces formalités gênantes, car c'eût été détruire des règles qui remontaient aux premiers temps de Rome. La nécessité contraignit les pontifes à trouver une solution au problème.

« *Sacra cum pecunia*, dit Cicéron (*De legibus*, III, § 21), *Pontificum auctoritate nulla lege conjuncta sunt* ». Les Pon-

tifes, sans qu'aucune loi fut intervenue, établirent que la
charge des *sacra* serait jointe aux avantages de la possession des biens pour le bénéficiaire. Ce fut, à notre avis, une
interprétation donnée par les Pontifes qui avaient à leur
disposition les sanctions les plus énergiques. On pourrait
dire, avec M. Greiff (*op. cit.*, p. 141) dont nous avons l'occasion de nous rapprocher souvent en toutes ces matières,
que l'obligation aux *sacra* pouvait résulter, comme l'o-
bligation aux legs, de la *nuncupatio* jointe à la *mancipatio* ;
mais nous croyons que cette assimilation ne serait pas
exacte. Il y a une grande différence entre les rapports de
créancier à débiteur, qui sont du pur droit privé, et les
rapports d'une famille avec ses dieux protecteurs : ceci est
une question d'ordre supérieur et sacré qui sort du domaine juridique ; la volonté des parties n'y peut rien. Le
texte déjà cité de Cicéron le prouve ainsi que cet autre
également visé par M. Greiff : « *Videtis igitur omnia pen-
dere ab uno illo quod Pontifices pecuniam sacris conjungi vo-
lunt* ». Ce sont les Pontifes qui seuls ont le pouvoir de régler cette question religieuse ; toute ingérence du pouvoir
civil serait mal fondée, aussi ce sont eux qui décident que
l'émolument de la succession sera attaché aux *sacra* ; ils
créent une jurisprudence par laquelle le détenteur de l'actif de la succession sera considéré comme responsable
pour les obligations sacrées de la religion, de la famille et
du culte des ancêtres ; ils arrivent ainsi indirectement à reprendre leur influence ancienne dans la forme moderne et
profane du *testamentum per æs et libram*.

Désormais le *familiæ emptor* est héritier; mais nous ne
pouvons pourtant pas dire qu'il est véritablement *heres* dans
le sens ancien du mot; et c'est pour cela que, si le *testamentum calatis comitiis* tombe en désuétude comme
testament, il n'en continue pas moins à exister comme
institution d'héritier, sous la dénomination nouvelle d'*a-
drogation*. L'héritier du *testamentum per æs et libram* reste

sur un point profondément différent de l'héritier du *testamentum calatis comitiis* et garde en même temps sur lui ce qui constitue pour les cas les plus ordinaires un précieux avantage. Il reste *sui juris* : il n'est pas soumis à la *patria potestas* du testateur. C'est l'héritier du droit moderne ; il n'est que *loco heredis antiqui*, il est mis en la place de l'héritier ancien ; mais en même temps il n'est pas obligé d'abdiquer son indépendance en échange de la faveur que le testateur lui fait de le choisir pour lui transmettre ses biens. La situation nouvelle qui lui est faite présente donc de réels avantages sur celle qui lui était faite précédemment par le *testamentum calatis comitiis*. Il y avait, en résumé, progrès en ce que la pratique du testament était rendue beaucoup plus facile, en ce que les formalités de l'institution étaient considérablement simplifiées. La notion juridique du rôle de l'héritier s'était dégagée de la notion du rôle d'enfant adoptif qui avait été son point de départ. Mais, si l'on avait remédié à l'inconvénient de faire retomber l'héritier institué sous le joug assez lourd à porter de la *patria potestas*, d'autres inconvénients subsistaient néanmoins.

Quand la mort du testateur suivait de près la *mancipatio familiæ*, comme ce devait être l'hypothèse la plus fréquente à l'origine, puisqu'on n'employait ce procédé seulement *si subita morte urgebatur*, les choses ne présentaient pas de difficultés ; il n'en était pas de même si une longue période de temps venait à s'écouler avant cet événement. Le testateur avait abandonné en quelque sorte sa propriété à un tiers ; le *familiæ emptor* avait été choisi publiquement ; il le savait ; les témoins le savaient aussi : c'était une situation pleine de difficultés alors surtout que ce lien n'était plus sanctionné comme autrefois par un pouvoir accordé au testateur sur son héritier désigné. Contre ce premier inconvénient on dut probablement trouver un remède dans l'emploi d'une clause de fiducie, insérée dans la man-

cipation et par laquelle on subordonnait l'efficacité de
l'acte à la condition de la mort du testateur ; mais ce remède était insuffisant. En effet il y avait encore un autre
inconvénient pratique dans la nécessité de la présence de
l'héritier au testament, et ceci précisément quand les Romains cherchaient à faciliter le droit de tester pour les cas
pressants ; on arrivait, par suite de cette exigence, à en paralyser l'exercice. Sous l'influence de ces *desiderata* une
transformation s'opéra dans le rôle du *familiæ emptor* ; selon l'expression de Gaius, « *Testamentum per æs et libram
nunc aliter ordinatur atque olim solebat. Nunc vero alius heres testamento instituitur, a quo etiam legata relinquuntur ;
alius dicis gratia, propter imitationem familiæ emptor ad-
hibetur* ».

On n'exige plus la présence de l'héritier à la *mancipatio
familiæ* ; on met seulement son nom sur les tablettes où
il figurait déjà comme celui chargé d'accomplir les dernières volontés du défunt. La cérémonie de la *mancipatio*,
cependant, doit continuer à s'accomplir intégralement : on
chargera un citoyen romain quelconque d'y remplir le rôle
du *familiæ emptor, dicis gratia*. Avec le caractère complet
d'héritier qu'avait peu à peu revêtu le *familiæ emptor*, on
était venu à perdre de vue le point de départ de cette qualité nouvelle ; tout ce que l'on voyait, c'était un testament
contenant une institution d'héritier avec des dispositions
diverses, le tout renfermé dans un document écrit ; la cérémonie *per æs et libram* qui l'accompagnait n'avait plus
pour but que de donner l'authenticité à l'acte ; du moment
que les formalités étaient accomplies dans leur partie matérielle, la règle était observée, et cela suffisait pour que
l'acte eut authenticité.

Remarquons, du reste, qu'à mesure que l'on s'éloigne
dans l'ordre des temps de la notion primitive de l'héritier,
enfant adoptif, on sent de moins en moins la nécessité
d'une intervention du pouvoir pour sanctionner le testa-

ment. Il a passé en partie du droit public au droit privé : pour satisfaire à cet élément légal que nous avons appelé l'authenticité il suffira désormais que l'on suive des règles de forme imposées une fois pour toutes par la loi au testament comme à tout autre contrat ; ces règles tirent seulement de la nature de l'acte auquel elles s'appliquent un caractère plus minutieux. A l'origine, il y avait eu une vente, car la *mancipatio* constituait réellement une vente, et l'acheteur était l'héritier. Alors même que la monnaie avait remplacé les lingots antiques et qu'il n'y avait plus besoin de peser le prix, les Romains avaient conservé la figuration de cet acte : il fallait la présence du *libripens*, des témoins, les paroles solennelles ; c'était non seulement une cérémonie symbolique, mais aussi une cérémonie traditionnelle, réservée aux seuls Romains et, par laquelle on arrivait véritablement à réaliser la vente de certains biens. Il y avait eu d'abord vente de la *familia* ; mais, nous l'avons vu, par la force des choses dans cette vente le prix dut être fictif ou dérisoire ; dès lors on se rendit compte bientôt que l'on était en présence d'une *imaginaria mancipatio.*

Ce sont les expressions d'Ulpien (*Reg.* T. XX, § 2) : « *Hodie solum in usu est quod per æs et libram fit, id est per mancipationem imaginariam.* » Nous voudrions que l'on comprenne bien, sur ce point, notre pensée ; la *mancipatio*, en tant que vente, reste toujours le moyen de transférer la propriété qui accompagne le contrat, quand elle ne le renferme plus : tel a été aussi le premier caractère de la *mancipatio familiæ* ; mais, dans ce cas particulier, il y a une transformation de plus. Tandis que la *mancipatio* ordinaire était toujours l'accessoire obligé d'une vente dont tous les éléments existaient alors même que le prix ne se pesait plus, dans la *mancipatio familiæ* non seulement on ne pèse plus le prix et les cérémonies sont symboliques, mais encore elle devient une *mancipatio* fictive

qui, ne couvrant plus un contrat de vente, est seulement
l'appareil traditionnel qui doit faire valider les dispositions
de dernière volonté. En suivant quelque temps encore l'é-
volution du *testamentum per æs et libram*, nous verrions
cet appareil se simplifier de plus en plus ; le *familiæ emptor*
et le *libripens* sont des figurants d'un rite d'un autre âge ;
leur rôle s'efface et perd son premier caractère, ils deviennent de simples témoins. Enfin l'édit du préteur joindra
l'équité aux déductions logiques du vieux droit ; et Justinien nous présentera (*Instit.* II, X, § 3) le testament du
droit classique : « *Cœpit in unam consonantiam jus civile et
prætorium conjungi* ». Le testament devra se faire devant
sept témoins qui apposeront sur le document leurs signa-
tures et leurs sceaux ; authenticité et publicité, dans ce
mode si simple, seront ainsi réunies.

Tout nous a paru si logique dans cette étude du *testamentum per æs et libram* qu'il nous semble à peine utile
de réfuter une théorie récemment soutenue sur son origine ; car, malgré la science profonde dont font preuve ses
partisans, elle est trop contraire au développement naturel des faits pour pouvoir ébranler les conséquences auxquelles nous arrivons. Le savant professeur Schulin, dont
nous avons ici même si souvent mis à contribution les travaux, et, après lui, M. Greiff avec quelques variantes, ont
proposé le système suivant que nous résumons dans ses
traits principaux. L'*emptor familiæ* n'est pas un héritier,
c'est un exécuteur testamentaire ; il est chargé de liquider
la succession, d'accomplir les volontés du *de cujus*. Il
n'aurait donc pas de droits sur les biens ; et la *familia pe-
cuniaque* du mancipant seraient simplement dans sa *mandatela* et *custodela*, ou, selon la correction proposée par
Huschke et Lachmann pour la formule de la *mancipatio*,
dans sa *tutela, mandatela* et *custodela. Emere*, dans la
même formule, aurait moins le sens d'acheter que celui
de prendre, de recevoir, d'après une définition que donne

Paul Diacre (V. Schulin, p. 55, *op. cit.*). L'*emptor familiæ* ne veut pas dire qu'il achète le patrimoine ; il ne parle pas d'un droit qui lui est conféré ; ce n'est en quelque sorte qu'un dépôt qu'il reçoit, un mandat qu'il accepte. C'est en qualité de tuteur ou de curateur qu'il exécute les dernières dispositions du testateur et figure à sa place dans toutes les obligations comme demandeur ou défendeur. On admet alors que les formalités *per æs et libram* qui accompagnaient ce *testamentum* n'étaient originairement pas celles de la *mancipatio*, qu'elles avaient un caractère spécial : à la longue seulement, quand le temps aurait fait oublier le sens de toutes les cérémonies symboliques, on aurait par erreur identifié à la *mancipatio* cette opération *per æs et libram.*

A l'appui de cette thèse on invoque le dire d'Ulpien, *imaginaria mancipatio* (**XX**, § 1) ; mais nous venons de voir quel est le vrai sens de cette phrase. Au fond, cette théorie repose uniquement sur la base fragile d'une interprétation ingénieuse, mais un peu hypothétique, de la formule célèbre *familiam pecuniamque tuam endo mandatela* etc. Les obscurités du langage archaïque sont ici doublées des difficultés accessoires tenant à l'incorrection du texte du manuscrit. Schulin argumente de cette phrase *hoc ære et, ut quidam adjiciunt, æneaque libra esto mihi empta.* Il se demande pourquoi on omettait dans la formule consacrée le terme de la balance *æneaque libra* : pour lui, dans la suppression ordinaire de ces mots, on trouverait un dernier souvenir du passé, marquant qu'il n'y avait pas là de mancipation ; les formules verbales, ajoute-t-il, se conservent intactes avec plus de facilité que les cérémonies matérielles à travers les âges. Nous trouvons à l'encontre de ce raisonnement une première réponse dans **M.** Greiff qui partage, d'ailleurs, sur le fond l'opinion de Schulin ; il croit que le copiste a commis une erreur en plaçant après *ære* l'incidente *ut quidam adjiciunt.* Il voudrait la placer avant le mot *custodela*. Dès lors quel fond pouvons-nous faire d'un argument reposant sur la place de ce membre de phrase ? Nous serions assez porté à croire qu'il s'appliquait aux deux expressions *hoc ære æneaque libra* ; car il est permis de supposer que, lorsque le *libripens* et *l'emptor familiæ* furent transformés en témoins ordinaires assimilés aux cinq autres, on supprima dans la formule tout ce qui se rapportait à leur rôle ancien ; et, cette modification ne se faisant pas en un jour, il dut y avoir une période où tantôt on usait de la formule tantôt on n'en usait pas. Enfin, pourquoi ne pas admettre, sans rien changer à la place de la phrase incidente, que la formule *hoc ære*, par suite du sens particulier du mot *æs* « monnaie », gardait encore une signification pratique, alors que la balance depuis longtemps était réduite au rôle de souvenir historique ne disant plus rien à l'intelligence des mancipants ?

Les auteurs que nous réfutons s'appuient encore sur l'expression *endo mandatela custodelaque*, et ils adoptent la correction de Lachmann qui veut lire dans le texte le mot *tutela*. Franchement peut-on étayer, avec quelque sécurité, une théorie aussi importante sur un mot introduit même par le critique le plus savant dans le texte obscur d'un manuscrit péniblement déchiffré ? Sans, d'ailleurs, entrer davantage dans la discussion, quel serait le résultat auquel on aboutirait ? Il faudrait conclure que dans le premier *testamentum per æs et libram* il n'y a point d'héritier : mais que fait-on alors du témoignage de Gaius pourtant si formel ? A l'origine, c'est *l'emptor familiæ* lui-même qui est l'héritier. Plus tard, lorsque le *testamentum per æs et libram* s'est transformé, ce n'est plus, il est vrai, *l'emptor* qui est héritier ; néanmoins on conserve pour l'institution de l'héritier la formule ancienne : *Hæc, ut in his tabulis, ita do, etc.* ; et cette formule, dans son acception primitive comme dans son acception nouvelle, a toujours pour but d'instituer un véritable héritier.

Comme nous le disions un peu plus haut, la raison principale qui nous porte à rejeter ce système, c'est l'ensemble harmonieux de l'édifice du Droit romain testamentaire tel que nous venons de tenter de le reconstruire pierre par pierre. Les grandes règles qui dominent cette matière viennent naturellement prendre place dans le cadre qui a été tracé. Elles paraissent, à première vue, indépendantes les unes des autres, bizarres, parfois même presque incompatibles ; mais le lien commun qui les unit apparaît soudain lorsqu'on les rapproche de l'institution qui a dominé si complètement le droit classique, du testament *per æs et libram* tel que nous l'avons étudié ; on voit en même temps et le développement logique des principes qu'il contenait et l'importance prépondérante qu'il a acquise, puisque des règles, issues de cette forme spéciale, sont devenues le droit commun de la cité. Le *testamentum calatis comitiis,* avant de disparaître, a laissé pourtant sa trace dans l'axiome *Semel heres, semper heres.* C'était une conséquence naturelle de la notion que l'on s'était faite de l'héritier ; on ne pouvait être héritier qu'en prenant le lieu et place du fils ; or, le jurisconsulte l'a dit, il répugne à la nature *filium temporalem habere.* La qualité d'*heres* est, pour ainsi dire, un caractère sacré, qui ne se donne pas sans difficulté, mais qui, une fois donné, ne doit pas s'effacer. L'*heres* a des devoirs religieux à remplir ; quand il a une fois offert les sacrifices aux Mânes, il reste tenu envers eux, il est intronisé dans une position nouvelle qu'il ne lui est plus permis de quitter. Le premier testament n'a guère laissé d'autres traces dans la législation ; mais il n'en est pas de même du testament *per æs et libram,* et nous croyons que plusieurs des principes fondamentaux de la succession testamentaire romaine doivent y trouver leur origine et leur raison d'être.

Nous avons déjà rencontré sur notre route la règle que l'institution d'héritier est l'objet principal de tout testament, *caput ac fundamentum*, et nous nous sommes déjà longuement élevé contre l'erreur traditionnelle qui en a été la conséquence. Le testament n'est pas une institution d'héritier ; il peut subsister sans elle ; le *testamentum calatis comitiis* a souvent dû contenir seulement des legs sans aucune institution ; mais il y a une forme de testament, dont on ne peut même pas supposer l'existence en dehors d'une institution d'héritier, c'est le *testamentum per æs et libram*. Il est, dans son essence, une *mancipatio*, une vente, un contrat ; le testateur est le vendeur ; et, pour que l'opération juridique s'accomplisse, il faut de toute nécessité une seconde partie contractante, la présence du *familiæ emptor* est indispensable ; et lorsque le testament *per æs et libram* après une série de modifications successives est arrivé à son développement normal, ce *familiæ emptor* n'est pas autre chose qu'un héritier. Si on ne trouve pas cet héritier, rien ne peut se faire. C'est l'*emptor familiæ* qui, en achetant le patrimoine, deviendra le continuateur du défunt : c'est lui aussi, nous l'avons vu, qui sera chargé des legs. La forme de la *mancipatio* ne comporte plus que les legs *per damnationem*, charges personnellement imposées à l'héritier. Nous avons insisté sur les modifications profondes qu'a entraînées cette notion nouvelle d'un héritier dont l'institution est nécessaire et dont l'acceptation est indispensable pour la validité des dispositions de dernière volonté. Or, nous tenons la clef de cette métamorphose : la *mancipatio* est un contrat, il faut qu'il y ait un co-contractant.

La *mancipatio* est un contrat dans lequel, en vertu de la loi des XII Tables, *uti lingua nuncupassit, ita jus esto* ; il s'ensuit que, afin de rendre les charges imposées par le testateur à son héritier obligatoires, il doit se conformer strictement aux prescriptions de la loi, et les énoncer au moment même de la *mancipatio*. C'est pour cela qu'on proclame que le testament doit être fait *uno contextu* ;

on ne peut séparer la *mancipatio familiæ* et la *nuncupatio testamenti*, sans s'exposer à voir l'expression de sa volonté devenir illusoire. Nous croyons voir encore une conséquence du testament *per æs et libram* dans la règle célèbre qui a soulevé tant de controverses : « *Nemo partim testatus, partim intestatus decedere potest* ». La *mancipatio familiæ*, pour produire son effet, doit comprendre l'ensemble du patrimoine ; c'est là un de ses caractères essentiels ; si elle ne s'appliquait qu'à un certain nombre d'objets, ce serait une vente ou une donation, ce ne serait plus un testament. S'il dispose à cause de mort de partie de son bien, il faut en même temps qu'il dispose de la totalité, sinon il n'y a rien de fait.

Tous ces points mériteraient une étude plus approfondie, mais nous ne voulons point allonger indéfiniment ce travail ; et de même que nous avons passé sous silence, en traitant des testaments, nombre de questions pour lesquelles nous renvoyons simplement aux ouvrages complets qui font autorité sur la matière, nous ne continuerons pas cette tâche intéressante de chercher comment la législation du droit successoral classique concorde avec la théorie des origines de ce droit telles qu'elles ont été exposées. D'ailleurs nous croyons en avoir assez dit pour que l'on puisse se rendre compte des remarquables concordances qui viennent à l'appui des opinions que nous avons adoptées.

CHAPITRE VI

LE DROIT TESTAMENTAIRE EN GRÈCE.

Sommaire. — Caractères du Droit grec. — Droit athénien. — Copropriété familiale à l'origine. — Introduction du testament à Athènes et à Sparte. — Formes du testament. — Legs et institutions d'héritier. — La première institution se confond avec l'adoption. — Inscription de Pétilis. — Loi de Gortyne : copropriété ; legs ; institution d'héritier.

« C'est une vieille tradition parmi ceux qui s'occupent de l'antiquité gréco-romaine d'opposer à la richesse juridique de l'ancienne Rome le maigre développement du droit privé en Grèce ». Ainsi s'exprime le professeur Schulin en commençant sa remarquable dissertation, « *Der griechische Testament verglichen mit dem romischen* », le testament grec comparé au testament romain. Mais il ajoute bien vite que cette tradition est sans fondement. Ceux qui ont médit du Droit grec ne le connaissaient pas; nous n'avons pas, en effet, pour l'étudier les facilités que donnent aux commentateurs du Droit romain les volumineux recueils de Justinien. Sans lui, ce qui nous serait parvenu des jurisconsultes de l'époque classique serait réduit à peu de chose. Le Droit grec n'a pas eu la même bonne fortune; de plus, il nous semble qu'en fait les traités théoriques de droit n'ont jamais dû être bien nombreux à Athènes. La vie intellectuelle des peuples helléniques, si intense qu'elle ait été à certaines périodes, s'est toujours concentrée sur un foyer restreint.

A Athènes la parole était tout ; la vie politique se traduisait par des discours dans des assemblées qui réunissaient l'universalité des citoyens. A plus forte raison les questions de jurisprudence devaient-elles se discuter surtout dans ces luttes ardentes dont retentissait l'agora, et dont les plaidoyers des grands orateurs attiques, Socrate, Isée et surtout Démosthène, nous apportent le dernier écho. Ces œuvres des orateurs sont heureusement parvenues jusqu'à nous ; et c'est là qu'il a fallu retrouver, au milieu des amplifications oratoires et de la dialectique du barreau, les principes du Droit hellénique. Les inscriptions, quelques passages des historiens et des philosophes sont venus nous aider dans ce travail. Ceux qui ont entrepris cette tâche ont été payés de leurs peines en voyant apparaître en Grèce une science juridique qui, pour n'avoir pas les mêmes caractères que la science romaine, n'en a pas moins présenté de merveilleuses qualités de sens pratique et d'équité. Les savantes recherches de M. Caillemer, doyen de la Faculté de droit de Lyon, ont beaucoup fait pour porter la lumière dans ce domaine encore inexploré. Pour la matière qui nous occupe en particulier, le droit successoral, deux de ses ouvrages font autorité : *Le droit de tester à Athènes* dans l'*Annuaire de l'association pour l'encouragement des études grecques en France,* 1870 ; et *Le droit de succession légitime à Athènes.* Postérieurement, le professeur Schulin a étudié les mêmes questions dans le travail que nous avons cité en débutant.

Nous ne voulons pas recommencer une étude où l'érudition de tels prédécesseurs ne laisserait place qu'à des redites. Nous renvoyons donc simplement à eux pour l'examen approfondi de l'ensemble du droit successoral en Grèce. Ce que nous voulons faire ici, c'est suivre la marche générale de la législation successorale en Grèce et chercher à en déduire les principes qui l'ont dominé ; nous nous attacherons surtout, comme nous le disions dans notre premier chapitre, à rapprocher les conclusions aux-

quelles nous a conduit l'étude du Droit romain de celles
que nous donnera cette nouvelle étude. Si nous arrivons
à des constatations analogues sur les points si importants
de la co-propriété familiale primitive et du droit des héritiers siens, de l'origine du testament et des legs, de l'assimilation première de l'adoption à l'institution d'héritier
avant que la notion moderne de l'hérédité se dégage, n'y
trouverons-nous pas un puissant argument en faveur des
théories que nous avons cru pouvoir soutenir?

Au milieu de la multiplicité des petits États qui composaient la Grèce ancienne, Athènes a occupé une place prépondérante qu'elle a due tant à sa position géographique
qu'au développement exceptionnel de sa civilisation. Son
influence sur les autres cités a été considérable, et nous
trouverons en elle le résumé et comme le reflet de tous les
changements qui ont laissé des traces un peu profondes
dans la vie hellénique. Or, à Athènes, tout le droit successoral est dominé pour ainsi dire par la grande parole de
Platon (*Lois*, XI) : « Je ne vous regarde ni vous, ni vos biens
comme vous appartenant en propre ; tout cela appartient
à votre famille et à vos ancêtres ». C'est la reconnaissance
la plus formelle de cette conception primitive de la propriété que nous avons déjà rencontrée en notre chemin, et
dont M. Fustel de Coulanges a si bien défini l'importance,
la copropriété familiale. Platon parle ici en philosophe ; il
est certain qu'il analyse les éléments rationnels que cette
théorie renferme ; et, lorsqu'il énonce cette doctrine, il voit
en son esprit l'ensemble des transformations progressives
par lesquelles on a dû arriver à la propriété individuelle.
Mais ce n'est pas seulement par la force du raisonnement
qu'il déduit ses conclusions ; il a mis aussi à contribution
l'histoire, et il trouve dans les institutions qui l'entourent
les vestiges du passé et les preuves incontestables de la
véracité de son opinion. Les biens formaient un patrimoine
qui, dans la même famille, se passait de main en main, le

chef n'ayant qu'un droit d'administration et de jouissance. Aulu-Gelle fait allusion à cette communauté des biens de la famille primitive ; il dit (l. 1, c. 9) que Pythagore aurait voulu que ses disciples vécussent dans cette sorte de société nommée κοινόβιον qui existait autrefois : « *Societas inseparabilis, tanquam illud fueret antiquum consortium quod re atque verbis appellabatur* κοινόβιον ». Héraclide, disciple d'Aristote, affirme qu'à Sparte « la famille ne pouvait se défaire du domaine qu'elle tenait du partage antique της αρχαιας μοιρας νεμερεσθαι ουδε εξεσει (*Frag. hist. græc.* T. II, p. 211, éd. Didot). Ce qui est confirmé par ce passage de Plutarque : « Depuis Lycurgue jusqu'à la guerre du Péloponèse chaque propriété passe à Lacédémone du père au fils par héritage » Plutarque, éd. Reiske, vol. IV, p. 503). Dans la vie de Solon, le même Plutarque (§ 28) nous apporte un témoignage identique lorsqu'il dit qu'avant Solon : « Les richesses et la maison doivent demeurer dans la race du défunt » εν τω γενει του τεθνηκοτος εδει τα χρηματα και τον οικον καταμενειν.

La conséquence de cette manière de comprendre la propriété est évidemment la négation pour le *de cujus* de la possibilité de disposer librement, en faveur de tel ou tel, de ce qui, entre ses mains, ne forme pour ainsi dire qu'un dépôt ; cela ressort des textes que nous venons de citer ; la copropriété donne à ceux qui en jouissent un droit exclusif à l'égard de tous ceux que la volonté du *paterfamilias* aurait pu choisir. On arrive ainsi à la reconnaissance du privilège des héritiers siens que nous avons déjà signalé dans les premiers temps du droit Romain. Mais cette situation ne peut durer longtemps ; la propriété individuelle prend naissance ; et, avec elle, d'abord le droit de disposer entre-vifs, puis bientôt celui de disposer à cause de mort. Tant que l'on n'a pas acquis cette faculté de disposition, on sent que l'on a entre les mains une propriété incomplète. D'ailleurs, n'est-il pas dans la nature de l'homme de largement tenir compte des sentiments d'amitié qu'il éprouve, et de s'élever contre les entraves qui lui sont imposées ? Telles sont les raisons pour lesquelles Solon, au dire de Plutarque, autorisa le testament : « Solon, qui préférait la liberté du choix à la contrainte et qui voulait que chacun fut véritablement maître de ce qu'il avait, permettait à ceux qui étaient sans enfants de disposer de leurs biens comme ils le voudraient ».

Avant d'étudier la condition à laquelle ce texte soumet le droit de tester, nous nous demandons si vraiment il autorise l'opinion généralement soutenue que Solon a introduit le testament à Athènes ? Ce n'est pas un législateur qui peut établir, tout d'une fois, le droit de tester, et régler à nouveau toute la législation successorale. Ne peut-on pas plutôt admettre que Solon a voulu régler des rapports sociaux ; sanctionner d'une manière précise un droit né antérieurement ; en déterminer les conditions et les formes ? De telle sorte que ses lois auraient été pour Athènes ce que la loi des XII Tables a été pour Rome, une heureuse étape dans une législation incertaine dont la formation progressive se continuait péniblement au milieu des modifications des mœurs ; tandis que les anciens, avec leur tendance à concrétiser toutes choses, ont rapporté à Solon tout l'honneur de ces progrès.

Plutarque, remarquons-le, écrit en historien et non en jurisconsulte. Dans ses biographies, remplies de si précieux renseignements, il analyse rapidement les faits et leurs conséquences. Ayant constaté les modifications subies par la propriété à Athènes après l'archontat de Solon, il en indique la cause dans les réformes de la législation. Il établit le contraste entre l'inaliénabilité des biens de la gens γένος, autrefois la règle, et les conséquences de la liberté accordée par Solon à chaque citoyen de disposer à sa guise de ce qu'il possède : mais il n'insiste pas pour dire s'il y avait là une institution nouvelle ou seulement l'extension du droit de disposition de dernière volonté. Il nous semble qu'il faut voir dans les mesures décrites quelque chose d'analogue à la *familiæ erciscundæ* de la loi des XII Tables ; et qu'on ne peut en déduire l'impossibilité pour le père de famille de faire, antérieurement, un testament. Nous insistons sur ce point parce que nous retrouvons à Athènes ce qui, suivant nous, existait à Rome au début ; c'est-à-dire, l'obligation par le père de famille de laisser une partie du patrimoine inaliénable, la terre reçue en partage par la gens (la *terra aviatica* de la loi salique), mais la latitude de donner par testament, par legs une autre partie dont il était le maître de disposer.

Telle est l'opinion de Schœmann (*Griechische Alterthümer*, I, p. 369). C'est en partant des mêmes principes que M. Caillemer, interprétant la loi qui défend au père de faire un testament quand il a des enfants, admet que rien n'empêchait le père de famille de faire des legs à titre particulier et de tester en demeurant dans certaines limites imposées par la loi. (Caillemer, *Droit de tester à Athènes*, p. 36 et 37). D'ailleurs pour juger une loi il faut en examiner le texte entier : Plutarque ne prend qu'une phrase de ce texte. Si l'on se reporte aux plaidoiries et discours de Démosthène, d'Isée et d'Isocrate, dans lesquels se trouvent développées les lois successorales de Solon, nulle part il n'est dit que Solon a créé le pouvoir de tester, et ses lois sont appelées à l'appui tantôt de l'ordre dans lequel les parents doivent hériter, tantôt de la situation de l'adopté. M. Dareste (Démosthène, II, p. 307) se rallie à l'opinion que Solon a seulement réglé les droits de celui qui était adopté. On voit combien la critique bat en brèche l'opinion que Solon a créé le testament à Athènes.

Quoi qu'il en soit, il est vrai de dire qu'il a consacré dans son code les dispositions de dernière volonté.

Nous y remarquons d'abord la constatation des droits des héritiers siens. La liberté de tester ne consacre pas, et

Plutarque le remarque avec juste raison, toutes les donations ; elle demeure une dérogation à une règle antérieure
qui est d'un intérêt beaucoup plus considérable, le droit
de la famille. De là cette clause très précise « le droit de
tester n'est accordé qu'à celui-là seul qui n'a pas d'enfants. »

Les textes sont unanimes. Ainsi la loi de Solon citée
par Démosthène dans le discours contre Léocharès porte
cette restriction formelle : « il peut disposer de son bien
par testament en faveur de qui il lui plaît pourvu qu'il
n'ait pas d'enfants mâles de son sang », αν μη παιδες ωσι γνησιοι αρρενες. (Démosthène, trad. Dareste, II, p. 301.) La
même restriction est soigneusement formulée par Isée
dans différents discours : ο νομος αυτος αποδιδωσι τω υιει τα του
πατρος και ουδε διατιθεσθαι εα, οτω αν ωσι παιδες γνησιοι. (De Philoct.,
§ 28). « La loi donne au fils les biens de son père et ne permet pas le testament à celui qui a des enfants ». Dans le
cas où les enfants viennent à faire défaut, les collatéraux
sont appelés.

La loi détermine encore les personnes auxquelles sont
accordées la dévolution αγχιστεια et le droit de recueillir la
succession. La préférence est donnée aux mâles et aux
parents par les mâles ; puis, parmi les collatéraux, aux
parents de la ligne paternelle jusqu'aux enfants des cousins : les parents de la ligne maternelle viennent les derniers (Caillemer, *Le droit de succession légitime à Athènes*,
passim). La parenté, συγγενεια, était soigneusement consacrée, car non seulement elle donne le droit à l'hérédité,
mais aussi elle confère la participation aux choses sacrées
et aux pratiques religieuses (Démosthène, *c. Macartatos*,
trad. Dareste, II, p. 44) ; elle est le lien du sang et le lien
du culte. Mais ces collatéraux, appelés à défaut de descendants directs, ne viennent pas au même titre qu'eux ; ils
n'ont pas un droit acquis à la succession ; pour employer
l'expression romaine, à Athènes comme à Rome, ils ne

sont pas *domestici heredes*. Aussi peut-on les mettre dé
côté plus facilement : à Rome, dans l'époque classique,
alors que la liberté testamentaire est devenue la règle, on
n'est pas obligé de les exhéréder tandis qu'il faut exhéréder les héritiers siens. Ils ne peuvent obtenir l'héritage
que par autorité de justice ; il faut qu'ils soient envoyés en
possession par l'archonte (Trad. Dareste, II, p. 304). Leur
présence n'est pas un obstacle insurmontable à la faculté
de faire un testament. Toute autre est la situation des
enfants ; ils sont héritiers nécessaires au double sens du
mot, ils ne peuvent pas être mis en dehors de la succession
et ils ne peuvent pas non plus la répudier. Ils en étaient
saisis dès l'instant de la mort du *paterfamilias*, et ils n'a-
vaient pas besoin de demander un envoi en possession par
autorité de justice (επιδικασασθαι) : pas plus qu'à Rome, l'héritier sien n'était obligé de faire adition d'hérédité. La
transmission s'opère sans secousse et sans solution de
continuité. L'enfant est en quelque sorte une incarnation
nouvelle de la race que le père avait représentée ; il sera
soumis à toutes les obligations que ce dernier avait con-
tractées ; il répondra des dettes aux créanciers ; il sera
chargé des cérémonies sacrées vis-à-vis des dieux et des
ancêtres. Son rôle est si important que, lorsque la nature
vient à refuser ce successeur, le père de famille privé de
postérité est obligé de chercher quelqu'un à mettre en
cette place qui ne peut rester inoccupée : par les moyens
légaux, il se fait un fils.

Nous sommes frappé de l'importance qui, à Athènes,
est accordée au côté religieux de l'acte. L'adoption est
fondée sur la religion. Il ne faut pas que le foyer domesti-
que s'éteigne ; il ne faut pas que la maison, où le culte des
dieux et des ancêtres doit être continué, demeure aban-
donnée ; tels sont les arguments que les orateurs font valoir dans leurs plaidoyers sur les héritages. Au reste, la loi,
pour prévenir l'abandon d'un autel privé, chargeait les ar-

chontes de veiller à ce que la maison ne restât pas déserte
(Caillemer, p. 133).

L'adoption à Athènes, avait encore cela de particulier
qu'elle pouvait être présentée au nom d'un parent défunt :
n'y a-t-il pas, dans l'adoption posthume qui était autorisée
à Athènes, un témoignage de l'étroite connexité entre
l'εισποιησις et l'institution d'héritier ; dans ce fait que la
Phratrie, alors que l'adoptant ne pouvait pas être consulté,
avait le droit de déclarer fils adoptif un parent éloigné du
défunt afin de constituer à cet adopté un titre à l'héritage ?
On n'était héritier qu'en qualité de fils.

C'est cette connexité qui explique l'hésitation dans laquelle se trouvent les commentateurs pour traduire le mot
εισποιησις ou le mot dorien analogue ανπανσις ; s'agit-il d'institution d'héritier ou d'adoption ? Les avis se partagent.
Toutefois, le mot εισποιησις a un sens étymologique et primitif qui reste toujours le même ; ce qu'il exprime, c'est
le fait par un individu, qui n'a pas d'enfants, de prendre
un étranger qui sera substitué à cet enfant absent. Quelles
sont les conséquences de cette substitution, c'est que cet
étranger, en sa nouvelle qualité, deviendra le continuateur
de celui qui l'a choisi ; il recueillera les biens et devra
payer les dettes. Un fils est héritier de droit ; le fils adoptif est l'héritier voulu par le testateur : vous pouvez l'appeler héritier, vous pouvez l'appeler enfant adoptif, le nom
n'y fait rien ; la condition est une.

Cette assimilation est d'ailleurs facilitée en Grèce par la
modération du pouvoir paternel. Tandis qu'à Rome la *patria potestas* imposait l'obligation de faire une distinction
entre les deux institutions à cause de leurs conséquences,
à Athènes la confusion absolue des rôles, que l'on consi-
dèrera ensuite comme distincts, est si vraie, si conforme à
la nature des choses, que le nom εισποιητος est donné
même au collatéral qui se présente pour réclamer une succession *ab intestat*. M. Greiff (*op. cit.*, p. 28) cite ce pas-

sage de Démosthène (*c. Léochares*, trad. Dareste, t. II,
80) : « Nous demandons, disent les collatéraux, que le fils
adoptif soit pris parmi nous ». Faut-il conclure avec lui
« que l'adoption était non-seulement le fondement de la
succession testamentaire, mais aussi le principe de la succession légitime ? » Il nous semble que sous cette forme la
pensée n'est pas absolument vraie ; l'adoption n'est pas
le principe. Ce qui est le principe, c'est qu'un fils peut seul
être le continuateur du *de cujus* ; et qu'à défaut de fils
dans l'ordre physique on ne peut concevoir de continuateur qu'en supposant la même qualité à celui qui est choisi
par le testateur ou à celui qui est appelé par la loi. Dans
ce dernier cas, la volonté du défunt n'est pour rien ; le législateur fait tout, il fait un héritier, un *heres*, un εισποιητος.

A Athènes, la notion primitive ne s'est pas scindée
comme à Rome d'une manière catégorique ; on peut en
trouver diverses raisons en dehors de celle que nous venons déjà d'annoncer dans la nature différente de la *patria
potestas*.

Nous sommes ici bien loin du formalisme et des cérémonies solennelles du droit des *Quirites* ; le peuple d'Athènes a vite simplifié les formalités gênantes : de plus, nous
venons de le rappeler, la puissance paternelle, réduite à la
plus faible autorité, ne vient pas séparer l'institution d'héritier au sens moderne du mot de l'antique adoption. On
n'eut pas besoin d'inventer un mot nouveau ; la situation
restait la même sous une transformation superficielle de
l'appareil extérieur. Ici encore du reste il nous faut nous
élever contre la confusion regrettable que l'on a faite trop
souvent entre deux choses totalement différentes, le testament et l'institution d'héritier.

Quand ils traitent de ces matières, les jurisconsultes
grecs ont trois mots qui reviennent sous leur plume :
διαθηκη, c'est le testament, le *testamentum* au sens propre
du mot ; κληρονομος, l'héritier appelé à prendre une part de

l'héritage, l'héritier du sang ; εισποιητος, c'est l'héritier institué. Εισποιειν est incontestablement le mot indiqué pour signifier « adopter » ou « instituer ». Nous avons déjà eu l'occasion de nous expliquer sur l'expression διαθηκη. Mais l'étymologie de κληρονομος doit fixer un instant notre attention : κληρος veut dire « part tirée au sort » ; νεμω ; « distribuer ». Lorsqu'un héritage était à partager entre les descendants d'une même famille, l'usage était de faire des lots auxquels on donnait une valeur égale ; puis les cohéritiers tiraient au sort ces lots. C'est cette habitude qui a fait introduire dans les lois barbares du Vᵉ siècle les e pressions *sors*, *sortiri*, qui viennent ici d'eux-mêmes à notre pensée. *Sors* comme κληρος représentent la part que le sort avait attribuée à chacun. Par extension *sors* et κληρος ont fini par désigner l'héritage tout entier.

Nous reconnaissons bien que le plus souvent les deux choses, testament et institution, sont réunies dans la pratique, mais au fond elles restent toujours distinctes ; et ce qui le prouve, c'est que, d'une part, parmi les testaments grecs qui nous ont été conservés il y en a un grand nombre qui ne contiennent pas d'institution ; et que, d'autre part, il est possible de faire une εισποιησις, soit dans un testament, soit même en dehors d'un testament. Nous insistons, d'ailleurs, sur ce point, que l'εισποιησις, même faite en dehors du testament, celle qu'on voudrait qualifier d'adoption, est encore à nos yeux une réelle institution d'héritier, une disposition de dernière volonté. S'il est vrai que le mot testament, pour nous modernes, résume le pouvoir de disposer à cause de mort, il ne faut pas oublier que ce pouvoir est en lui-même susceptible de revêtir les formes les plus diverses.

Buselos (dans le discours de Démosthène *contre Macartatos*) partage ses biens entre ses enfants. Le père de Démosthène (Schulin, p. 28, dans Démosthène *in Aphobum*, I, 40) donne, à l'un l'usufruit temporaire d'une somme d'argent,

à l'autre l'usufruit d'un immeuble ; avec cela, le testament
contient un inventaire, et la désignation de plusieurs exé-
cuteurs testamentaires. Pasion nomme à son fils mineur
des tuteurs, qui seront aussi chargés d'assurer l'exécution
de ses dispositions de dernière volonté. Une chance heureuse a fait parvenir jusqu'à nous le testament d'Aristote :
il ne contient pas d'institution d'héritier mais des affran-
chissements, des dispositions à titre particulier à l'égard
des enfants, et surtout des legs. Il en est de même dans le
testament de Platon, qui nous a été également conservé
par Diogène de Laerte. Nous ne pouvons nous ranger à l'a-
vis de Schulin qui voudrait que ces testaments, ne contenant pas d'institution d'héritier, n'aient été qu'une transformation du testament contenant une institution.

Nous avons montré plus haut combien cet ordre chronologique serait contraire à la nature des choses ; et, de
même que nous avons pu établir, en Grèce comme à
Rome, les rapports intimes de la première institution d'héritier et de l'adoption, de même nous croyons qu'il faut
chercher dans les legs, transformations des donations à
cause de mort, l'expression la plus ancienne des dispositions de dernière volonté. Plusieurs des testaments qui ne
contiennent pas d'institution doivent être comptés parmi
les plus anciens. Faudrait-il donc, alors, reporter aux premiers temps une transformation qui, avec la théorie proposée de la suppression graduelle de l'institution, aurait
demandé une longue période d'années pour pouvoir s'accomplir ? Du reste, nous avons les exemples nombreux et
évidents de testaments faits dans les conditions où il n'est
pas permis d'instituer d'héritier, c'est-à-dire lorsqu'il y a
des enfants : nous les avons énumérés ci-dessus. A l'appui
de notre démonstration, nous présenterons encore le passage si curieux où Plutarque (*Vie d'Agis*, § 5) nous raconte
comment la liberté de tester fut introduite à Sparte. L'é-
phore Épitadeus, nous dit-il, ayant eu des difficultés avec

son fils, fit une loi permettant à tout père de famille de disposer à son gré de ses biens soit par donation entre vifs,
soit par testament.

On pourrait nous objecter le témoignage d'Aristote
(*Polit.* II, 6. 10. 11) qui affirme que, bien longtemps auparavant, la législation de Lycurgue a connu le testament,
et qui spécifie que l'on pouvait léguer certaines terres
inaliénables. Nous croyons qu'il est facile de concilier ces
deux renseignements contradictoires. Ce qu' Epitadeus a
introduit, c'est le droit d'instituer des héritiers étrangers
au préjudice de ses propres enfants ; c'est là l'innovation
que Plutarque déplore ; mais le testament existait déjà
auparavant. Le legs, première transformation de la donation, est aussi la première manifestation de la volonté maîtresse de prendre des mesures pour le temps où l'on ne
pourra plus vouloir. Nous en aurons encore une preuve
en étudiant un peu plus loin la loi récemment découverte
de la ville de Gortyne dans l'île de Crète. Le Droit grec, à
Athènes comme à Sparte, a parfaitement reconnu que l'on
pouvait faire un testament sans instituer d'héritier. Il y a
un grand intérêt à attribuer à titre particulier certains de
ses biens, ou de donner à ses enfants un gardien que l'on
a soi-même choisi ; ce sont autant de buts qui nécessitent
et en même temps qui légitiment le droit de tester.

Quant à la forme de ce testament, les règles qui l'ont
régie semblent avoir été assez souples. Tous les documents
que nous avons entre les mains (V. Schulin, p. 4) ne nous
parlent, à Athènes, que de testaments écrits ; le testament
verbal paraît n'avoir pas existé. Pour l'Athénien, le testament est un document dans lequel le *de cujus* écrit ses
dernières volontés en présence d'un certain nombre de témoins chargés d'assurer la véracité et la fidèle exécution des
dispositions qui y ont été insérées ; pas de nombre déterminé de témoins. L'on se rend compte des difficultés de
preuve propres à un tel acte ; nous les avons déjà signa-

-lées à propos du testament romain. Isée les résume ainsi : (*Nicostratos*, § 12). Περι των αλλων συμβολαιων ων πανυ χαλεπον τους τα ψευδη μαρτυρουντας ελεγχειν περι δε των διαθηκων πως αν τις αγνοιη τους μη ταληθη λεγοντας. « Dans les autres actes juridiques, il n'est pas facile de discerner les faux témoignages, mais, dans les testaments, comment pourra-t-on savoir ceux qui disent la vérité » ?

Aussi a-t-on essayé de multiplier les précautions : c'est la lecture du testament aux témoins ; plus tard le scellement dudit, son dépôt chez un ami ; enfin on le déposait παρα τη αρχη, ce qui correspond à ce que nous appellerions le greffe. Ces formes simplifiées ne s'appliquaient qu'au testament ne contenant pas d'institution d'héritier, d'εισποιησις. Dans ce dernier cas, un acte solennel, variant de formes suivant les Phratries, prenait place entre l'adoptant et l'adopté, ou, si l'on aime mieux, entre l'héritier et son instituant. Deux fois par an, en octobre-novembre et mai-juin, devant l'assemblée de la Phratrie et du γενος, l'adoptant demandait que l'on inscrivît sur les listes celui qu'il choisissait comme son fils. Fils adoptif ou héritier, qu'on l'appelle comme on le voudra, il devait venir faire partie de cette unité à la fois religieuse et politique ; et chacun des membres du corps, dans lequel il allait entrer, pouvait soulever une opposition sur la validité de laquelle l'assemblée se prononçait. Ne croirait-on pas, en vérité, que tout ceci se passe devant les *calata comitia* du vieux Droit romain ? L'assemblée décidait s'il y avait lieu de permettre l'εισποιησις, et l'on offrait alors un sacrifice au Ζευς φρατριος ; il ne restait plus qu'à inscrire sur le registre commun le nom du nouvel admis.

Le tableau d'une cérémonie semblable est fait par Démosthène dans le plaidoyer *contre Macartatos* : il s'agit de la présentation d'Eubolide dans la phratrie d'Hagnias : « Les membres de cette phratrie commencèrent à voter pendant que le feu consumait les offrandes : et, donnant

leurs suffrages du haut de l'autel de Jupiter protecteur de
la phratrie, ils déclarèrent que cet enfant entrait bien et
dûment comme fils adoptif d'Eubolide dans la maison
d'Hagnias. » Le membre qui voulait contester devait enlever l'offrande de l'autel. Les formalités de l'inscription
sur les livres de la Phratrie et du Dème avaient à Athènes
une importance d'autant plus grande que la loi athénienne
était plus impuissante à empêcher les falsifications des
testaments, auxquelles les plaidoyers font allusion sans
cesse. Au cas de refus de l'assemblée, le testateur pouvait
porter le débat en justice. L'εισποιητος était introduit dans
le dème par des formalités analogues.

On voit, sans peine, les nombreux rapports de cette
institution avec l'adoption romaine et le *testamentum calatis comitiis*. A Rome, il est vrai, l'assemblée comprend
les trente curies ; à Athènes, la phratrie de l'adoptant est
seule appelée ; mais, comme à Rome, celui qui est adopté
perd ses droits à l'hérédité dans la famille d'où il sort,
ουδεις ποποτε εκποιητος γενομενος εκληρονομησε των οικον οθεν εξεποιηθη
(Isée, *De Astyphili hereditate*, 303) : il peut toutefois rentrer dans sa famille naturelle et renoncer à sa famille civile pourvu qu'il laisse dans celle-ci un héritier légitime ;
un fils adoptif ne suffirait pas (Isée, *De Phil.* Didot, p. 279).
Nous ne parlerons pas des autres particularités de l'adoption en Grèce ; nous notons seulement que l'εισποιησις est
devenue ce que l'institution d'héritier a été à Rome, la
plus importante des dispositions de dernière volonté, sans
prendre cependant la place prépondérante dont l'institution d'héritier est redevable, dans cette dernière ville, à
la forme du testament *per æs et libram*. A Athènes, nous
ne voyons rien de semblable à cette forme du *per æs et libram* ; tous les legs sont, pour ainsi dire, *per vindicationem*. On exige la même capacité de celui qui veut tester
et de celui qui veut faire une εισποιησις ; le citoyen seul
peut figurer dans cet acte solennel ; il faut jouir des droits

civils et pouvoir se présenter devant l'assemblée, les femmes ne peuvent pas faire d'institution d'héritier non plus que les enfants.

Nous avons vu, un peu plus haut, qu'Isée employait le mot συμβόλαιον pour indiquer le testament : on a voulu à tort en tirer la déduction que les Grecs le considéraient comme un contrat. Le mot συμβόλαιον est employé ici par extension comme le mot contrat lui-même est employé dans le langage courant de nos jours : on désigne par là l'acte qui contient une opération juridique encore que cette opération soit unilatérale. Le Code civil, au titre des Preuves, emploie lui-même cette acception ; contrat veut dire titre. Le testament est un acte juridique dont la preuve est particulièrement difficile ; ce n'est pas un contrat.

L'εἰσποίησις, remarquons-le en finissant, et c'est encore un point de ressemblance avec ce qui s'est passé à Rome, a subi des transformations à la longue sous l'action du temps. Au lieu d'accomplir toutes les formalités de l'introduction de l'héritier dans les corps politiques et sociaux dont faisait partie le testateur, du vivant de ce dernier, on les a reportés après sa mort. On a admis qu'il lui suffirait de désigner d'avance celui qu'il voulait pour son continuateur. L'institution d'héritier prend son nouveau caractère en perdant les éléments particuliers de l'adoption ; on tend à se rapprocher du legs, du testament ne contenant que de simples dispositions de dernière volonté. Les femmes, qui avaient le droit de faire des legs alors même qu'elles ne pouvaient pas se présenter devant l'assemblée pour instituer des héritiers, arrivent peu à peu, elles aussi, au moins par le détour du legs universel, à faire des institutions d'héritier au sens moderne du mot.

La transformation des institutions primitives et la fusion des diverses dispositions de dernière volonté, dans ce que nous appelons le testament, s'achèvent enfin quand l'esprit philosophique et frondeur du peuple athénien s'atta-

che à détruire les croyances primitives, et ne voit plus
que des fables dans les traditions sacrées d'autrefois.

Nous trouvons dans le *Delectus inscriptionum* de Cauer,
p. 99, (ap. Schulin, *op. cit.*), une inscription qui, dans sa
brièveté, résume d'une manière remarquable tout ce que
nous avons pu dire sur la nature du testament dans l'antiquité. Elle date du Vᵉ siècle avant N. S., et provient de
la ville de Pétilis, colonie dorienne dans le Brutium ; la
voici : θεος τυχα. Σαοτις διδοτι Σικαινια ταν Ροικιαν και ταλλα παντα —
δαμιοργος Παραγορας — προξενοι Μικνον, Αρμοξιδαμος, Αγαθαρχος, Ονατας,
Επικορος. « Sous les auspices des dieux, Saotis donne à Si-
cainia sa maison et tous ses biens, Paragoras étant δαμιοργος.
(c'est-à-dire démiurge, magistrat), Micnos, Armoxidamos
Agatharque, Onatas, Epichoros étant témoins ».

Saotis commence par une invocation à la divinité, et
cette habitude pieuse, qui se retrouve dans la plupart des
actes antiques, acquiert ici une importance particulière
par suite de l'effet que doit avoir le testament. Nous l'a-
vons vu, il est intimement lié au droit familial ; et la conception religieuse des ancêtres le range par là même dans
le domaine du droit sacré. Les prêtres de la cité doivent
intervenir : la loi romaine avait imposé leur présence ; la
loi grecque reconnaît ce caractère spécial ; et la testatrice
de Pétilis, en écrivant ses dernières volontés, prend les
dieux à témoin de ses intentions et de sa bonne foi. Les
droits de la religion sont respectés, mais cela ne suffit
point : les lois civiles ont un grand intérêt dans ce testament dont nous avons défini l'importance économique ;
et le document que nous examinons va nous présenter
la coexistence des éléments essentiels que nous avons dis-
tingués dans l'essence de tous testaments. Le testament est
fait devant cinq témoins, c'est la publicité : ils sont là pour
assurer la liberté de disposition du testateur ; ils pourront
dire qu'ils ont assisté à la détermination de la défunte *justa
mentis nostræ contestatio* ; et, si leur rôle n'est pas exclu-

sivement d'être les dépositaires chargés de conserver intactes les volontés du défunt, ils n'en sont pas moins chargés d'assurer l'existence de la preuve de ce testament, et
de témoigner de la véracité et de la non altération du document où il est contenu.

Le testament, en Grèce, comme nous l'avons dit, était
toujours écrit (nous sommes arrivés, on s'en souvient, à
Rome, à une conclusion analogue) ; pour assurer l'exécution des volontés du *de cujus*, la preuve littérale est donc
prête, encore plus incorruptible et plus sûre que la preuve
testimoniale, pour ce testament exposé à tant de méprises
et de dangers. La table, où la formule est inscrite, traverse
le temps sans en sentir les atteintes puisque deux mille ans
ont passé entre le jour où, dans cette colonie grecque, la
volonté de Saotis a été exprimée et celui où nous la trans-
crivons ici ; elle subsiste alors même que les témoins ne
sont plus là pour dire qu'elle n'est pas l'œuvre d'un faus-
saire. Elle renferme d'ailleurs, dans sa teneur si brève, ce
dernier élément que nous ne pouvions arriver à définir :
l'authenticité. Δαμιοργος Παραγορας, Paragoras, démiurge, était
présent. C'est en la présence du magistrat de la cité que
les choses se sont faites. Nous ne reviendrons pas sur ce
que nous avons dit souvent du caractère solennel et spécial de la disposition de dernière volonté ; alors que testateur et témoins, tous ont disparu, il reste encore pour
affirmer l'existence du testament et en assurer au besoin
l'exécution cette marque de l'intervention du pouvoir public, cette sanction suprême donnée par la souveraineté.

Nous avons eu l'occasion de citer précédemment la loi
de Gortyne. Après avoir examiné l'ensemble du Droit grec,
il nous semble qu'il ne sera pas sans intérêt de nous arrêter un moment, avant de finir, sur ce document d'une très
haute importance.

En 1863 M. l'abbé Thenon avait rapporté de Crète un
fragment de loi sur les successions qui paraissait provenir

d'une époque fort ancienne, et devoir faire partie d'un ensemble complet. Ce fragment, déposé au Louvre, était immédiatement devenu un sujet d'études attentives et de vives controverses de la part des hellénistes et des jurisconsultes; or il arriva qu'en septembre 1884 MM. Halbherr et Fabricius eurent la bonne fortune de découvrir en Crète une très grande partie de l'inscription dont ce fragment était détaché. La critique s'est trouvée de cette manière avoir en sa possession le remarquable ensemble des règles juridiques établies dans la ville de Gortyne à une époque fort reculée, qui doit être, de l'avis des hommes compétents, le sixième siècle avant notre ère. Cette inscription a été publiée, avec une traduction française que nous mettrons ici à contribution, par M. Dareste dans la *Nouvelle revue historique*, 1886, p. 241.

Nous avons recherché quelle part était faite au droit de dernière volonté au milieu de ce vaste ensemble dans l'étude duquel nous ne pouvions pas entrer, et nous avouons ne pouvoir pas adopter d'une manière absolue cette opinion de M. Greiff dans sa thèse (*op. cit.* p. 10) : « Le Code de Gortyne ne mentionne pas une seule fois le testament ». Il est certain que l'on n'y trouve point le terme διαθηκη. Mais ce terme en lui-même n'a pas plus le sens moderne de testament que *testamentum* en latin. Διαθηκη veut dire disposition, acte juridique par lequel on règle quelque chose. Or, à défaut du mot, ces dispositions, ces règlements, il nous semble les trouver dans la loi de Gortyne ; et nous allons énumérer les passages qui impliquent, à notre avis, le droit de disposition de dernière volonté.

Et tout d'abord nous trouvons le principe qui domine, paragraphe 26 : η κ'αποθανηι ανηρ η γυνα, αι μεν και αι τεκνα η ες τεκνων τεκνα, η ες τουτων τεκνα, τουτως εχεν τα χρηματα. « En cas de décès du mari ou de la femme, s'il y a des enfants, ou des enfants de ces derniers, ceux là auront les biens. » Voici notre premier point acquis, le droit primordial des enfants ; les descendants sont toujours les premiers à recueillir la succession de leur père dont ils sont les continuateurs. Il n'est pas du reste difficile de découvrir dans d'autres parties de la loi des traces évidentes de la copropriété familiale qui n'est pas encore complètement oubliée à l'époque où écrit le législateur de Gortyne. C'est ainsi qu'au paragraphe 30, nous lisons : « Tant que le père est vivant, les biens paternels ne peuvent être ni vendus ni donnés en hypothèque par le fils. Mais ce que le fils aura acquis par lui-même ou par l'effet d'un partage, il pourra le vendre, s'il le veut. Le père ne pourra ni vendre, ni promettre les biens que ses enfants auront acquis par eux-mêmes ou par l'effet d'un partage. Le mari n'aura pas plus de droits sur les biens de sa femme ni le fils sur le bien de sa mère ».

Ces précautions multiples pour préciser les pouvoirs réciproques de chaque membre de la famille sur le patrimoine, et les relations qui doivent exister entre eux, témoignent clairement, à notre avis, du souvenir encore vivant dans les mœurs et l'esprit populaire de la copropriété d'autrefois. Ceci ressort particulièrement de la phrase « le père ne pourra vendre les biens de ses enfants » : la propriété individuelle de chacun des membres de la famille vient de remplacer le patrimoine commun, possession à la fois des ancêtres et des descendants.

Toutefois le père est administrateur de ses biens qui vont appartenir à ses enfants, et sa volonté va pouvoir se traduire par un premier genre de dispositions encore bien restreintes ; il pourra opérer le partage de son patrimoine entre ses descendants. C'est ce que nous dit la loi au § 22 : τον πατερα των τεκνων και των χρηματων καρτερον, ημεν ταδε δαισιος. « Le père maître des enfants et des biens sera leur dispensateur ». Et plus loin, au § 23 : « Si une personne meurt, les maisons de ville et tout ce qui se trouve dans ces maisons, ainsi que les maisons rurales, appartiendront aux fils. Tous les autres biens seront équitablement partagés. Les fils, quel que

soit leur nombre, prendront chacun deux parts ; les filles
prendront chacune une part ». Le droit de famille est respecté, les biens appartiendront aux descendants ; la loi
décide quelles sortes de biens, quelles quotités seront attribuées aux fils et aux filles ; mais c'est le père qui est chargé
de former le lot ˙de chacun. Il peut attribuer exclusive-
ment telles ou telles possessions à l'un ou l'autre de ses
enfants. Pour être encore peu étendue, il n'y en a pas
moins ici une première manifestation de volonté précieuse
à retenir ; car, au fond, ce droit d'attribution, c'est le droit
de léguer, et ce partage est la forme, encore incomplète,
d'un premier testament. Du reste, la faculté de faire des
legs n'est pas restreinte au bénéfice des seuls enfants ; on
permet de faire des legs à d'autres personnes, § 16 : κομιστρα
αι κα ληι δομεν ανηρ η γυνα η ημα, η δυοδεκα στατηρας, η δυοδεκα στατηρων
ριος, πλιον δε μη. « Un homme ou une femme pourront léguer,
s'ils le veulent, des aliments ou un vêtement, ou douze statères, ou un objet valant douze statères mais pas plus ».

C'est ici le droit de faire des legs qui est reconnu et
sanctionné ; en même temps on prévoit l'abus où il pourrait conduire, et l'on détermine comme maximum une
valeur de douze statères, πλιον δε μη, rien de plus. Nous
croyons, avec M. Dareste, qu'il y a là une quotité disponible déterminée une fois pour toutes ; c'est en quelque sorte
l'équivalent des lois Furia, Falcidia, du Droit romain. C'est
le droit de faire des donations entre vifs qui a conduit logiquement à ce pouvoir de faire des legs ; comme nous le
disions, à propos de Rome, à l'origine legs et donations à
cause de mort se confondent ; on emploie pour les exprimer le même verbe διδωμι, § 25 : αι δε κα ληι ο πατηρ δωος ιων δομεν
ται οπυιομεναι δοτω κατα τα εγραμμενα, πλιον δε μη. « Si le père de
son vivant veut faire un don à sa fille en la mariant, il donnera conformément à la loi, mais rien de plus ». On spécifie
ici qu'il s'agit d'une disposition entre vifs ; et c'est le même
terme et la même quotité que pour une disposition à cause

de mort. Jusque là, on ne pouvait instituer d'héritier, on ne pouvait enlever aux enfants leur titre ; mais on aurait pu, par ce procédé détourné de la donation et du legs, leur dérober une part plus ou moins grande de l'émolument de la succession ; c'est contre ce danger que la loi restrictive du § 16 est venue réagir. Ces legs formeraient bien déjà un testament tel que nous avons montré qu'on devait le comprendre ; mais nous allons trouver dans la loi de Gortyne l'important élément qui nous manquait encore : l'institution d'héritier.

C'est précisément le passage contenu au fragment du Louvre, au paragraphe 56, dont le commencement nous renseigne à ce sujet : ανπανσιν ημεν οποκα τιλ ληι, αμπαινεθαι δε κατ' αγοραν καταϝελμενων τωμ πολιαταν, απο τω λαω ω απαγορευοντι : ο δε αμπαναμενος δοτω ται εταιρεαι ται ϝαι αυτω ιαρειον και προκοον ϝοινω. « On adoptera qui on voudra. L'adoption se fera dans l'agora en présence des citoyens assemblés, du haut de la pierre où l'on monte pour parler au peuple. L'adoptant donnera à sa confrérie la chair d'une victime et une mesure de vin. » Ανπανσις est ici le terme équivalent de εισποιησις, et M. Dareste le traduit par adoption ; mais M. Caillemer n'hésite pas (*Success. légit. à Athènes*, p. 131) à le traduire par institution d'héritier ; de même qu'εισποιησις, ανπανσις peut donc s'interpréter dans les deux sens. En définitive ce n'est donc pas autre chose que cette institution primitive qui réunit à la fois dans l'institué les caractères de l'héritier et du fils adoptif, et dont nous avons reconnu l'existence à Rome et en Grèce. D'ailleurs, où se fait cette adoption ? Elle se fait dans l'agora, sur la place publique, du haut de la pierre où l'on monte pour parler au peuple. Il y a là l'acte public et solennel que nous avons constaté en Droit romain devant les *calata comitia* : comme pour l'*adrogatio*, l'ordre de l'État est intéressé et nécessite cette intervention du pouvoir. Mais l'autorité civile n'est pas seule compétente ; l'autorité religieuse, gardienne du droit de famille,

doit avoir sa part ; l'adoptant donne à sa confrérie la chair
d'une victime et une mesure de vin. Dans cette assemblée
solennelle, l'adopté doit d'ailleurs donner son libre consentement dont on ne peut se passer ; le texte le prévoit :
αι δε κα μη ληι τελλεν αι εγραπται, τα χρηματα τους επιβαλλοντας εκεν.
« Si l'adopté ne veut pas remplir les charges, les biens passeront aux ayants droit ». Enfin, si nous considérons le
but que les parties cherchent à atteindre par cet acte juridique, nous verrons qu'à ce point de vue comme à celui
des formes employées, nous pouvons dire que nous sommes réellement ici en présence d'une institution d'héritier.
Voici quel est l'effet principal de l'ανπανσις, § 57 : και μεν κ'αν-
ελησθαι παντα τα χρηματα και μη συννηι γνησια τεκνα, τελλεμ' μεν τα θινα
και τα ανθροπινα τα τω ανπαναμενω κ'αναιλησθαι αιπερ τοις γνησιοις εγραπται.
« L'adopté recueillera tous les biens ; et, s'il n'y a pas d'enfants légitimes, il acquittera les obligations de l'adoptant
envers les hommes et envers les dieux, et recueillera les
biens comme il est écrit pour les enfants légitimes ». Or ces
prérogatives sont essentiellement celles d'un héritier ;
l'ανπαντος est donc un héritier institué ; au fond l'adoption
n'aura eu d'autre effet que d'assurer à l'adoptant un continuateur après sa mort. L'adopté est, par une fiction de la
loi, assimilé à un enfant légitime ; et au paragraphe 58,
pour le cas où il se trouverait en concours avec ces derniers
(au cas vraisemblablement où leur naissance aurait été
postérieure à l'adoption), la loi dispose qu'il viendrait en
cette qualité au partage. Une disposition curieuse précise
encore le caractère de l'ανπανσις, c'est la possibilité pour le
testateur de faire tomber l'institution par une formalité
très simple, moyennant le paiement à l'institué congédié
d'une légère amende ; ceci indique qu'il ne s'agit pas encore
de l'adoption telle que nous la comprenons actuellement,
avec son lien inébranlable, mais d'un lien mixte tenant à
la fois de l'adoption et de l'institution d'héritier, lien qu'à

Rome comme en Grèce nous avons reconnu dans les premières institutions testamentaires.

Nous nous arrêtons ici dans cette étude rapide que nous venons de faire sur le droit successoral des Grecs. Nous avons déjà signalé au passage les ressemblances si remarquables dans la marche des Institutions grecques et romaines : des deux côtés droit primordial et exclusif de la famille ; puis la personnalité du père de famille s'accuse, sa puissance lui donne des droits.

D'abord on lui reconnaît le droit de donner, plus tard il partage son patrimoine ; et ce pouvoir de disposition et d'attribution devient celui de faire des legs. Après cette première reconnaissance du droit de disposer à cause de mort, ce droit reçoit sa plus haute expression dans l'institution d'héritier. L'institution d'héritier au début se confond avec une adoption ; l'héritier n'est qu'un enfant désigné dans les formes légales. Peu à peu les choses se précisent ; le testament apparaît dans sa forme concrète avec son authenticité, sa publicité, ses moyens de preuve ; il devient un mode de transmission des biens à titre universel ; l'héritier institué se sépare du fils adoptif et ne recherche plus ce titre qui n'est plus un privilège car on va aboutir à une loi qui permettra d'exhéréder les enfants : on finit ainsi à Rome par trouver la liberté testamentaire. Dans ces rapprochements de deux droits voisins il ne faut pas voir des influences réciproques de l'un sur l'autre ; comme nous le disions en commençant, ce sont les phases successives du développement juridique parallèle de deux nations intelligentes qui sortent de la même souche et grandissent dans des circonstances analogues. La vérification que nous avons cherché à faire garde donc toute sa valeur.

CHAPITRE VII

LE TESTAMENT CHEZ LES BARBARES.

Sommaire. — Intérêt particulier que présentent les législations barbares. — Tacite et le système successoral des Germains. — Le
droit des enfants ; pouvoir donné au père de partager ses biens
entre eux ; donations et legs. — Les testaments de Charlemagne.
— Traits caractéristiques de la « *divisio* » qui est le testament germain. — L'institution d'héritier apparaît elle-même, mais est encore confondue avec l'adoption. — L'*affatomia* de la loi salique ;
ses formes ; son double objet. — Les traditions germaniques ont
puissamment aidé à former le testament tel qu'il existe chez les
peuples modernes.

Nous disions, en commençant cette étude, que le Droit
comparé était appelé à rendre de grands services à la
science en contribuant à éclaircir les trop nombreux problèmes que contient encore pour nous l'histoire des institutions. Tout en réservant les particularités inévitables qui
résultent des circonstances, il est certain en logique, et
prouvé en fait, que les peuples issus d'une même origine
ont un développement analogue dans ses phases les plus
importantes. Dès lors, quand certaines lacunes se présentent dans l'histoire de l'un d'entre eux, on peut essayer
d'y suppléer à l'aide des renseignements trouvés chez ses
voisins. Cette étude, de plus, comme nous venons de le
voir en parcourant les principes du droit successoral grec,
a le grand mérite de pouvoir servir de preuve à la légitimité du système que l'on est parvenu à édifier chez l'un
d'entre eux. Les remarquables points de ressemblance,
que nous avons pu relever entre les principes admis en

Grèce et ceux que nous avons cru pouvoir soutenir comme formant le droit testamentaire romain, nous ont paru un argument qui n'est point à dédaigner en faveur de nos opinions. Or nous pouvons continuer ces recherches dans un autre milieu, qui, pour n'avoir pas atteint l'extrême degré de civilisation du monde hellénique, n'en offre pas moins, à d'autres points de vue, un très haut intérêt. Nous voulons parler des législations de ces peuples barbares qui, aux V⁰ et VI⁰ siècles, sont venus renverser l'Empire romain, et de qui sont sorties les nations formant l'Europe actuelle. D'assez nombreux documents nous sont parvenus sur les lois et les usages qui les ont régis aux premiers temps de leur installation dans leurs nouveaux domaines ; et nous avons ainsi la bonne fortune de connaître des populations, qui, sans être éloignées de nous par les dizaines de siècles de l'antiquité, en étaient au VI⁰ siècle de notre ère à peu près au même degré de civilisation que les Romains du VI⁰ siècle avant Jésus-Christ. On peut donc assister, chez eux, aux transformations progressives opérées dans les institutions par les changements de mœurs et de manière de vivre ; et, quoiqu'il soit parfois difficile de distinguer dans ces lois, publiées du V⁰ au IX⁰ siècle et que l'on a pu appeler *romano-barbares*, la part due à l'influence romaine et la part provenant des traditions nationales et propres à la race, nous voulons rechercher brièvement au milieu de quelles circonstances et sous quelles formes les Germains ont connu et pratiqué le droit de disposition de dernière volonté. Nous ne cesserons d'ailleurs de nous appuyer sur les interprètes autorisés de cette période auxquels nous renvoyons simplement pour les développements dans lesquels nous ne pouvons entrer ici : parmi eux nous devons citer Pardessus, Waitz, Sohm, et en dernier lieu Schrœder dans son *Lehrbuch der deutschen Rechtsgeschichte.*

On admet généralement que les Germains n'ont point

connu le testament ; et M. Fustel de Coulanges, dans un
des derniers ouvrages (*Recherches*) qu'il publiait avant sa
mort, n'hésitait pas à ramener entièrement au Droit romain
l'introduction des dispositions de dernière volonté dans les
législations des peuples d'origine germanique. Mais si l'on
considère la rapidité avec laquelle, dès le VIIe siècle, la succession testamentaire se développe partout parallèlement à
la succession *ab intestat*, et l'importance de la place qu'elle
occupe dans la vie sociale, il nous semble difficile qu'on
puisse voir en elle une création entièrement nouvelle, d'o-
rigine étrangère, et sans aucune racine dans le passé. Il
est certain qu'un droit, aussi supérieur que le Droit romain,
devait rapidement pénétrer et transformer les règles infi-
niment moins profondes des barbares ; mais, quand il s'a-
git d'une institution aussi importante à transplanter du
peuple vaincu chez le vainqueur, ne peut-on pas se montrer plus circonspect avant d'admettre cette manière de
voir ? Malgré la grande influence de l'élément romain en
cette matière testamentaire, il faut, croyons-nous, faire
à l'élément germanique une part très considérable ; on
doit retrouver dans le Droit barbare l'origine du droit de
disposition de dernière volonté que nous révèlent clairement les lois déjà fort anciennes dont nous avons parlé.

L'opinion contraire généralement admise repose sur une
phrase de Tacite qui a été longtemps considérée comme
résumant dans son éloquente concision tout le droit successoral germain. En effet, les premiers documents un peu
complets que nous possédions sur la Germanie nous sont
fournis par le célèbre ouvrage où l'historien fait un parallèle
si saisissant entre les mœurs de ces barbares et celles des
Romains dégénérés. Après avoir parlé de l'organisation
de la famille, il dit (*Germanie*, c. 20) : « *Heredes tamen successoresque sui cuique liberi et nullum testamentum.* »
Chacun a pour héritiers et successeurs ses enfants, et il
n'y a pas de testaments. Le droit sacré des héritiers siens

forme donc, ici encore, la base de tout le système successoral ; et, à côté de cette règle, d'après Tacite et de son
temps, il n'y a pas de place pour le testament. Tacite écrivait au II⁰ siècle de notre ère ; à cette époque les Germains
vivaient encore sans établissements fixes, dans une civilisation des plus primitives ; il n'est donc pas impossible
qu'ils en fussent encore à cet état originaire, où, comme
nous l'avons constaté plus haut, le droit de libre disposition n'existe pas. Nous serions toutefois tenté d'admettre
qu'à l'époque de Tacite il avait déjà fait son apparition.
« Il y a dans le droit successoral des Germains, dit Brun-
ner dans son remarquable ouvrage *Deutsche Rechtsgeschichte*, une série de controverses presque insolubles qui
reposent sur la difficulté qu'on éprouve à concilier les
données de Tacite avec celles des autres documents » ; il
en est ainsi pour la manière de compter la parenté, pour
le partage de la succession. Dès lors, puisqu'il a pu se laisser égarer parfois soit par des renseignements incomplets,
soit par la comparaison systématique qu'il veut établir
entre Rome et la Germanie, on peut, à bon droit, contrôler,
et au besoin contester la règle si absolue qu'il pose.

Il ne faut pas s'empresser non plus d'accuser Tacite d'i-
nexactitude. Il emploie le mot « *testamentum* » dans le
sens qui a été définitivement fixé à Rome par suite de l'introduction du *testamentum per æs et libram*: pour lui, le
testament est une institution d'héritier. Or, sans revenir
sur la distinction que nous avons longuement établie, nous
nous rappellerons que le droit de disposition de dernière
volonté ne comporte pas nécessairement l'institution d'héritier, et ce n'est même pas sous cette forme qu'il se révèle
ordinairement pour la première fois.

De ce qu'il n'y avait pas de *testamentum* au sens romain
du mot, il ne s'ensuit pas qu'il n'existât aucune sorte de
disposition de dernière volonté.

Un passage de Tacite lui-même, au chapitre 32, nous

donne une première indication dans ce sens. Il dit en parlant des Tenctères, peuplade des bords du Rhin célèbre par ses connaissances équestres : « *Inter familiam et penates et jura successionum equi traduntur ; excipit filius, non ut cetera maximus natu, sed prout ferox bello et melior.* » Les chevaux ne suivent pas le sort du reste de la succession ; ils sont attribués non au fils aîné, mais au fils le plus courageux et le plus redoutable à la guerre. Mais qui va le désigner d'entre ses frères ? Ne sera-ce pas le père qui le choisira lui-même, de son vivant, et lui fera ainsi le premier legs ? Ce n'est qu'une indication ; mais nous allons trouver à l'époque franque, soit dans les historiens, soit dans les lois qui nous sont parvenues, loi des Francs Saliens, loi des Ripuaires, lois des Lombards, des documents plus complets.

Reprenons notre texte : « *Heredes successoresque sui cuique liberi* » ; à l'origine, en Germanie comme à Rome, voici établi le droit exclusif des enfants, de ceux que nous avons appelés « les héritiers siens ». C'est là une conséquence de l'organisation sociale, de la notion de la famille groupée autour du foyer que l'on ne doit jamais laisser éteindre. Toutes les lois sont unanimes sur ce principe fondamental ; et les législateurs, pour indiquer d'un mot le caractère de cette propriété particulière, ont employé l'expression bien précise de *terra aviatica*, « la terre reçue des ancêtres. » Dans le titre 59 de la loi salique *de Alodibus*, qui contient la célèbre règle, « *De terra vero salica nulla portio hæreditatis mulieri veniat* », aucune part de la terre salique ne peut revenir aux femmes par succession, nous trouvons un curieux rapprochement avec ce que nous avons constaté dans la loi des XII Tables. Le titre règle en effet la dévolution héréditaire chez les Francs ; mais il ne s'en occupe qu'à la condition suivante, « *si quis mortuus fuerit et filios non demiserit* », si quelqu'un vient à mourir sans laisser de fils : il semble que, s'il y a des enfants, les choses aillent de soi, qu'il n'y ait pas de succession, que la loi n'ait pas à intervenir. Nous trouvons une autre confirmation au paragraphe 1 du titre 51 de la loi des Burgondes, publiée par le roi Gondebaud de 480 à 490 : « *In populo nostro antiquitus fuerit consuetudo servata ut pater cum filiis propriam substantiam æquo jure divideret* ». Le législateur rappelle que par un antique usage du peuple burgonde le père devait partager également entre ses fils son patrimoine, et il part de là pour stigmatiser les abus que certains parents ont faits de la quotité disponible mise par les nouvelles lois à leur disposition. Tous les enfants venaient également et étaient appelés à la totalité du patrimoine ; mais remarquons bien que néanmoins le père n'était pas dépourvu de tout pouvoir, car c'était lui qui en opérait entre eux le partage.

A l'origine, assez souvent, ce partage était fait par la voie du sort ; on formait divers lots, et les enfants les tiraient entre eux. C'est ainsi qu'au dire de Grégoire de Tours (L. III. c. 1) les quatre fils de Clovis, après la mort de leur père, se divisèrent également son héritage. « *Inter se æqua lance dividunt* » ; et, comme le raconte Frédégaire (*Hist. epit.* c. 30) « *Sortitus est sedem Theudericus Mettis, Chlodomeres Aurelianis, Childebertus Parisius et Clotarius Suessionnis* », Theuderic eut pour son lot Metz, Clodomir Orléans, Childebert Paris, et Clotaire Soissons. C'est en partant de là que le mot *sors* finit par désigner l'héritage lui-même, par la même transformation qu'avait subie le mot κληρος en Grèce. Toutefois l'usage s'établit généralement que le père procédât de son vivant au partage de ses biens ; et c'est une institution qui est dans le sang même de notre race, ainsi que le prouvent les nombreux partages anticipés ou démissions de biens qui se font encore de nos jours dans les campagnes les plus reculées ; or c'est là, au plus haut point, un acte où le chef de la famille prend des mesures pour le temps où il ne sera plus de ce monde. Comme nous le disions, en parlant des chevaux des Tenctères, ces attributions constituent de véritables legs, des dispositions de dernière volonté.

Nous trouvons dans la vie de Charlemagne des traits qui viennent confirmer, d'une manière remarquable, les règles du droit ancien ; on sait, en effet, combien le grand empereur carlovingien, malgré la séduction exercée sur lui par l'éclat du nom romain, était resté attaché aux traditions germaniques. Dès l'année 806, à l'assemblée de Thionville, il présentait un partage de son empire entre ses fils qui nous a été conservé sous la dénomination de *divisio imperii*. Il veut associer ses fils à sa couronne, « *consortes* » ; il ne les institue pas héritiers, ce n'est pas nécessaire : il leur distribue seulement, à chacun limitativement, les provinces de son empire. Ce n'est pas un testament romain, mais c'est le testament germanique. Ceci ressort avec plus de clarté encore du chapitre XXXIII d'Eginhard dans sa *Vie de Charlemagne*. Après avoir raconté les derniers moments du souverain et décrit son tombeau, l'historien continue : « *Testamenta facere instituit quibus filias ex aliqua parte sibi heredes faceret, sed tarde inchoata perfici non poterant. Divisionem autem thesaurorum et pecuniæ ac vestium aliæque supellectilis, coram amicis et ministris suis, annis tribus antequam decederet, fecit ; contestatus eos ut, post mortem suam, a se facta distributio per illorum suffragia rata permaneret.* » Charlemagne avait commencé à faire des testaments dans lesquels il instituait ses filles héritières pour partie ; mais, les ayant commencés trop tard, il ne put les finir. Trois ans avant sa mort, du reste, il avait fait, en présence de ses amis et de ses ministres, le partage de ses trésors, de ses vêtements et de ses meubles, en prenant les assistants à témoin de ses volontés pour qu'ils veillent à leur exécution après sa mort. N'est-ce pas là la *justa contestatio mentis ut post mortem valeat* de la définition romaine d'Ulpien ? Nous sommes en présence de deux genres de testaments que distinguent parfaitement les termes employés par Eginhard. Dans le cas où Charlemagne veut instituer ses filles, il s'agit d'un testament fait dans la forme romaine : favoriser des personnes du sexe féminin, c'est en effet une dérogation au Droit barbare, mais le Droit romain le permet, aussi on lui emprunte ses règles. De là l'emploi par l'historien des mots caractéristiques, *heredes*, *testamentum*. Charlemagne se sert donc de la forme étrangère qui était plus compliquée et, nous pouvons ajouter, qui lui était moins familière puisqu'il s'y prit trop tard et ne put mener à bonne fin son entreprise. Mais, auparavant, il avait fait une autre opération du même ordre, il avait partagé ses meubles entre ses amis ; Eginhard n'emploie ici que le mot « *dividere* », or on ne peut nier, tout en soutenant qu'il n'y a pas de « *testamentum* » en Germanie, qu'on ne soit en présence du legs à titre particulier ; et cette *divisio*, il ne faut pas s'y tromper, c'est le testament du Droit germanique.

Ainsi nous avons établi que le droit de disposition de dernière volonté s'est manifesté chez les Germains d'abord par le pouvoir du chef de famille d'attribuer ses biens à l'un quelconque de ses enfants, ensuite par la possibilité de les attribuer à titre particulier à un ami ou à un serviteur ; ce sont là des formes diverses du legs. Depuis longtemps, d'ailleurs, les législations germaniques avaient reconnu le principe des donations. Tacite dit des anciens Germains « *gaudent muneribus* ». La loi des Lombards (*Edictum Rotharis*, c. 172) s'occupe d'une vieille institution, la *thinx*, qui est une véritable donation, donation qui peut être faite soit entre vifs, soit à cause de mort. Nous pouvons même faire un pas de plus dans cette voie ; nous trouvons dans le pur Droit germanique une première institution d'héritier ; et cette institution d'héritier, par une coïncidence merveilleuse avec ce que nous avons constaté dans le Droit romain et dans le Droit grec, est encore une adoption.

« Dans presque toutes les régions de la Germanie, dit Schrœder (*op. cit.*), celui qui n'avait pas d'enfant eut la possibilité d'y remédier à l'aide de l'adoption. » Et si parmi les lois barbares un certain nombre sont assez sobres de renseignements sur la question, nous en avons heureusement une ou deux plus explicites. La loi salique, en particulier, a son titre 46 qui est consacré en entier aux formalités de l'adoption sous la rubrique de « *adfathamire* » ou « *affatomia* ». L'*affatomia* est une institution des plus curieuses sur le sens de laquelle on a longtemps discuté ; et ce n'est pas sans peine que l'on s'est mis à peu près d'accord sur sa véritable portée. L'expression elle-même de *adfathamire*, *affatomia*, ou *hac famirem*, qui s'orthographie suivant les manuscrits de la manière la plus diverse, n'est pas sans nous donner certaines indications précieuses sur le sens de l'acte auquel elle est appliquée. Ainsi que le fait remarquer le professeur Kern, dans la belle édition de la loi salique donnée par Hessels en Angleterre, en 1880, on retrouve dans tous ces mots synonymes le radical commun *fathm*, *fathum*, en anglo-saxon *feom*, en germain *fadum*, dans la vieille langue norse, *fadmr*, qui a donné *fathom* dans la langue anglaise actuelle ; et ce radical qui se retrouve dans la plupart des langues germaniques a le sens de « *sinus, amplexus, potestas* » c'est-à-dire de « poitrine », de « sein », Le préfixe *at*, placé devant le radical, indique l'action d'approcher, de diriger ; par suite le verbe *adfathamire* a donc le sens d' « apporter dans le sein », et par extension de « faire passer sous la puissance de quelqu'un ».

Or il faut se rappeler que, dans la conception pleine de poésie des anciens Germains, la famille était assimilée à un corps dont les parents formaient le tronc. Le centre de la famille était désigné comme la poitrine, le sein selon la comparaison qui est restée dans le langage courant. L'entrée d'un membre dans la famille se faisait par une cérémonie symbolique consistant pour l'adoptant à serrer l'adopté sur son sein, d'autres fois à le faire asseoir sur ses genoux ou à l'envelopper de son manteau. Dès lors, le sens d'*adfathamire*, au titre 46 de la loi salique, se dégage avec précision ; c'est le fait de serrer entre ses bras, sur sa poitrine ; en un mot, c'est une adoption.

La loi des Ripuaires, au titre 50, est d'ailleurs très explicite : « *Si quis procreationem filiorum vel filiarum non habuerit, omnem facultatem suam, in prœsentia regis, sive vir mulieri, vel mulier viro, seu cuicumque libet de proximis vel extraneis adoptare in hereditatem, vel in adfatimi, licentiam habeat* ». Si quelqu'un n'a pas eu d'enfants, il aura le droit, en présence du roi, d'adopter pour héritier (*in adfatimi*) de toute sa fortune son époux, ou celui qu'il choisira soit parmi ses proches, soit même parmi des étrangers. C'est la reconnaissance formelle du sens du mot, et de la nature particulière de l'opération que l'on veut accomplir. Il s'agit ici d'une adoption ; mais l'expression « *adoptare in hereditatem* » marque bien son caractère mixte ; c'est l'adoption primitive du *testamentum calatis comitiis* du Droit romain, dans laquelle les éléments qui constitueront plus tard l'institution d'héritier et l'adoption ne sont pas encore séparés. La condition à laquelle est subordonné ce pouvoir d'adoption est d'ailleurs formelle ; comme en Grèce, comme à Rome, celui qui peut adopter est celui-là seul qui n'a pas d'enfants ; la conception juridique reste la même, c'est pour suppléer au vide que la nature laissait au foyer que la loi permet au chef de famille d'appeler un étranger qui sera à la fois un enfant adoptif appelé à continuer la famille et un héritier appelé à recueillir les biens.

La loi salique, au titre 46, nous indique de quelle manière se faisait cette adoption dont les formes sont assez intéressantes. Sous réserve des difficultés presque insolubles, dues tant aux incorrections des manuscrits qu'à la langue barbare des rédacteurs, voici à peu près comment les choses devaient se passer. L'adoption se fera dans l'assemblée populaire, le *mallum,* réuni sur la convocation du *thunginus* ou du *centenarius.* Le concours de l'autorité est indispensable ; car, d'une part, il y a une dérogation aux règles établies de la dévolution successorale, ce qui nécessite l'assentiment du pouvoir ; de l'autre il faut donner satisfaction au besoin d'authenticité dont nous avons établi l'existence, toutes les fois qu'il s'agit de dispositions de dernière volonté. Le *mallum* va remplacer les comices de l'ancienne Rome ; il doit se réunir dans la forme régulière ; *scutum in mallo habere debent ;* on doit apporter le bouclier, signe du caractère officiel de l'assemblée. Et, pour bien marquer qu'il ne doit pas y avoir là que de vaines apparences, le texte dit : « *tres homines tres causas demandare debent* » ; ce que l'on a traduit dans ce sens que trois causes devaient être appelées avant que l'on s'occupât de l'adoption ; il s'agit d'une chose grave, et dont on ne doit s'occuper que lorsque le tribunal est au complet. L'opération, en elle-même, comporte trois parties dont chacune doit être certifiée séparément par trois témoins. La présence de ces témoins vient indiquer, d'une manière très précise, la distinction que nous avons faite entre ces deux éléments du testament, l'authenticité et la publicité. Quoique les opérations que nous allons décrire se passent, en majeure partie, devant l'assemblée populaire, ce n'est pas cette foule qui peut plus tard porter témoignage et faire la preuve de l'adoption ; elle est là dans un autre but ; et ce sont trois hommes libres, choisis spécialement, qui devront être les documents vivants assurant la conservation du contenu du testament.

Nous lisons, à ce propos, un détail curieux au titre 62 de la loi des Ripuaires : lorsqu'on voulait faire la tradition d'un immeuble, afin d'assurer plus complètement le souvenir du contrat, on joignait aux témoins un nombre égal d'enfants, qui étaient évidemment admis parce qu'il y avait chance, à cause de leur jeune âge, de conserver pendant plus longtemps dans leur témoignage cette preuve du contrat si importante et si difficile à obtenir ; et, pour corriger la légèreté naturelle qui rend les impressions peu durables dans l'enfance, la loi ajoute : « *Unicuique de parvulis alapas donet et torqueat auriculas* » ; le contractant devait donner des soufflets et tirer les oreilles à ces témoins d'un nouveau genre. (Voir aussi de Rozière, *formule* ccxvii).

Celui qui veut adopter appelle dans le *mallum* celui qu'il a l'intention d'*adfatimire*, et jette en son sein une *festuca*, un fétu de paille, ou une baguette ; il déclare, en même temps, combien il veut lui donner, si c'est la totalité ou la moitié de sa fortune (n'est-ce pas pour ainsi dire la *nuncupatio testamenti*) : c'est là la première opération.

Seconde opération : celui qui a reçu la *festuca* doit se transporter dans la maison de celui qui l'adopte, et s'y installer en maître. Pour en donner une preuve indubitable, il doit y inviter au moins trois de ses amis, et les faire participer à son nouveau bien dans la mesure où il en jouit ; les témoins qui certifieront cette seconde partie devront affirmer, selon l'expression caractéristique et un peu naïve du texte, « *Quod hospites in casa illius in beodum pultis manducassent et ei de susceptione gratias egissent* », que ces invités se sont nourris à la table de l'adopté et que c'est lui qu'ils ont remercié comme le maître de la maison.

Enfin, il y a une troisième opération dont l'obscurité du texte ne permet pas de se rendre compte avec la même certitude ; on peut l'interpréter des deux manières suivantes. La chose se passait à nouveau dans le *mallum* ou devant le roi dépositaire de l'autorité : celui qui avait reçu la *festuca* devait, dans le délai de douze mois, transmettre la fortune et jeter la *festuca* à celui que le testateur avait, au début, désigné comme son héritier, lui-même ne jouant là-dedans que le rôle d'un intermédiaire. C'est cette première interprétation que Schrœder développe, et qui est d'ailleurs la plus communément adoptée. Il nous semble, cependant, que l'autre interprétation à laquelle nous nous rallions paraît plus plausible : celui qui avait reçu la *festuca* devait, dans les douze mois, rendre la fortune et rejeter la *festuca* à celui qui les lui avait donnés.

Il faut supposer avec ce dernier sens, on le voit, que les opérations de l'*adfatomia* se passent toutes entre deux mêmes personnes. La question est intimement liée à cette autre : l'individu auquel la *festuca* a été jetée en premier lieu est-il l'héritier lui-même ou est-il seulement un tiers chargé de transmettre plus tard le patrimoine d'après la volonté du testateur ? Or, d'après le texte, d'après l'ensemble des renseignements que nous pouvons recueillir sur l'institution, nous ne doutons pas qu'à l'origine ce fût l'héritier lui-même qui figurât dans l'adoption. L'adopté ne doit pas jouir immédiatement des biens, et la donation ne doit recevoir son plein effet qu'à la mort du donateur ; c'est pour le bien marquer que le donataire doit rendre à celui-ci la fortune et lui rejeter la *festuca*. Cette opinion est corroborée par le rapprochement que l'on peut faire avec les formalités que Schrœder (*op. cit.* p. 275), décrit comme ayant servi pour faire des donations d'immeubles, avec réserve d'usufruit soit en faveur du donateur, soit en faveur d'un tiers quelconque par lui désigné. Pour y arriver, le donateur faisait tradition de son bien ; puis le donataire le lui rendait à titre de prêt, à titre de *précaire,* dans la langue juridique du moyen âge ; mais entre ces deux actes, pour rendre parfaitement visible le fait de cette investiture momentanée dont le donataire allait se dépouiller immédiatement, celui-ci devait s'installer sur le bien donné et y demeurer trois jours « *sessio triduana* ». Les choses se passaient de la même manière dans l'*adfa-*

tomia, dont cette donation à cause de mort n'est qu'une dérivation. Le fait de rejeter la *festuca* marque le caractère conditionnel de l'opération et indique qu'elle est faite sous un terme suspensif; il remplace la clause de « fiducie », dont nous avons dû admettre l'introduction dans la *mancipatio familiæ*. Du reste, nous n'hésitons pas à reconnaître qu'il est possible, et même probable, qu'avec le temps il s'est effectué dans le rôle de cet adopté une transformation analogue à celle subie par l'*emptor familiæ*. Un tiers dut intervenir pour faciliter les choses ; et ainsi s'expliqueraient aisément les textes contradictoires dans lesquels on n'aurait pas tenu compte assez clairement des modifications apportées par le temps. Dans ce dernier cas, après la restitution de la fortune, une nouvelle *festucatio* devenait évidemment nécessaire à l'égard des héritiers désignés.

La formalité caractéristique en tout ceci est la remise de la *festuca* ; cette expression, qui signifie également en latin « bâton » ou « paille », a soulevé de nombreuses controverses. Heusler avait proposé d'y voir un bâton qui aurait été recouvert de signes analogues aux inscriptions runiques et aurait constitué le titre faisant foi du contrat. Thevenin (*Nouvelle Revue historique*, 1879) a démontré que cette idée n'était pas exacte ; que l'épithète « *nodosa* », dont la *festuca* est souvent qualifiée, indique qu'il s'agit d'un roseau, d'un trait, d'une arme de jet, et que ce n'était là qu'une forme particulière de la remise des armes qui joue un si grand rôle dans le Droit germain. Partout les opérations juridiques étaient accompagnées de cérémonies symboliques dont les paroles des co-contractants fixaient la portée.

Quand il s'agissait de droits personnels, tantôt c'était la remise d'un gant, *wanto*, d'un gantelet, *andelangum*, que prenait celui qui devait recevoir ; de là les expressions d'*investitura*, de *gewere*. Tantôt c'était le fait de remettre une arme, ordinairement l'ancienne framée germaine appelée du nom de *ger* et dont on se servait soit de loin en la lançant, soit de près en frappant de son tranchant. Parfois on la jetait à celui avec qui on contractait, et c'est ainsi que cela se passait chez les Lombards dans l'institution dont le nom même garde le souvenir de l'instrument dont on se servait, la *gairethinx* ; cette institution, sur laquelle nous ne voulons pas nous étendre, constitue d'ailleurs une adoption véritable analogue à l'*adfatomia*. Ailleurs on se contentait de toucher avec la main la « *ger* » qui était tendue ; il en était ainsi dans l'institution danoise appelée *vapnatak*. C'était par la remise des armes que l'enfant était libéré du *mundium* de son père, que l'esclave était affranchi. De même dans le mariage, la remise de la *ger* indiquait que l'on se mettait sous le *mundium*, c'est-à-dire sous la protection de celui qui la portait. Cette remise de l'arme subit, d'ailleurs, avec le temps, de nombreuses modifications. La plus importante est celle qui, suivant Kœhler, se retrouve à la fois chez les Romains, les Celtes et les Indiens : l'arme primitive, la *ger*, est remplacée par un bâton, *fustis*, ou une paille, *stipula*, qui se nomment tous deux en latin, nous l'avons dit, « *festuca* ». La *festucatio* qui accompagne l'*adfatomia* n'est donc pas autre chose que la forme modernisée de l'antique cérémonie de la remise des armes.

En matière de droit réel, il y avait de même une tradition symbolique : on installait solennellement le propriétaire sur sa nouvelle terre, ou on lui jetait une poignée de terre, une brassée d'herbe en provenant. C'est la *scotatio*, (même radical que dans *schooss*, sein, en allemand, *schotinge* en danois) ; la *laisowerpitio* (voir de Rozière, *formule* ccxvi), de *laisus*, sein, *werpire*, jeter (d'où l'allemand *werfen* et le français *guerpir*, *déguerpir*). Ne venons-nous pas de constater nous-même, dans l'*adfatomia*, cette *sessio triduana*, ce séjour si curieux de trois jours dans la maison de l'adoptant, que l'on retrouve aussi chez les Bavarois ? Chez les peuples du Nord, un festin joue un très grand rôle dans l'adoption appelée *œttleiding*. L'adoptant, d'après les anciennes lois norvégiennes, donnait un repas auquel sont employées trois mesures de bière. De plus il tue un bœuf de trois ans, enlève la peau de la cuisse gauche et en fait une chaussure qu'il met à côté du bassin où l'on puise la bière. L'adoptant met le pied dans cette chaussure, puis, après lui, l'adopté : c'est ainsi que s'établit le rapport personnel entre eux. (Voir Dareste, *Journal des savants*, 1881). Paul Diacre (I, c. 24) parle, aussi, d'adoption chez les Gépides par festin et remise des armes.

Il y a donc, dans les formalités de l'adoption ou de l'*adfatomia*, un double caractère assez remarquable ; d'une part, il y a formation d'un lien personnel entre l'adoptant et l'adopté au moyen de la *festuca ;* de l'autre, il y a transmission des droits réels sur les biens de l'adoptant. Nous pouvons donc suivre ici encore la série des transformations qui ont conduit de l'adoption à l'institution d'héritier. On cherche d'abord le représentant du sang, le continuateur de la race ; mais, par une conséquence logique, c'est lui qui doit accueillir le patrimoine et en bénéficier : de là deux ordres de rapports juridiques distincts. Schrœder semble dire en parlant de l' « *adfatomia* » que, vers le IXe siècle, elle tendit à ne plus former qu'une simple transmission de biens ; l'idée ainsi présentée ne nous semble pas tout à fait exacte. Ce qui est vrai, c'est que la transmission des droits réels qui constituent la succession tend, à cause de son importance matérielle, à prendre le pas sur la transmission de droit personnel qui constituait l'adoption ; et que, peu à peu se dégageant des notions primitives et le Droit romain aidant, on s'achemine vers la notion de l'héritier tel qu'on le comprend au sens moderne du mot. Les formalités antiques finirent par tomber en désuétude.

Mais, avant de subir cette métamorphose, l'adoption re-

çut un fréquent emploi ; en 577, nous en trouvons un remarquable exemple rapporté par Grégoire de Tours,
(L. V, c. 18) à propos de Gontran adoptant l'un de ses
neveux. « *Evenit impulsu peccatorum meorum ut absque
liberis remanerem ; et ideo peto ut hic nepos meus mihi sit
filius.* » *Et imponens eum super cathedram suam, cunctum
ei regnum tradidit dicens ; « una nos parma protegat, una-
que hasta defendat.* » Puisqu'en punition de mes fautes,
dit le roi, j'ai perdu mes enfants, je vous demande que
mon neveu désormais me tienne lieu de fils. Et le faisant monter sur son trône il lui fit tradition de tout son
royaume, en ajoutant: qu'un même bouclier nous protège,
qu'une même lance nous défende. L'adoption par la
remise des armes était aussi en honneur chez les Ostro-
goths, chez les Hérules. Au VIIIe siècle les Lombards se servaient encore de la *gairethinx*, et les textes qui peignent
leurs mœurs nous fournissent quelques traits qui achèvent
de caractériser la condition de cet adopté. Il faisait désormais partie de la famille comme s'il était réellement sorti
de son sein ; il était purement et simplement mis au lieu
et place de l'enfant; et le chapitre 174 de l'édit de Rotharis nous indique que même les obligations du défunt lui
étaient transmises, « *debitum creditoribus reddere et ab
aliis exegere* ». Ce fils adoptif est donc bien dès lors un héritier, et nous pouvons dire que cette adoption du premier
Droit germanique n'est pas autre chose que la première
institution d'héritier.

Il serait fort intéressant de suivre dans les siècles suivants les transformations successives par lesquelles pas-
sèrent l'*adfatomia* et les autres institutions germaniques
avant d'aboutir, par un long travail de cristallisation et
de synthèse, à la notion du testament. Il serait, surtout,
fort instructif de suivre, à l'aide des formules, l'infiltra-
tion progressive du Droit romain, et de délimiter la part
qu'il faut lui faire dans le résultat final. C'est un travail

que nous ne voulons pas entreprendre, pas plus que nous n'avons cherché à faire un tableau complet de la législation successorale chez les Barbares; nous avons seulement voulu attirer l'attention sur un ou deux points qui nous ont semblé présenter plus particulièrement des rapports avec les institutions que nous avions étudiées chez les Romains et chez les Grecs. Les notions qui se dégagent de cette rapide étude ne viennent-elles pas appuyer les conclusions auxquelles nous étions arrivé antérieurement ?

BIBLIOGRAPHIE

———

Barrière. — *De la forme des testaments.*

Belot. — *Histoire des Chevaliers Romains.*

Boissonnade. — *Histoire de la Réserve héréditaire.*

Brissonius. — *De formulis et verborum significationibus.*

Bruns. — *Uber Testirfreiheit und Pflichtheil,* dans *Zeitschrift fur vergleichende Rechtswissenschaft.*

Caillemer. — *Le droit de tester à Athènes,* dans l'*Annuaire de la Société pour l'encouragement des études grecques,* 1870.

Caillemer. — *La succession légitime à Athènes.*

Cuq.— *Recherches historiques sur le testament « per æs et libram »* dans la *Nouvelle Revue historique,* 1886.

Dareste. — *Études,* 1889.

Dareste. — *La loi de Gortyne,* dans la *Nouvelle Revue historique,* 1886.

Dernburg. — *Beitræge zur Geschichte des romischen testamentes.*

Esmein. — *Du transport des créances,* dans la *Nouvelle Revue historique,* 1887.

Fustel de Coulanges. — *La Cité antique.*

Fustel de Coulanges. — *Recherches sur quelques problèmes d'Histoire.*

Gans (Édouard). — *Das Erbrecht.*

Gengler. — *Germanische Rechtsdenkmaler.*

TABLE DES MATIÈRES

LES

MONUMENTS HISTORIQUES

Les longs souvenirs font les grands peuples.
Montalembert.

CHAPITRE PREMIER

GÉNÉRALITÉS, NÉCESSITÉ D'UNE LOI

Sommaire. — Ce qu'il faut entendre par monuments historiques. — Intérêts que présente leur conservation au point de vue de l'histoire, de l'art, de l'archéologie, dn patriotisme. — Causes de destruction qui menacent les monuments du passé. — Formes diverses que peut revêtir le vandalisme ; vandalismes destructeur, restaurateur, spoliateur. — Divers moyens proposés pour parer à ces dangers ; difficultés qu'on éprouve à les concilier avec le respect dû à la propriété.

Quel est le voyageur qui, parcourant en touriste quelques-unes des provinces de France, n'a pas remarqué dans les guides et itinéraires la mention suivante, à propos de quelque petite ville d'ailleurs le plus souvent peu connue: « X. possède des édifices très remarquables ; son église et son hôtel de ville sont classés parmi les monuments historiques ». On a pu se demander quel était le sens de cette phrase et surtout quelle était la portée de ce classement ? Pourquoi cette appellation de monument historique donnée de préférence à tel ou tel ancien édifice ? Quelle auto-

rité procède à cette détermination, et quelle en est la sanction ? Telles sont les diverses questions auxquelles il nous
a semblé intéressant de répondre. Il s'agit d'ailleurs d'une
question juridique dont les hypothèses s'offrent à nos yeux
à chaque pas ; et qui a reçu, depuis quelques années, une
importance pratique toute particulière par suite des mesures législatives dont elle a été l'objet.

Une loi nouvelle, celle du 30 mars 1887, est venue, en
effet, après une longue procédure et des discussions appro-
fondies devant le Parlement français, s'ajouter à toutes
celles qui ont pour but de régler la propriété, les rapports
des personnes avec les biens. Cette loi, d'après sa rubrique,
« assure la conservation des monuments et objets d'art
ayant un intérêt historique et artistique ». Par cette périphrase, le législateur n'a rien voulu dire autre, sinon que
cette loi avait en vue d'obtenir la conservation « des monuments historiques ». Mais il n'était pas inutile de préciser le sens de cette expression qui a été introduite par un
long usage, et dont l'emploi aurait pu entraîner certaines
erreurs.

En fait, les archéologues, les curieux qui parlent de monuments historiques, entendent ordinairement par là des
édifices ou des constructions : le mot « monument », pris
dans sa signification habituelle, implique la même idée ;
et, comme les immeubles sont à la fois les restes du passé
les plus grandioses et les plus difficiles à conserver, il n'est
pas étonnant que l'attention se soit tout d'abord portée sur
eux. Mais on s'est bien vite aperçu que l'intérêt présenté
par les objets moins considérables, meubles de quelque
nature que ce soit, ne le cédait en rien à celui des immeubles. C'est pourquoi la nouvelle loi tient à indiquer qu'elle
veut prendre l'expression « monument historique » avec
son sens étymologique, *quod monet*, ce qui avertit, c'est-
à-dire tout ce qui peut contenir un renseignement ; et,
quand elle dit « conservation des monuments et objets

d'art », elle entend par là les objets mobiliers aussi bien que les immeubles.

De même l'épithète « historique » pourrait présenter certaines obscurités. Dans la stricte acception du mot, on comprend qu'une église, comme Notre-Dame de Paris où se sont passés tant de faits restés gravés dans l'histoire, soit une église historique ; mais on aurait pu se demander ce qu'avait d'historique, par exemple, la maison particulière d'un bourgeois de Valenciennes du XVIe siècle, dont le nom n'a jamais eu aucun retentissement? Il y avait là une lacune que le législateur a voulu remplir : il déclare son intention de conserver « les monuments et objet d'art ayant un intérêt historique et artistique ». Sans nous arrêter à l'assemblage malheureux au point de vue du langage, des mots « objets d'art » ayant un intérêt « artistique », nous reprocherons à cette formule de ne pas rendre assez complètement la pensée qu'elle a voulu exprimer.

Nous ferons, d'ailleurs, le même reproche à la formule, préférable pourtant, employée dans le texte même de la loi de 1887, aux articles 1 et 8, « monuments présentant au point de vue de l'histoire ou de l'art un intérêt national ».

D'après la première de ces formules, on pourrait prétendre que l'histoire et l'art doivent se trouver réunis pour sauvegarder un monument ; d'après la seconde, on pourrait soutenir que l'objet doit intéresser l'histoire nationale ou l'art national pour que la loi puisse l'atteindre. Du moment où l'on ne se contente point de dire « objets intéressant l'histoire », ce qui, à la rigueur, aurait pu embrasser l'histoire de la civilisation en même temps que l'histoire de l'art et l'histoire du pays, il faut définir avec précision l'ensemble du domaine que l'on veut circonscrire. C'est l'article 14 de notre loi du 30 mars 1887 qui, à propos des fouilles, nous semble le mieux atteindre le but cherché, en visant « tous les objets pouvant intéresser l'archéologie, l'histoire ou l'art ». Pour ceux que l'intervention de l'archéologie surprendrait nous ajouterons qu'il est difficile de faire rentrer certains monuments comme les alignements mégalithiques de Carnac (Morbihan), par exemple, dans le domaine précis de l'histoire ou de l'art ; qui contesterait cependant qu'on doive attacher un haut prix à leur conservation ? C'est au nom de l'archéologie qu'on agit en leur faveur. Nous aurions donc souhaité une énumération plus complète, de manière à ce que le texte embrassât tout l'ensemble qu'atteignait l'intention du législateur (car, sur ce point sa volonté était certaine), et nous aurions dit « monuments et objets mobiliers intéressant l'histoire, l'art, l'archéologie, ou présentant un intérêt national ».

Tels sont, en effet, les quatre grands mobiles qui imposent d'une manière impérieuse la nécessité pour la loi de s'occuper des monuments historiques, et d'assurer leur conservation. « Les monuments du passé, disait Montalembert dans un discours prononcé à la Chambre des Pairs le 26 juillet 1847, sont les auxiliaires essentiels des études historiques ; ce sont des témoins toujours vivants qu'il faut chaque jour invoquer, consulter, et sur lesquels on ne saurait veiller avec trop de sollicitude ». On n'a pas toujours compris le grand intérêt qu'il y avait pour l'historien à s'entourer de ces documents, muets en un sens si l'on veut, mais qui renferment pourtant de si précieux renseignements. Jusqu'aux premières années de ce siècle il semblait que la série des événements, retrouvée dans les chroniques ou les ouvrages très clairsemés de la littérature ancienne, dut former l'essence de tout travail de ce genre ; on comprend maintenant qu'il est encore plus important de connaître les évolutions de la vie intellectuelle et morale des peuples. Or ce sont ces objets inertes, habitations occupées par nos ancêtres, meubles usuels qu'ils ont tenus entre leurs mains, qui surtout pourront nous dire ce qu'ils ont été, et comment ils ont vécu. Le milieu

que l'on se forme reflète toujours merveilleusement les
aspirations et les passions de celui qui en est le maître ;
c'est en étudiant les hôtels de ville du XIII° siècle, avec
leurs beffrois et leurs salles de réunion, que l'on comprend
toute l'importance du mouvement communal du Moyen-
Age. On retrouve dans les ruines des châteaux-forts la
peinture du système féodal, des mœurs des seigneurs, et
des vassaux. Les ameublements, les armes, les pièces d'or-
févrerie, nous permettent de reconstituer, par la pensée,
avec une précision méticuleuse, le cadre où se sont dérou-
lés les grands faits du passé ; et, souvent, de ce cadre une
lumière nouvelle rejaillit sur les événements, et nous fait
découvrir dans leurs circonstances des détails cachés qui
en transforment l'aspect et en expliquent le cours. C'est avec
l'aide de ces documents qu'on peut suivre les progrès de
la civilisation à travers les âges, et discerner les diverses
influences qui se sont successivement fait sentir.

Rien n'est n'est plus curieux, en effet, que d'entendre
ces « témoins toujours vivants » nous raconter, à leur manière, les grandes choses dont ils furent spectateurs. C'est
ainsi que l'on trouve dans le Périgord et dans le Sud-Ouest
de la France un grand nombre d'églises du XII° siècle,
dont l'église Saint-Front de Périgueux est le type, qui présentent avec les caractères de l'art roman, un mélange d'art
byzantin ; la cause de cette singularité est dans la présence,
à Limoges, d'une colonie de commerçants Lombards qui
apportèrent les souvenirs de l'église de Saint-Marc de Venise. Ailleurs on a la preuve des relations entre le midi de
la France et l'Espagne arabe. Dans le Poitou, une école, qui
était florissante à la fin du XI° siècle, accuse l'influence
asiatique. Ces édifices religieux viennent donc témoigner en
même temps du grand fait historique des croisades, et de
l'influence que les arts byzantin et arabe, entrevus en Syrie
par les croisés, ont dû exercer sur le développement de
notre art national. N'est-il pas démontré que l'architecture

ogivale a emprunté certains détails à ces souvenirs d'outre-
mer ? Il importe de pouvoir faire la part des éléments étrangers qui se sont introduits dans l'art, à diverses époques,
en venant modifier les règles primitives : l'étude de ces
transformations successives est féconde en enseignements
pour nos sculpteurs et nos architectes qui y trouvent des
modèles à imiter et des inspirations à suivre. Certaines
époques, par suite d'un ensemble de circonstances exté-
rieures, ont su donner à leurs conceptions une fraîcheur et
une puissance d'expression particulière ; il y a là des progrès précieux réalisés pour l'art ; en conserver la manifestation, n'est-ce pas rendre service aux artistes qui viendront
se retremper à bonne source, et qui éviteront bien des erreurs de goût en suivant les routes déjà tracées ?

Mais, si la plupart des monuments offrent un intérêt
aux artistes, au moins en ce qu'ils marquent des étapes
dans l'histoire de l'art, il en est d'autres qui ne peuvent
pas raisonnablement se réclamer de cette protection ; tels
sont par exemple, les monuments mégalithiques. Ces
blocs de pierre gigantesques, menhirs ou dolmens, répandus dans l'Ouest et le centre de la France sont les derniers
vestiges qu'a laissés un peuple dont, malgré bien des hypothèses, on ignore encore le nom. L'art n'a rien à voir dans
ces constructions primitives ; et l'histoire ne peut élever
la voix, car elle est dans l'incertitude sur tout ce qui concerne les populations auxquelles il faut attribuer ces travaux. Il en est de même pour les objets divers recueillis
dans certaines cavernes anciennement habitées, ou dans
les lacs de notre frontière de l'Est. Pourtant tous ces témoins de la vie dans l'antiquité, ces objets dits de l'âge de
pierre, de l'âge de bronze, de la période lacustre, méritent
la même sollicitude et offrent le même intérêt que les objets plus récents. La loi de 1887 l'a très bien compris ; et
elle entend qu'ils puissent être, eux aussi, classés parmi
les monuments historiques.

Nous dirons, en nous servant d'une expression consacrée par la loi qui nous occupe : c'est l'intérêt de l'archéologie qui est ici en jeu. Or l'archéologie, c'est la science qui s'occupe du passé, et des souvenirs qu'il nous laisse. Il est vrai qu'elle s'occupe un peu du passé pour lui-même sans peut-être en tirer les déductions et les enseignements que l'histoire ou l'art savent y puiser : elle n'en garde pas moins l'immense mérite de recueillir et de conserver les matériaux avec lesquels d'autres pourront édifier. La pensée qui a introduit cet intérêt dans la loi était donc bonne et utile ; il est regrettable, à notre avis, que l'on n'en ait pas compris toute l'importance, et qu'on ne lui ait pas donné son entier développement. La question s'est posée au Sénat à propos des blocs erratiques, que la Chambre avait, sur la demande de M. Bischoffsheim, classés parmi les monuments à conserver. M. Bardoux, dans son rapport, s'éleva contre cette disposition, disant que ces blocs erratiques, monolithes rocheux énormes que les glaciers préhistoriques ont transportés du sommet des montagnes cà et là au milieu des plaines, sont certainement très intéressants comme phénomènes naturels, mais sont tout à fait en dehors de l'histoire ou de l'art. Au nom de la logique du droit, il demanda qu'ils fussent rayés de la liste des monuments à conserver ; et il l'obtint. L'éminent rapporteur avait ajouté qu'une loi spéciale serait désirable pour sauvegarder ces blocs, véritables monuments de l'histoire physique de notre globe, mais qu'elle était encore à faire. Sans examiner, pour le moment, si la loi, telle qu'elle a été faite, ne peut pas, par interprétation, être invoquée pour les protéger, que l'on nous permette de dire que le législateur aurait mieux fait d'élargir encore le cadre qu'il traçait, et d'entrer avec franchise dans la voie qui s'ouvrait à lui. Il y a, en effet, un grand nombre d'autres curiosités naturelles, grottes, cascades, etc, et des phénomènes géologiques, dont la conservation offre le plus grand intérêt. Les États-Unis s'en sont parfaitement rendu compte, quand ils ont par une loi particulière mis à l'abri de toutes atteintes, il y a quelques années, cette région si splendidement pittoresque des Montagnes Rocheuses à laquelle ils ont voulu donner le nom de Parc National.

Au fond, d'ailleurs, il ne faut point s'y méprendre ; dans toute cette matière, ce qui domine, c'est l'intérêt national. C'est lui qui donne aux sciences dont nous venons de parler l'utilité sociale ; et c'est lui qui justifie l'intervention du législateur. D'une part, les monuments d'un autre âge sont le plus bel ornement du sol ; de l'autre, ils symbolisent et conservent ici les grands faits et les gloires de la Patrie, là le travail et la vie intime des ancêtres. Répandus sur toute la surface de la France, ces monuments entretiennent, bon gré mal gré, chez ceux qui sont appelés à les contempler dès leur enfance, les sentiments les plus élevés. Qu'on ne dise pas, pour les déclarer inutiles, que la plupart de ceux qui les regardent, demeurent des ignorants tout disposés à les mettre en vente ou même à les détruire afin d'en extraire soit un métal précieux, soit des matériaux de construction. Voudrait-on supprimer l'enseignement des lettres, des sciences et des arts parce que la majeure partie de la population y demeure étrangère et n'en comprend pas l'importance ? De même que l'on propage l'instruction afin d'élever le niveau intellectuel d'un peuple ; de même, en vulgarisant la connaissance de l'archéologie, en assurant le maintien de l'intégrité des monuments anciens, on travaille à élever le niveau artistique et moral de ceux pour lesquels ils sont l'initiation du beau, ou l'image de nos grandeurs patriotiques.

Un illustre orateur résumait ainsi cette pensée : « Les longs souvenirs font les grands peuples ». Chaque nation doit se constituer un patrimoine de traditions et d'honneur, qui passera intact de génération en génération. C'est un fonds commun de grandes idées et de sentiments élevés, où chaque époque doit apporter sa contribution, et qui formera une réserve pour les mauvais jours. Les souvenirs du passé acquièrent une force beaucoup plus intense quand ils trouvent une forme concrète dans un objet matériel qui parle aux yeux en même temps qu'à l'intelligence. En contemplant nos grandes cathédrales gothiques, on se rend compte aisément de la suprématie de l'art français au Moyen-Age, et l'on éprouve un légitime orgueil à voir, Italiens, Espagnols et Norvégiens eux-mêmes, venir emprunter à nos architectes leurs conceptions et leurs règles. On s'arrête enfin avec émotion devant les lieux qui ont vu passer les grandes figures de notre histoire, et où leur vie se redresse devant nous tout entière ; on retrouve sur le seuil de leur demeure les sentiments qui les animaient ; et, pour montrer quelle est la puissance de ces souvenirs et l'intérêt que la nation tout entière prend à leur conservation il n'y a qu'à prononcer un nom qui fait toujours battre tous les cœurs français : Jeanne d'Arc. Si la maison de Domrémy est un monument historique, nous dirons aussi que c'est un monument national.

Le patriotisme, on le voit, commande comme l'art et l'histoire, que l'on attache le plus grand prix aux monuments du passé ; et, cependant, l'État est obligé d'intervenir même en usant de la force pour obtenir leur conservation.

Tant de motifs nous pressent de les sauvegarder, qu'il semblerait qu'on n'ait point à les défendre. Il n'en est pourtant pas ainsi ; et nombreuses sont les causes de destruction qui les menacent de toutes parts. Le temps d'abord, cet inexorable maître, fait son œuvre partout : il mine les constructions les plus solides ; et, surtout sous nos climats, avec l'aide des éléments, il a vite raison de la résistance que l'art de l'architecte lui aura vainement opposée. Sous d'autres climats, les édifices, une fois renversés par la main des hommes, voient leurs débris respectés pendant des siècles, et subsistent couronnés pour ainsi dire d'une auréole d'or par un soleil miséricordieux, mais dans nos pays d'occident, pour arrêter les ravages des intempéries, il faut une lutte incessante. Le temps vient encore modérer et éteindre l'ardeur de ceux qui aiment les monuments qu'ils ont vu construire, qu'ils ont recueillis de leurs pères, et auxquels ils voudraient assurer l'immortalité. Avec lui les générations passent ; une vie nouvelle s'organise qui n'a ni les mêmes goûts, ni les mêmes besoins que précédemment, les œuvres des aïeux ne répondent plus complètement aux aspirations des descendants ; l'amour du nouveau ne cesse de passionner les jeunes ; et le vieillard seul, Horace l'a dit, demeure « *laudator temporis acti* ». La nécessité qui avait, par exemple, contraint à bâtir ces pittoresques enceintes de nos villes bourgeoises du moyen-âge a disparu ; la sécurité sociale est venue avec les progrès des mœurs. Peu à peu on s'aperçoit de l'inutilité de l'ouvrage légué par les ancêtres ; bientôt on trouve cette inutilité onéreuse; car il faut entretenir ces bâtiments, que ce soit la porte d'entrée d'une ville ou le beffroi qui, sur l'Hôtel de Ville, devait appeler aux armes les milices bourgeoises contre l'ennemi commun. Pour remédier à cet inconvénient, peut-être, si on ne le démolit pas, essayera-t-on d'utiliser ces locaux dont la destination primitive n'a plus sa raison d'être. Mais, qu'on démolisse un monument à cause de son inutilité ou des trop grands frais que nécessite son entretien, ou qu'on le défigure par une appropriation aux besoins modernes, le résultat est le même ; c'est sa disparition à bref délai. Après avoir transformé en un magasin de réserve les salles gothiques du Parloir aux Bourgeois, le Conseil municipal découvrira, un jour, que le matériel mis en réserve, se détériore dans un local humide et voûté. Ailleurs, la prison, installée dans une tour de l'ancien rempart, paraîtra insuffisante ; on construira un édifice neuf. Que de tapisseries, chefs-d'œuvre de tissage ou de broderie, ont

été sacrifiées comme encombrantes ! Que de vitraux ont
été brisés pour rendre plus claires les églises ! Que de boiseries, finement sculptées; que d'objets mobiliers, œuvres
de patience et de goût, admirés lors de leur création, ont
été détruits comme démodés ! Et les vieux monuments, parfois si précieux au point de vue artistique, disparaissent
en emportant avec eux le dernier souvenir des libertés anciennes et de la vie sociale de la cité !

Quelquefois même ce sont précisément ces liens si intimes, unissant les monuments aux institutions, qui hâte-
ront leur destruction. Le monument, en effet, symbolise
souvent une opinion, un régime politique, une croyance.
Lorsque le jeu des événements est venu modifier la situation précédente, il se fait des réactions violentes contre les
institutions qui ont dominé antérieurement. A un moment
donné, un mouvement social, parfois justifié, d'autrefois
irréfléchi, emporte l'institution établie, et les révolutions
exercent leur contre-coup jusque sur les choses inanimées
qui semblent encore personnifier le régime ou les institutions que l'on proscrit. Pour déraisonnable que soit cette
violence, elle est dans la nature humaine ; et toutes les
foules, dans tous les temps, s'y sont plus ou moins livrées.
On ne peut trop déplorer cette tendance qui a occasionné la
destruction, à diverses époques, de tant de chefs-d'œuvre;
et on doit tout faire pour tenter d'enrayer, à l'occasion, des
mouvements aussi manifestement contraires au bien général. A quoi sert la destruction systématique de tout ce qui
peut rappeler une institution précédente ? Loin d'empêcher
le retour des abus dont on a souffert, n'est-ce pas, au contraire, se priver de documents qui seraient parfois des enseignements salutaires pour l'avenir ? Le plus triste est de
constater que l'on ne peut même pas compter, le cas échéant,
sur les gens éclairés et connaisseurs pour empêcher le mal
contre lequel nous nous élevons : le domaine de l'art est

sujet, tout comme celui de la politique, à de nombreuses révolutions.

Le beau, en lui-même, est immuable ; mais il est susceptible de revêtir les formes les plus diverses. Chaque époque se fait un idéal en rapport avec ses aspirations et ses goûts ; elle se forme, pour ainsi dire, son langage artistique que les contemporains comprennent parfaitement, mais que ceux qui ne sont point nés dans la même période n'entendent plus. Les hommes de l'époque suivante s'enveloppent, pour ainsi dire, tout entiers dans la conception nouvelle qu'ils se sont faite de l'art approprié à leurs habitudes changées et à leurs convenances ; et, tout en sentant à merveille le beau artistique, ils ne savent pas le discerner sous des formes plus ou moins incompatibles avec les principes qu'ils ont adoptés pour règles. C'est ainsi qu'au XVIIe siècle sous l'influence du style, d'ailleurs grandiose, des Perrault et des Mansard, on renversait les monuments que l'on aimait à qualifier de *gothiques* pour y substituer des imitations de l'église Saint-Pierre de Rome. De même, dans une matière moins importante, mais qui fait ressortir d'une manière très pratique les dangers de ces enthousiasmes soudains du goût pour une formule nouvelle, au commencement de ce siècle, on arrachait des murs des habitations et des palais les délicates et ravissantes boiseries du XVIIIe siècle, pour y substituer les panneaux solennels et réguliers d'une décoration qui, pour de grandes salles, était fort belle, mais ne pouvait point remplacer le travail précédent.

Il y a, toutefois, une excuse qu'il est permis de faire valoir en faveur des gens de goût qui s'abandonnent à ces tristes ravages. Quand une formule, inconnue jusqu'alors, apparaît dans le domaine de l'art par l'effet d'une pensée créatrice, elle apporte d'abord avec elle une fraîcheur native et une pureté d'expression qui font à la fois son charme et sa puissance. Mais après les premiers hommes de génie

qui ont façonné cette idée et l'ont faite leur ; en cette matière forcément, comme en toutes autres entreprises hu-
maines, il vient des continuateurs qui n'ont plus le même
souffle ; alors on voit s'introduire dans la formule des éléments hétérogènes qui en rompent l'harmonie et en prépa-
rent la décadence. Les artistes de l'âge suivant assistent
donc aux derniers efforts d'une école dégénérée dont le
manque de goût détruit ce qui faisait l'essence de sa grandeur. Ils ne voient plus que le mauvais côté de l'art précédent qui, en s'accusant avec le temps, vient choquer leur
vif sentiment du beau, et l'idée nouvelle que leur talent
va s'en former. Il ne faut donc pas trop s'étonner s'ils dé-
passent la mesure, et si, pour réagir contre les derniers
abus de l'époque précédente, ils finissent parfois par pros-
crire tout ce qui en vient.

Ce ne sont donc pas les causes de destruction qui man-
quent pour faire disparaître les monuments du passé. Et
cette tendance, que l'on a pu à juste titre qualifier de
« vandalisme », du nom des Barbares qui ont fait de l'Afrique Romaine un désert et qui ont couvert de tant de ruines
le littoral européen de la Méditerranée, revêt les formes
d'exécution les plus variées. On peut toutefois classer
et distinguer trois espèces de vandalismes, qui diffèrent
entre eux par les mobiles auxquels ils obéissent, et par les
moyens que l'on peut prendre pour empêcher la suite des
dévastations : on a appelé les deux premiers vandalisme
destructeur et restaurateur ; nous y ajouterons une troisième espèce, le vandalisme spoliateur.

Le vandalisme « destructeur » est celui qui de tous est
le plus condamnable ; il détruit pour détruire. Parfois, il
est vrai, il trouve dans une raison d'utilité un semblant
d'excuse ; mais c'est le plus souvent une œuvre d'iconoclastes. Nous avons déjà parlé des conséquences déplorables des révolutions politiques ; mais il faut constater que
ce ne sont pas ces périodes violentes qui doivent endosser

pourtant toute la responsabilité : de 1810 à 1830 les démolisseurs ignorants et cupides, que l'on a appelés la « Bande Noire », ont accumulé bien des ruines ; et les Administrations publiques, qui ont laissé commettre sur leurs domaines tant de profanations, sont très coupables. Il ne faut pas s'y laisser tromper, ce sont, en effet, des municipalités qui ont détruit les remparts de Carpentras, la cathédrale de Cambrai, les arènes de Bordeaux, le réfectoire des Augustins de Toulouse, etc.; ce sont des ministres qui ont été cause de la dévastation du Palais des Papes à Avignon ; et c'est un service public qui, à Lyon, a laissé démolir la ravissante église de l'Observance, vers l'emplacement de l'École vétérinaire.

Contre ce vandalisme la loi a le droit d'intervenir ; elle peut frapper ceux qui, de parti-pris, détériorent les objets ou monuments précieux ; elle peut agir contre eux comme contre des malfaiteurs qui se rendent coupables d'un manquement envers la chose publique ; elle a inséré au Code pénal l'article 257, en vertu duquel « quiconque aura détruit, abattu, mutilé ou dégradé des monuments, statues et autres objets, destinés à l'utilité ou à la décoration publique et élevés par l'autorité publique ou avec son autorisation, sera puni d'un emprisonnement d'un mois à deux ans et d'une amende de cent francs à cinq cents francs ». De même elle doit pouvoir empêcher la dilapidation de ce qui forme un patrimoine moral pour le pays. Toutefois, remarquons-le, lorsqu'un monument appartient à un particulier, ou à un établissement public, et que celui qui le menace en est le propriétaire lui-même, la situation n'est plus la même et la difficulté est tout autre. S'il est incontestable que l'État a le droit de prendre à l'égard des monuments qui lui appartiennent telles mesures qu'il jugera opportun, il y a des limites quand il s'agit de propriété privée qu'il n'est point permis de franchir ; et le droit privatif du propriétaire vient borner celui du Gouvernement.

Nous verrons que la loi de 1887 s'efforce de concilier les deux intérêts opposés en maintenant intacts les principes traditionnels.

Contre le second vandalisme, le vandalisme restaurateur, la lutte est encore plus ardue. Le propriétaire, animé du désir de bien faire, au lieu d'aider à la conservation du monument, contribue trop souvent à sa disparition. Il est difficile de se figurer et de prévoir les mutilations qui seront imposées à un objet sous prétexte de le restaurer. Tantôt ce propriétaire veut utiliser des bâtiments qui ont perdu leur destination primitive ; ce sont alors des travaux d'appropriation qui défigurent l'édifice quand ils n'en altèrent pas irrévocablement la solidité. Tantôt il veut simplement remédier aux atteintes du temps et faire les améliorations rendues nécessaires ; mais, par ignorance, par faute de goût, il commet des dommages irréparables. On ne peut pas le condamner d'une manière trop rigoureuse ; son intention est bonne ; il lui manque seulement de se rendre un compte exact des nécessités de la situation. Combien, cependant, il y a de propriétaires fautifs de cette manière ! A chaque instant les inspecteurs généraux des monuments signalent au Ministre, et celui-ci signale à son tour aux préfets, les désolants effets du badigeonnage et du grattage qui ont pour but de donner aux vieux édifices un vêtement moderne : faut-il rappeler les restaurations malencontreuses des églises de Nesles (Seine-et-Oise), d'Aigueperse (Puy-de-Dôme), les mutilations qui ont suivi la transformation en caserne du château des Papes d'Avignon et de l'église Ste-Marie-des-Dames à Saintes ? Le remède, suivant nous, est dans l'éducation archéologique des propriétaires et des gardiens de ces monuments ; il faut enseigner la valeur de tant de trésors à ceux qui les détiennent ; il faut leur apprendre à aimer et à respecter ces objets tels qu'ils sont. L'action de la loi ne vient-elle pas en effet se heurter contre ce droit inviolable de la propriété, qui s'élève pour protester contre tout empiètement? Toutefois la loi peut avoir une certaine influence contre le vandalisme restaurateur quels qu'en soient les auteurs ; et, à l'exemple de diverses législations étrangères, notre loi française de 1887 a fait de généreux efforts pour atteindre ce but.

Le vandalisme spoliateur est en définitive le seul danger contre lequel la loi française n'a pas cru devoir protester et auquel elle n'a pas essayé de porter remède. Le danger consiste dans l'enlèvement de nos œuvres d'art dont les étrangers dépouillent notre pays pour orner leurs villes et leurs musées. Et cette exportation est possible même pour des monuments qui sembleraient, à raison de leur nature, devoir y échapper. Lord Elgin n'a-t-il pas dérobé pierre par pierre pour l'Angleterre les frises si célèbres du Parthénon d'Athènes? Plusieurs pays s'en sont déjà préoccupés ; la France n'en a pas encore pris souci. Peut-être, dans notre patriotisme aveugle, regardons-nous notre vieux sol français comme assez fécond pour qu'il n'y ait pas à craindre d'en épuiser les richesses? Le péril certainement n'est pas imminent, et, Dieu merci, il ne sera probablement jamais à conjurer ! Néanmoins nous tenons à constater que certaines législations en Grèce, en Égypte, en Italie interdisent ou soumettent à des clauses fort restrictives l'exportation des objets d'art. Qui affirmerait d'ailleurs que les mesures de défense, que les pays d'Orient sont obligés de prendre contre les nations occidentales, ne trouveront pas un jour leur contre-partie dans les dispositions qu'il faudra adopter à l'égard de nos jeunes voisins d'Occident, les Américains? L'Amérique s'est éprise d'abord du côté matériel de la civilisation, et elle y a fait en peu de temps des progrès si rapides que d'un bond elle nous a dépassés : elle s'éveille maintenant à la vie intellectuelle, elle sent la nécessité des raffinements du goût et de l'esprit ; et elle vient chercher chez nous, en échange de ses richesses, des satisfactions pour le présent et des modèles pour le futur. Cette tâche d'initiateur n'a rien qui doive déplaire à notre pays qui n'en est pas dans cette voie à ses premiers essais; nous le reconnaissons, et nous ne croyons pas qu'il y ait d'obstacles à élever pour gêner la libre circulation des biens et le droit des propriétaires. Pour le moment, nous nous bornerons à signaler le danger ; et nous conclurons seulement à la nécessité de veiller avec plus de soin encore à la conservation de l'ensemble des traditions qui forment le trésor artistique de notre pays et peuvent rapporter à la France et. gloire et profit.

CHAPITRE II

MESURES DE CONSERVATION AVANT 1887

Avant d'étudier les diverses dispositions, par lesquelles
le législateur a cru devoir protéger les monuments historiques, nous avons pensé nécessaire de nous arrêter quelques instants sur l'utilité de ces mesures et la haute importance des mobiles auxquels on obéissait ; il n'était pas
superflu de justifier, au début de ce travail, l'intérêt très
réel qui s'attache à cette portion, à première vue un peu
secondaire, du domaine juridique de la propriété. Maintenant, avant d'entrer dans l'examen de la loi nouvelle qui
a résumé les divers aspects de la question, nous voulons
parcourir rapidement les diverses étapes par lesquelles a
passé cette législation avant d'arriver au point où on la
voit aujourd'hui.

En dehors du Droit romain, on cherche vainement dans
l'antiquité, sauf toutefois pour les temples et les tombeaux
que leur caractère sacré a jusqu'à un certain point protégés, l'indice de la préoccupation de la conservation des

monuments. Aussi aucune des civilisations, qui se sont épanouies en Égypte, en Assyrie, en Grèce, ne se révèle à nous dans son complet ensemble ; même pour les temps plus modernes, nous voyons avec quelles peines et quelle lenteur ont été réunis les documents qui donnent une idée des renaissances littéraires et artistiques du IXe ou du XIIIe siècle en Europe. Partout et à toutes les époques, le vandalisme dévastateur a eu des prosélytes. Les vandales ont passé en multipliant les ruines ; leur œuvre a été maudite, mais aucune main charitable n'a cherché à protéger ce qui était mutilé ; aucune mesure conservatoire n'a été prise pour sauvegarder ce qui restait intact. Il semble que la génération, à laquelle la fortune devenue plus propice souriait, voulait oublier complètement la génération qui avait souffert ; et qu'elle s'efforçait de renouveler le monde présent.

En France, ce n'est guère que le XIXe siècle qui a vu surgir la question de la conservation des monuments historiques. Les produits de la Renaissance française, qui a brillé d'un si vif éclat pendant les XIVe et XVe siècles, et qui a eu un caractère d'originalité si remarquable, avaient, en grande partie, échappé aux dévastations, heureusement partielles et locales, des guerres de religion ; mais les monuments avaient ensuite souffert, du XVIe au XIXe siècle, du vandalisme restaurateur. Une école nouvelle, en effet, née de la Renaissance italienne du XVIe siècle, avait répudié les anciens principes artistiques ; et, créant pour l'architecture des formules mieux appropriées aux progrès des mœurs et aux raffinements de la civilisation, elle avait amené une révolution complète dans toutes les branches de l'art. Elle avait trouvé des expressions incontestablement très heureuses ; et n'avait, cela était inévitable, que du dédain pour les choses du passé. Toutefois les anciens monuments, malgré leur archaïsme qui paraissait ridicule, étaient respectés ;

ils souffraient de mutilations regrettables, mais ils étaient
protégés néanmoins par les traditions qui s'attachaient à
eux. Pendant les derniers siècles de la Monarchie, les richesses artistiques de la France s'étaient donc accrues,
grâce aux productions si nombreuses et si remarquables
de l'art nouveau s'ajoutant aux legs du passé.

Lorsque la Révolution ramena le vandalisme destructeur, et, par haine pour les institutions précédentes, voulut
faire disparaître tout ce qui pouvait rappeler l'ancien régime, une protestation de l'opinion publique se fit sentir.
Pour la première fois on s'inquiéta des pertes incalculables qui étaient la conséquence de la destruction des objets
d'art que le travail industriel avait mis au jour pendant
cinq siècles. Le Gouvernement fit paraître les décrets du
15 novembre 1790, des 16 septembre et 15 novembre 1792.
Mais ce premier essai d'intervention législative pour assurer la conservation des monuments historiques serait resté
lettre morte sans la généreuse initiative d'un particulier,
Alexandre Lenoir, dont tous ceux qui s'intéressent à l'archéologie doivent prononcer le nom avec reconnaissance.
Peintre distingué, sans position officielle, mais passionné
pour les arts, M. Lenoir a fait les plus incroyables efforts
pour sauver de la ruine les épaves précieuses du passé,
sans préoccupation de style. Il les recueillait au couvent
des Petits-Augustins à Paris, où il forma une riche collection qu'il appela le Musée des Monuments français. Grâce
à lui, plus de cinq cents statues, sarcophages, etc., ont été
sauvés : citons entr'autres les tombeaux de Louis XII et de
François Ier actuellement à St-Denis. Il n'eut qu'à se louer
d'ailleurs de l'attitude du Gouvernement à son égard ; et,
un peu plus tard, dans un rapport inséré au *Moniteur de
l'Empire*, le 1er novembre 1809, il remerciait aussi l'Empereur des encouragements qui lui avaient été donnés.

Napoléon, qui avait souci de tout ce qui contribue à la
gloire et à la grandeur d'un pays, n'avait garde d'oublier

les monuments historiques. Malgré les préoccupations de toute nature qui absorbèrent son règne, non seulement il soutint Alexandre Lenoir, mais encore à diverses reprises intervint directement pour obtenir la conservation des monuments. Citons, en premier lieu, l'article 257 du Code pénal, rédigé en 1809 ; il frappe, comme nous l'avons déjà vu, de peines correctionnelles ceux qui dégradent les monuments destinés à la décoration ou à l'utilité publique : cette disposition, très large, est toujours en vigueur, et permet d'atteindre ceux qui se livrent à des actes de vandalisme sans raison, comme les individus qui brisent les bancs des promenades. Ensuite parut une circulaire, datée à Paris du 10 mai 1810 et signée par le comte de Montalivet, Ministre de l'Intérieur ; elle est très curieuse, surtout comme contenant le cadre de l'organisation qui devait être formée plus tard. Sous la rubrique générale « Anciens Monuments », M. de Montalivet disait : « J'ai besoin de renseignements exacts sur les monuments français et principalement sur les anciens châteaux....... Les questions suivantes vous feront connaître les objets sur lesquels vos recherches doivent porter particulièrement. Quels sont les châteaux intéressants soit par des faits historiques, soit par la forme de leur architecture ? Quelles sont les anciennes abbayes qui existent encore ? Que sont devenus les tombeaux qu'elles contenaient ? Est-il quelque personne avec qui l'on puisse correspondre sur ces différents objets ?..... Il faudrait, ajoute-t-il, que les réponses à chacune de ces questions fussent assez détaillées pour qu'on ait une idée de l'intérêt que chacun de ces lieux peut présenter par son origine, par son importance dans l'histoire ou par l'époque de l'art qu'il retrace ».

Survient la Restauration. Un de ses premiers actes est de restituer aux églises et aux châteaux, d'où ils avaient été enlevés, les précieux documents recueillis par Alexandre Lenoir dans le Musée des Petits-Augustins ; le respect

dû au droit de propriété commandait une mesure que
l'intérêt de l'art pourrait rendre discutable. Il en est, au
moins, résulté que nous trouvons encore de nombreux
édifices religieux ornés de leurs superbes monuments funéraires.

Le nouveau Gouvernement, d'ailleurs, témoignait peu
d'empressement à entrer dans la voie que la circulaire de
1810 semblait indiquer. Les réponses, demandées aux préfets par la circulaire de 1810, étaient parvenues au ministère de l'Intérieur, et l'on avait pu former un volumineux
dossier des renseignements qu'elles contenaient : c'est ce
que nous apprend le procès-verbal de la séance du 20 novembre 1818 de l'Académie des Inscriptions. Un des membres de cette Académie, M. de Laborde, à l'influence
duquel était due la circulaire de 1810, déposait sur la
question, de concert avec MM. Walckenaer et Petit-Radel,
un important rapport concluant à la grande utilité de
l'œuvre de classement que l'on avait commencée, et à la
nécessité de la continuer. En suite de ce rapport, une instruction archéologique fut rédigée par l'Académie des Inscriptions et Belles-Lettres, dont M. Dacier était alors secrétaire perpétuel ; et cette instruction fut envoyée aux
préfets par le comte Decazes, Ministre de l'Intérieur, avec
une circulaire datée du 8 avril 1819. Il faut rappeler encore à l'actif de la Restauration, malheureusement devenue,
devant l'histoire, coupable de beaucoup de méfaits en cette
matière une autre circulaire ministérielle de 1821 ; elle
donnait comme exemple un travail très étudié qu'un sous-
préfet de Thionville, M. Teissier, avait fait pour les monuments du département de la Moselle. Mais, à peine ce mouvement aurait-il pu porter quelques fruits, qu'il fut
brusquement interrompu par un autre ministre qui écrivait à ses subordonnés, le 3 avril 1824 : « Je vous invite,
jusqu'à nouvel ordre, à faire cesser toute correspondance
relative à la recherche des antiquités ». Aussi le gouver-

nement de cette époque, ne s'occupant guère des monuments que pour assurer le droit de propriété, laissa-t-il s'accomplir les destructions les plus regrettables.

Heureusement, en dehors du Gouvernement, dans les classes éclairées de la nation, un revirement se faisait sentir. C'était un mouvement qui ramenait les esprits vers le passé non seulement en France, mais encore à l'étranger : en Belgique, en Bavière, on prenait des dispositions officielles en faveur des monuments historiques ; les rois protestants de la Prusse entreprenaient l'achèvement de la cathédrale de Cologne. La nouvelle école historique, dont Augustin Thierry était le chef illustre, avait appris « à lire l'histoire sur ces livres de pierre, où, pour employer la pittoresque expression d'un contemporain, sont écrits tous les traits saillants de notre caractère national et toutes les influences étrangères que nous avons subies ». On y cherchait ce qu'Augustin Thierry appelle « l'âme de l'histoire ». La nouvelle école littéraire, de son côté, avec la fraîche et puissante imagination qui a été une des caractéristiques du romantisme, ressentait vivement toutes les beautés de notre art national, et travaillait à en répandre dans la masse du public la connaissance et le goût. Victor Hugo écrivait une ode sur les méfaits de la Bande Noire ; et intitulait un vigoureux article dans la *Revue des Deux-Mondes* du 1ᵉʳ mars 1832 « Guerre aux démolisseurs ». M. de Montalembert faisait paraître, en même temps, sa série d'études sur le Vandalisme dans les travaux d'art. Une pléiade d'architectes illustres donnaient à ce mouvement sa forme technique ; parmi eux, nous citerons Lassus, le restaurateur de la Ste-Chapelle, H. Durand, celui de St-Remy de Reims et enfin, surtout, Viollet-le-Duc dont l'influence devait s'étendre sur la France entière, de Carcassonne à Pierrefonds.

Après la révolution de 1830, le Gouvernement lui-même cédait à l'impulsion donnée, et se décidait à suivre l'exemple des gouvernements étrangers. Au début du règne de Louis-Philippe, on voit, en effet, les divers départements ministériels s'émouvoir, en même temps, des nécessités de ces nouveaux services. Au budget de l'année 1831 un crédit de 80.000 francs fut inscrit pour subvenir aux dépenses imposées par la conservation des monuments historiques ; le Ministre de l'Intérieur fut chargé de la distribution de ces fonds. Dans la même année, 1830, M. Guizot créa l'inspection générale des monuments historiques, relevant du ministère des Travaux publics et du Commerce; elle fut confiée à M. Vitet. Cette institution ne fut pas soutenue par les allocations pécuniaires indispensables pour en tirer le profit qu'on pouvait en espérer. Dès l'année suivante pourtant, M. Vitet, premier inspecteur général, faisait imprimer à l'Imprimerie royale un premier rapport sur les monuments de l'Oise, de l'Aisne, etc. Il inaugurait des séries de voyages, sur les divers points de la France, qui avaient au moins pour résultat d'indiquer les abus et d'éveiller en province l'intérêt pour les monuments anciens. Lorsqu'il eut été nommé inspecteur honoraire, M. Mérimée lui succéda (1833) et continua à remplir le même rôle avec succès. Plus tard on augmenta le nombre des inspecteurs ; au dernier budget, il y en avait trois en faveur desquels on prélevait, sur le crédit des Monuments historiques, 20.000 francs pour le traitement fixe, et 3.000 francs de frais de déplacement.

Le 16 novembre 1832, une circulaire du Ministre des travaux publics signale pour la première fois à l'attention des pouvoirs l'importance qu'ils devaient attacher à cette grave question, et le soin qu'ils devaient apporter à préserver de toute altération, bien ou mal intentionnée, les édifices qui leur étaient confiés.

Il s'agissait, dans cette circulaire, des édifices consacrés au culte et qui se trouvaient dans les attributions du Ministre des travaux publics. De son côté le Ministre de l'Intérieur, par une circulaire datée du 31 octobre 1831, rappelait aux préfets comment il fallait procéder pour obtenir une subvention en faveur d'un monument, et insistait sur la défense de laisser, sans une autorisation spéciale du ministère, exécuter une réparation quelconque dans les édifices classés parmi les monuments historiques. Mais telle était la grandeur des résultats à obtenir qu'il fallait trouver des ressorts plus puissants et une organisation plus complète : ce fut l'œuvre de M. Guizot.

M. Guizot, inspiré par son zèle pour les études historiques, avait conçu le dessein de recueillir et de publier tous les manuscrits, ouvrages, pièces, ensevelis dans les dépôts d'archives et présentant un intérêt au point de vue de notre histoire nationale. C'est le point initial d'où est sortie la magnifique collection des documents inédits sur l'histoire de France. Au fond, on ne faisait que reprendre une œuvre gigantesque et fort remarquable qui avait déjà été tentée au siècle dernier. M. Xavier Charmes, dans l'introduction de son bel ouvrage, publié à l'Imprimerie nationale en 1886, sur le Comité des Travaux historiques et scientifiques, a raconté de la manière la plus attachante les efforts persévérants de Jacob-Nicolas Moreau, conseiller à la Cour des comptes d'Aix-en-Provence, et le véritable fondateur de nos Archives nationales. Moreau, esprit très cultivé, très actif, attaché au Contrôle général des Finances, tout en composant de nombreux ouvrages de Droit naturel et d'Économie sociale, empreints surtout d'un grand bon sens et d'idées honnêtes et saines, comprit tous les avantages qu'aurait l'existence d'un vaste dépôt où l'on centraliserait tous les renseignements dispersés dans les archives des abbayes et les chartriers des particuliers. Fort de l'appui du Gouvernement, dont il se montra toujours le partisan convaincu, il entreprit de réunir à Paris les copies de tous les documents curieux au point de vue historique. Avec le titre d'avocat des Finances, il

commença à former une bibliothèque, bientôt réunie à la
bibliothèque du roi, puis enfin installée en un local spécial
place Vendôme. (Les Archives nationales, qui sont sorties de là, sont maintenant à l'Hôtel de Soubise, au Marais,
où elles continuent à rendre les plus grands services, tout
en restant séparées de la Bibliothèque nationale.) Moreau trouva surtout dans l'Ordre des Bénédictins un
cadre de travailleurs tout préparés pour l'œuvre immense
de récapitulation auquel il donna un véritable commencement d'exécution. Mais la Révolution était venue tout
interrompre.

M. Guizot, quand il voulut reprendre l'œuvre commencée, se trouva en présence de circonstances différentes ;
cet état-major des ordres religieux, qui pouvait lui être
d'un si grand recours, avait été dispersé ; il fallait aviser à
trouver de nouvelles troupes. Comme il le dit, dans son
très important rapport au roi du 31 décembre 1833, il lui
fallait tout d'abord de nombreux et dévoués auxiliaires ; .
et, pour cela, il n'avait plus d'autres ressources que de s'a-
dresser aux bonnes volontés individuelles ; seulement il
pouvait leur donner une puissance nouvelle en les groupant
dans des sociétés savantes dont les liens donneraient un
corps à toutes ces forces disséminées. En même temps,
allant plus loin que Moreau et voyant plus haut que lui
dans le domaine de l'histoire, il indiquait nettement que,
dans le travail à faire, on ne devrait pas se borner aux
documents écrits, mais comprendre aussi tous ces autres
documents, monuments, édifices, objets mobiliers, dont
le langage muet est souvent si éloquent pour nous révéler
les mystères de l'histoire.

Sa pensée fut réalisée par l'arrêté royal qu'il contresi-
gna à la date du 18 juillet 1834, et qui constitua un « Comité chargé de diriger les recherches et la publication de
documents inédits concernant l'histoire de France ». Ce
comité était composé de onze membres dont M. Villemain

était le vice-président, et parmi lesquels on comptait
MM. Guérard, Vitet, Mignet, Champollion-Figeac. Mais le
but du comité, d'après son titre même, était un peu restreint. Aussi ce premier comité fut-il complété, le 10 janvier 1835, par un second comité qui, aux termes de l'arrêté,
également signé par M. Guizot, Ministre de l'Instruction
publique, était chargé de concourir à la recherche et à la
publication des monuments inédits de la littérature, de la
philosophie, de la science et des arts (nous attirons l'attention sur ce dernier point) considérés dans leurs rapports
avec l'histoire générale de la France. Nous ne résistons
pas au désir de citer cette phrase remarquable de M. Guizot:
« Il faut aussi s'occuper des arts ; l'histoire des arts n'est
pas dans les livres ; elle est écrite dans les monuments eux-
mêmes ; tous les monuments qui ont existé ou existent
encore sur le sol de la France seront l'objet d'une étude
particulière ». Les huit membres, qui formaient ce second
comité, étaient présidés en l'absence du ministre par Victor
Cousin, et comprenaient entr'autres Vitet, Mérimée, Ch.
Lenormant et Victor Hugo. Le 15 mai suivant, Guizot traçait à la cohorte de savants, qu'il avait eu l'art de grouper
dans toutes les parties de la France sous le nom de « Correspondants du Ministère de l'Instruction publique », le
plan, aussi vaste que plein d'intérêt, des travaux dont le
champ leur était ouvert, et que l'on pouvait résumer dès
lors dans « l'établissement d'un inventaire général des
monuments d'art et d'architecture du pays ». Aussi, dès
la même année, dans son rapport au roi du 2 décembre
1835, pouvait-il s'arrêter avec complaisance sur les résultats obtenus et étaler le compte-rendu officiel des travaux
déjà faits.

Mais ce que Guizot constatait sans en approfondir les
causes, et qui pourtant rayonnait de toutes parts, c'était
l'influence bienfaisante et féconde que les nouvelles créa-
tions, si conformes à l'esprit de l'opinion publique, avaient

exercée autour d'elles. Dans toutes les villes un peu importantes, les savants et les amateurs des beaux-arts se grou-
paient en sociétés, appelées à fonctionner sur leurs domaines respectifs comme le comité dans toute la France. A
l'exemple de la société qui avait été créée en Allemagne
pour l'entretien et la restauration du château des évêques
de Bamberg, M. de Caumont, qui a tant de droits à la reconnaissance de tous les admirateurs de l'art français,
fonda une société française d'archéologie pour la conservation et la description des monuments historiques. L'action
énergique et la puissante vitalité de cette institution privée a devancé et surpassé parfois l'action gouvernementale.

M. de Caumont avait déjà fondé la Société des Antiquaires de Normandie quand il posa les premiers jalons de sa
société nouvelle dans le but d'unir tous ceux qui s'occupaient d'archéologie, et d'exciter dans les départements
l'esprit d'initiative. D'après ses statuts, arrêtés dans une
première réunion tenue à Caen, la Société d'archéologie se
proposait de faire le dénombrement et le classement des
monuments, et d'user de tous les moyens pour empêcher
les dégâts dont ils sont menacés. Elle a comme moyen
d'action une publication périodique, dite le *Bulletin Monumental* qui n'a jamais cessé de paraître depuis lors ; cette
publication est dirigée par son conseil central d'adminis-
trat, qui correspond avec des inspecteurs régionaux. Enfin
elle fait une propagande active en faveur des études archéologiques par les congrès, qui se tiennent annuellement
tantôt dans une ville, tantôt dans une autre.

Le succès de M. de Caumont fut considérable, et le développement de la Société d'archéologie fort rapide. Aucune
hostilité ne s'éleva au début de la part du gouvernement :
il avait besoin de tous pour mener à bonne fin une œuvre
aussi importante que la recherche et la description de tous
les monuments historiques français. Mais lorsque M. de
Caumont, poursuivant le projet d'enlever à Paris le mono-

pole scientifique, fonda, en 1839, à la suite du septième congrès qui avait été tenu au Mans, « l'Institut des Provinces », appelé à grouper en un seul faisceau indépendant des grandes institutions scientifiques de Paris toutes les sociétés savantes des départements, le Gouvernement fit une vive opposition à cette tendance. La Société d'archéologie signale dans le *Bulletin Monumental* l'antagonisme de M. de Salvandy, et parle même (année 1848, p. 655) « des persécutions » de ce ministre. Le silence de M. de Salvandy lui-même, dans le grand rapport de 1847 sur les travaux des sociétés privées agissant en dehors du gouvernement, est caractéristique.

Après la révolution de 1848, les relations entre le Gouvernement et la Société française d'archéologie deviennent meilleures. C'est à cette époque que M. de Caumont eut l'idée de convoquer à Paris, au nom de l'Institut des provinces, une réunion annuelle de délégués qu'enverraient les sociétés savantes des départements. Ce congrès s'ouvrit pour la première fois au palais du Luxembourg, le 10 mars 1850. C'est un des points de départ de la tradition en vertu de laquelle le Gouvernement convie, chaque année à la Sorbonne, les sociétés savantes des départements. Il faut reconnaître toutefois que l'Institut des provinces était une manifestation maladroite et peu justifiée contre l'Institut de France. Il subsista tant que M. de Caumont put l'animer par son énergie et son activité si merveilleuse ; mais, après la mort de ce lutteur infatigable, arrivée en 1873, cette institution disparut. Un essai de reconstitution, tenté en 1876 à Toulouse fut le dernier effort de l'Institut des provinces ; il avait tenu sa première session à Lyon en 1841, pendant la réunion du congrès scientifique qui ouvrit sa neuvième session à Lyon, le 1er septembre 1841.

Au contraire, la Société d'archéologie, bien qu'autour d'elles de nombreuses sociétés savantes aient été fondées dans les départements, a survécu ; elle a actuellement plus de cinquante ans d'existence, et elle peut se glorifier d'avoir fait beaucoup pour la propagation des études archéologiques dans la France entière et d'avoir puissamment secondé le mouvement qui tendait à assurer la conservation des monuments avant de provoquer les mesures légales et efficaces de leur protection.

L'ébranlement avait été général et avait gagné toutes les classes de la société ; le clergé de l'Église de France, en particulier, n'avait pas été le dernier à répondre à cette impulsion. C'est justice, après avoir mentionné les mesures prises par le gouvernement et les efforts des savants, de rappeler ce que les évêques ont fait pour les monuments historiques. On a souvent porté contre l'Église l'accusation de n'avoir pas pour les productions artistiques du passé les égards qu'ils méritent ; et on a parlé des entreprises maladroites ou des réparations malencontreuses qui ont trop souvent compromis les monuments confiés à sa garde ; mais ces reproches ne sont point fondés. Si, à certaines époques, comme au **XVII**ᵉ siècle, les ecclésiastiques ont partagé les erreurs de goût de leurs contemporains, il n'en est pas moins vrai qu'en France le clergé paroissial a agi, à l'égard des monuments religieux du passé, comme les moines du moyen-âge l'avaient fait à l'égard des monuments littéraires de l'antiquité ; c'est à lui qu'on est redevable, en majeure partie, de leur conservation. En 1841, lors du congrès que nous citions plus haut, Son Éminence le cardinal de Bonald, archevêque de Lyon, voulut présider plusieurs séances, et conduire lui-même les membres de la Société dans la visite archéologique qu'ils firent de l'église **Primatiale** de St-Jean (*Bull. Mon.*, 1841, p. 576) en leur exposant ses projets pour y effacer les erreurs des restaurations précédemment faites et pour en compléter la décoration. C'était lui, d'ailleurs, qui, étant alors évêque du Puy, adressait en 1839, dans une circulaire, ces belles paroles aux prêtres de son diocèse : « Que le mouvement qui entraîne tous les esprits vers l'archéologie soit religieux ou scientifique, nous ne croyons pas que le clergé doive y rester étranger. Nous ne pouvons entièrement abandonner à d'autres la garde et le soin des monuments que le clergé a élevés, puisqu'en général ce sont à des évêques ou à des moines que sont dues ces merveilleuses cathédrales, ces cloîtres si élégants qui couvrent notre France, mais qui ne la couvrent plus, hélas, nous serions tentés de le dire, que de leurs imposantes ruines..... Nous devons être jaloux de sauver de la destruction nos antiques sanctuaires afin qu'ils transmettent aux siècles à venir ce que peut le génie inspiré par la religion (*Bull. Mon.*, 1839) ». Monseigneur de Bonald ajoutait que trop souvent, dans les restaurations malheureuses qui se faisaient, les curés, loin d'être responsables, voyaient leurs conseils et leurs avis repoussés. Il attirait aussi l'attention sur les objets mobiliers que contiennent parfois les églises, signalant le double intérêt qu'ils peuvent présenter au point de vue de la religion et de la science par les renseignements qu'ils fournissent.

C'est dans cet esprit que, par une innovation très heureuse et qu'il aurait été bon de maintenir et de propager, des cours d'archéologie furent organisés dans les séminaires de Beauvais, de Tours, du Mans, d'Auch et d'Amiens. Dans ses deux diocèses du Puy et de Lyon, Mgr de Bonald avait créé des commissions archéologiques. Ailleurs les évêques fondaient des musées diocésains ; et cette idée a été reprise dans ces dernières années par les évêques du royaume de Hollande. Deux musées, destinés à recueillir les antiquités intéressant l'art et l'histoire ecclésiastique, ont été ouverts à Utrecht et à Haarlem ; et ils ont rapidement pris un développement dépassant toutes prévisions ; le comité du dépôt de Haarlem a publié cette année même une très remarquable relation de la situation actuelle du dépôt confié à ses soins. Plus près de nous, en Tunisie, tout le monde connaît les efforts infatigables du Cardinal Lavigerie et du P. Delattre.

Nous trouvons toutes les traditions de l'Église de France sur cette grande question des monuments d'art admirablement résumées dans la lettre pastorale qu'adressait le 10 octobre 1875, au clergé de son diocèse, Mgr Turinaz, évêque de Tarentaise, depuis transféré au siège de Nancy. On nous permettra de reproduire quelques lignes de ce beau travail : « L'étude des sciences et des arts, et surtout l'étude de l'architecture qu'un poète a appelé le roi des Arts, rentre plus spécialement par sa nature et son but dans le cercle des préoccupations et des devoirs du clergé..... C'est la religion qui a créé ces chefs-d'œuvre de l'art chrétien ; c'est elle qui doit nous en faire connaître la beauté, le symbolisme incomparable... Privée du concours du sacerdoce, l'archéologie chrétienne ne peut réaliser tous ses progrès ;.. il faut ajouter à ces grands travaux l'étude du symbolisme chrétien, de la vie spirituelle mystérieuse qui circule sous ces arceaux, dans ces colonnes et dans ces pierres elles-mêmes. Et qui donc pourrait pénétrer dans ces profondeurs que j'appellerai surnaturelles, sinon le clergé préparé à ces révélations par l'étude de la théologie et de la philosophie.... ». Mgr Turinaz terminait ces observations par un dispositif qui pourrait servir de modèle à tous les diocèses. Après avoir rappelé que les dispositions canoniques et particulièrement la constitution *Ambitiosæ* de Paul II et le Concile de Trente (*Sess.* 22 *de reform. cap.* XI), de même que les circulaires ministérielles de l'autorité civile des 20 et 29 décembre 1834 et 27 avril 1839 défendent aux curés et aux fabriques d'aliéner les biens des églises dont ils ne sont pas les propriétaires mais les administrateurs, il prescrit qu'aucune réparation, aucune aliénation, aucun échange ne pourront avoir lieu sans son autorisation écrite ; de plus, il fonde un musée diocésain auquel sera réservé, par une disposition spéciale et bien digne d'éloges, car elle répond aux nécessités pratiques révélées par les faits, tout objet inutile, hors d'usage, mutilé; enfin, il demande un inventaire général de tous les objets d'art contenus dans son diocèse; et, donnant lui-même l'exemple, il énumère et déclare inaliénables les objets du trésor de sa cathédrale de Moutiers (Savoie). Nous verrons que cette mesure n'a été qu'une anticipation de la loi nouvelle.

Ainsi tous, savants, archéologues, évêques, ont contribué à assurer la conservation de nos monuments historiques. Leur concours devient d'autant plus effectif et utile que le goût des objets d'art est plus répandu et que l'éducation artistique fait plus de progrès. Mais cette œuvre de l'entretien et de la préservation des monuments n'est réalisable qu'à la condition que celui qui commande la réparation ait pleine autorité de le faire; et qu'il ait les ressources suffisantes pour l'exécution des travaux, De là résulte la nécessité de l'intervention de l'État, et de la centralisation des moyens d'action entre les mains du Gouvernement. Nous devons indiquer comment s'est constituée et développée l'organisation administrative qui a pour but de conserver et de protéger les monuments historiques.

Après quelques tâtonnements inévitables dont on trouve la preuve dans les circulaires qui partent des différents ministères pour la surveillance des monuments placés dans leurs attributions (Circ. du Minist. de l'Intérieur, 31 octobre 1831. — Circ. du Ministre du Commerce et des Travaux publics, 16 novembre 1832. — Circ. du Ministre des Cultes, 20 mai et 20 décembre 1834), les grands projets de M. Guizot, auxquels nous avons déjà fait allusion, donnent naissance à deux courants, l'un plus pratique, l'autre plus scientifique. Le premier courant dérive du ministère de l'Intérieur. Il naît de ce que la Chambre des députés inscrit au budget de 1831, comme nous l'avons vu plus haut une

allocation destinée à la réparation et l'entretien des monuments historiques.

Cette allocation particulière, distincte de celle qui est
destinée aux édifices religieux dépendant du Ministre des
Cultes, est mise à la disposition du Ministre de l'Intérieur.
D'abord très modeste, se montant à 80.000 francs en 1831,
elle fut portée à 200.000 francs en 1837 ; et il était évident
que, sous la pression de l'opinion publique, elle devait aug-
menter chaque année. Elle vient d'être fixée dans le budget
de cette année à la somme de 1.300.000 francs (séance du
24 novembre 1890). La répartition exigeait, pour être équitable et intelligemment effectuée, que des études préala-
bles fussent faites sur les monuments, et qu'une direction
fut donnée à ces études. De là, le 29 septembre 1837, la
création au ministère de l'Intérieur d'une commission dite
« des Monuments historiques ».

D'après les termes de son institution, et les intentions
du ministre d'alors, M. de Montalivet, qui portait un nom
déjà cher aux amis des arts, cette commission spéciale
près le ministère de l'Intérieur était chargée de recueillir
tous les renseignements sur les monuments et de désigner
ceux auxquels seraient attribués des secours. Elle devait
aussi examiner le projet de restauration des monuments
et en préparer le catalogue complet dont le besoin se faisait déjà si impérieusement sentir. Elle était composée, à
l'origine, de huit membres : M. Vatout, président, le baron
Taylor, MM. Caristie, Vitet, Le Provost, comte de Mon-
tesquiou, Duban, Mérimée. Afin de préparer ses travaux,
le ministre avait, le 10 août 1837, adressé aux préfets une
circulaire les invitant à recueillir tous les documents propres à faire connaître les anciens monuments de leurs départements et les souvenirs historiques qui s'y rattachaient.

On ne peut nier, à première vue, que la Commission des
monuments historiques ne paraisse faire double emploi
avec les institutions déjà existantes. Ceci est d'autant plus

vrai que la même année, le ministre de l'Instruction publique, M. de Salvandy, avait, le 18 décembre, complété et réorganisé les Comités Historiques de son ministère. Il avait compris que, d'après la pensée originaire du rapport du 2 décembre 1835, le comité chargé de l'histoire intellectuelle et morale de la France devait en former un troisième consacré à l'histoire des arts et des monuments. Il avait donc divisé le Comité des Travaux Historiques en cinq sections : de la langue, de l'histoire positive, des sciences, des arts, des sciences morales et politiques. La 4ᵉ section, le comité historique des Arts et Monuments, devait « rechercher et publier tous les documents inédits relatifs à l'histoire des arts chez les Français, faire connaître tous les monuments d'art en France, dans tous les genres, religieux, militaires et civils ; faire dessiner et graver pour les conserver à l'avenir les œuvres remarquables d'architecture, de peinture et de sculpture en pierre, marbre, bois : il devait enfin donner des instructions sur la conservation matérielle des ruines, statues, tours ou cathédrales qui intéressent la religion, l'histoire ou l'art. » Il était rattaché à l'Académie des Beaux-Arts.

On voit qu'entre le Comité historique et la Commission des Monuments historiques une confusion était permise, confusion que nous trouvons signalée dans une circulaire du 29 décembre 1838 adressée aux préfets au nom du Ministre de l'Intérieur. Mais les deux institutions, dans deux domaines contigus et pourtant séparés, pouvaient avoir une marche et une action parallèles ; et leur accord ne s'est jamais démenti. La Commission des Monuments historiques fut successivement rattachée au ministère de l'Intérieur, puis à l'administration des Beaux-Arts ; avec celle-ci, elle passe en 1853, au ministère d'État, puis au ministère de l'Instruction publique où elle est encore aujourd'hui. Le Comité historique des Arts et Monuments se charge de lui signaler tous les monuments intéressants, quelles que soient les administrations qui en avaient la jouissance ; et la Commission alors à son tour intervient, en fait, pour les restaurer, les comprenant sous sa juridiction alors même qu'ils auraient relevé d'autres ministères que de ceux de l'Instruction publique ou de l'Intérieur.

Dans ses travaux, la Commission des Monuments historiques s'appliqua à suivre les règles tracées par M. Guizot et déjà expérimentées par le Comité historique. C'est ainsi que, par une circulaire du 11 mai 1839, M. de Gasparin, Ministre de l'Intérieur, s'appropriait l'innovation si heureuse de l'établissement des Correspondants. Il créait des Correspondants spéciaux de son ministère pour les Monuments historiques ; et ses cadres étaient immédiatement remplis par la troupe toute formée des Correspondants du ministère de l'Instruction publique, organisés, comme nous l'avons vu, dès le 28 juillet 1834. C'étaient du reste les mêmes hommes qui figuraient des deux côtés, et qui formaient ainsi le gage assuré de l'union des deux œuvres. Nous avons déjà constaté la présence de MM. Vitet et Mérimée dans les deux institutions. Pour ne citer qu'un autre nom qui n'est pas des moins illustres, M. de Montalembert était nommé en 1838 membre du Comité (le nombre de membres, qui était de 13 en 1837, fut porté à 20 le 12 novembre 1849 par un arrêté signé par M. de Parieu), et peu après (1852) il entrait à la Commission des Monuments historiques dont il ne cessa de faire partie que lorsque M. Walewski la réorganisa le 15 décembre 1860. Comité et Commission, nés de la même pensée, ont travaillé au même but ; mais la Commission a droit dans la matière qui nous occupe à une place prépondérante.

Ainsi que le proclamait en 1886 au Sénat M. Bardoux, la Commission des Monuments historiques a rendu les plus éminents services ; ses membres ont classé plus de deux mille édifices sans compter les nombreux objets mobiliers, tapisseries, boiseries, etc., qu'elle a arrachés à l'obscurité et à la destruction. Elle s'était d'ailleurs mise à l'œuvre avec ardeur. Le 13 mars 1838, M. de Montalivet recommandait aux préfets de surveiller toutes les fouilles et de dresser un inventaire détaillé des objets qui seraient découverts. Le 30 novembre 1838, sous son inspiration, M. de Salvandy envoyait aux correspondants du ministère et aux inspecteurs des écoles primaires un questionnaire archéologique qui peut être considéré comme un modèle en son genre. Un peu après, le 9 février 1841, une circulaire ministérielle insistait à nouveau sur la tâche à remplir, et indiquait les pièces nécessaires pour obtenir les secours qui ne devaient être accordés qu'aux édifices présentant un intérêt réel au point de vue de l'art. Quant aux immeubles des particuliers, on recommandait aux préfets de s'enquérir des intentions de leurs propriétaires, afin de pouvoir, au besoin, les exproprier.

La Commission, portée à douze membres sous la présidence du ministre Duchatel, abordait dans ses séances toutes les questions importantes à l'application de la loi sur l'expropriation ; la conservation des monuments mégalithiques, la réunion sous une même direction de tous les services d'art, furent tour à tour l'objet de ses délibérations. Le crédit s'était élevé à 600.000 francs. La Commission avait à classer définitivement les monuments désignés soit par l'Inspection générale des Monuments historiques soit par les sociétés archéologiques. Mais, malgré ses efforts, la Commission était encore bien impuissante ; rien ne peut mieux le peindre que l'épisode de l'Hôtel-Dieu d'Orléans que la municipalité de cette ville finit par faire démolir malgré un rapport de la Commission (15 mai 1846) et malgré l'opposition formelle de l'État.

Après 1848 un nouvel élan se fit sentir : le Comité historique, celui qui, nous le rappelons, fonctionnait au ministère de l'Instruction publique, est l'objet de la sollicitude du nouveau gouvernement. Le 7 avril 1851 un arrêté fixe à deux cents le nombre de ses Correspondants ; et, le 14 septembre 1852, M. Fortoul réunit les deux sections des monuments écrits et des arts et monuments en un seul comité « de la langue, de l'histoire et des arts de la France ». Le ministre Rouland, le 22 février 1858, fait une transformation nouvelle sous le nom de « Comité des travaux historiques et sociétés savantes ». Nouvelle réorganisation, le 5 mars 1881, sous le nom de « Comité des travaux historiques et scientifiques » ; il est alors composé de quatre-vingt-dix membres et subdivisé en deux sections, des sciences et de l'histoire. Enfin, le 12 mars 1883, on le répartit en cinq sections : histoire, archéologie, sciences économiques et sociales, sciences mathématiques, sciences naturelles.

Quel que soit le titre adopté, on voit, sous tous les régimes, le ministère de l'Instruction publique avide de centraliser le plus possible les documents relatifs aux monuments historiques. C'est ainsi que le 6 janvier 1869, dans une circulaire adressée aux Correspondants du ministère de l'Instruction publique, M. Duruy appelle leurs recherches sur les pierres, roches et souterrains consacrés par les superstitions populaires, sur les anciennes sépultures, les monuments religieux, sur tous les objets qui peuvent éclairer la marche des arts et de la civilisation, monnaies, médailles, poteries, vêtements sacerdotaux, pièces trouvées dans des fouilles.

Quant à la Commission des Monuments historiques, elle poursuit, en la développant de 1848 jusqu'à nos jours, la mission qu'elle a entreprise sans qu'aucun changement soit apporté dans son titre. Son œuvre, nous l'avons dit, a été considérable.

M. Mérimée, inspecteur général des monuments historiques, dès le 11 mars 1848, adressait au nouveau gouvernement un rapport sur les travaux de la Commission. Tout en constatant les résultats obtenus, il se plaignait des entraves apportés à l'œuvre de la Commission par le fait que les monuments d'art se trouvaient répartis entre les autorités les plus diverses. Il réclamait la centralisation de tous ces services, reprenant le mot prononcé par M. de Montalembert à la Chambre des pairs, le 26 juillet 1847. « Je déteste la centralisation en général, mais je l'admets et je l'accepte en cette spécialité ». Il propose que le Louvre et les Tuileries deviennent des Palais des Arts ; que l'on institue, auprès de ces collections, des cours analogues à ceux qui se font au Muséum et au Conservatoire des Arts et Métiers ; il demande, enfin, que l'on réunisse à l'Administration des Beaux-Arts, pour les faire rentrer sous la surveillance de la Commission des Monuments historiques avec les Palais nationaux, les manufactures de Sèvres, des Gobelins, de Beauvais. Ces propositions étaient pour la plupart excellentes, et elles se retrouvent dans le programme des réformes qui ont été entreprises postérieurement en 1882. Peu après, au mois de novembre 1848, le nombre des membres de la Commission était élevé à 20. M. de Maleville en devenait le président ; et elle était composée de membres de droit, tels que le directeur des cultes et le chef de la division des Beaux-Arts, et d'illustrations choisies dans tous les genres de culture intellectuelle, MM. de Lamartine, Buchez, de Lasteyrie, Lenormant, Vitet, Léon de Laborde, Mérimée, Paul Lacroix, Questel. Un peu plus tard Victor Hugo et Félix Pyat étaient appelés à en faire partie.

Entre temps, la Commission avait été chargée d'une œuvre de premier ordre ; M. du Sommerard, en vendant ses admirables collections à l'État en 1843, avait stipulé qu'elles devraient rester sous la surveillance et le contrôle de la Commission des Monuments historiques : or, ce sont elles qui ont formé le musée de Cluny, dont les incomparables richesses sont la meilleure preuve des heureux effets obtenus par la Commission, avec des moyens pourtant très restreints, 60,000 francs prélevés sur le crédit des Monuments historiques. Ce musée est établi dans les vieux bâtiments de l'Hôtel de Cluny qui ont été achetés en 1845 par l'État sur la proposition de la Commission. Les acquisitions les plus importantes, entr'autres les fameuses couronnes des rois Goths, sont dues à la coopération effective de tous les hommes d'art groupés autour de la Commission.

En 1848, la Commission des Monuments historiques proposa d'ajouter au musée de Cluny un musée de sculpture comparée, qui serait formé de moulages pris sur les anciens bâtiments ; mais ce projet ne put, alors, être mis à exécution. On essaya de mettre ces sculptures, en 1855, à l'École des Beaux-Arts. Après 1878 on put établir le nouveau musée de sculpture dans l'aile méridionale du palais du Trocadéro (arrêté du 6 décembre 1879) ; c'est là qu'il est actuellement installé sous la surveillance d'un conservateur et sous la direction de la Commission qui prélève chaque année en sa faveur une somme de 60,000 francs sur les crédits dont elle peut disposer ; ce musée contient déjà des reproductions, [des porches d'église surtout, du plus haut intérêt. Les sculpteurs, les orfèvres, les ébénistes, etc., peuvent s'y inspirer des plus beaux modèles de la décoration française. Un cours d'architecture française y est fait, par les soins de l'Administration des Beaux Arts.

En 1852, un décret reconstituait la Commission sous la présidence de M. Lenormant ; on y faisait entrer quelques noms nouveaux, de Longpérier, de Pastoret. En 1855 MM. du Sommerard, Viollet le Duc, Bœswillwald, Beulé, de Nieuwekerke font partie de la Commission des Monuments historiques. Le crédit des Monuments historiques était porté à 900,000 francs, chiffre qui paraît élevé et qui, en réalité, était bien faible si l'on songe que le château de Blois demandait à lui seul 750,000 francs et la chapelle de Vincennes 900,000 francs pour sa restauration. Pendant tout le second empire, les travaux furent, d'ailleurs, conduits avec activité.

En 1867, à l'Exposition universelle de Paris, la liste des monuments subventionnés et la collection des projets de restauration montrèrent combien étaient considérables les résultats obtenus par la Commission. Les événements de 1870 ne firent que les interrompre momentanément : le 14 novembre 1871, M. St-René Taillandier prenait la présidence de la Commission. MM. Quicherat et Abadie venaient, entr'autres, combler les vides qui s'étaient faits au sein de la Commission. Conformément à l'esprit d'une circulaire du 21 août 1873, elle procédait au classement méthodique, par école, de tous les monuments répandus sur le sol français ; et, l'année suivante, le 8 octobre, le Ministre interdisait qu'il fût procédé à aucune réparation sans l'avis et l'assentiment de la Commission. Après avoir été présidée par Ch. Blanc, une réorganisation de la Commission eut lieu le 27 mars 1879 ; on portait le nombre des membres à 23 ; et l'on fondait deux sous-commissions, l'une chargée du musée de sculpture comparée, l'autre, chargée du classement des monuments. On voulait, nous venons de le dire, procéder à une révision de ce classement dressé suivant une méthode sévère que nous trouvons exposée dans un rapport très remarquable de Viollet le Duc (*J. off.* 1887. Doc. parl., p. 344) : « Les édifices doivent être classés à deux points de vue : 1° au point de vue des écoles artistiques et des types adoptés : 2° au point de vue de l'importance artistique des monuments. On doit particulièrement s'attacher aux édifices que l'on peut considérer comme des types artistiques et les points de départ ou les jalons marquant les étapes des transformations des styles ».

Le crédit des monuments historiques s'était élevé en 1883 à 1.545.200 francs ; il s'était réparti entre trois catégories de monuments ; ceux, propriété de l'État ; ceux, recommandés par les Conseils généraux ; et ceux pour lesquels les Conseils soit généraux, soit municipaux avaient voté des ressources.

On peut maintenant, en se reportant en arrière, apprécier l'œuvre de la Commission des Monuments historiques qui a plus d'un demi-siècle d'existence ; et l'on doit se joindre, sans réserves, au magnifique éloge qu'en faisait, dans la séance du 28 juin 1881 à la Chambre des députés, M. de Bellissen. De même que M. Lambert de Ste-Croix dans son rapport de 1878, l'orateur admirait les merveilleux résultats auxquels la Commission avait pu arriver avec des moyens bien imparfaits ; car, au fond, l'autorité dont elle disposait était toute morale, et souvent elle dut se plaindre amèrement de la situation qui lui était faite. Le 2 décembre 1849, elle reconnaissait, dans le procès-verbal de l'une de ses délibérations, que, malgré ses efforts, elle était impuissante à protéger les monuments celtiques d'Erdeven (Morbihan) qu'une route allait détruire. En 1854, le Congrès des Sociétés savantes proclamait l'inefficacité des mesures prises pour la conservation des monuments ; les communes ont pu passer outre aux injonctions les plus fondées et commettre toutes les dégradations. Il y avait donc une législation à faire pour compléter l'œuvre si bien commencée : c'est l'objet de la loi du 30 mars 1887. Mais, quel que soit le plus ou moins de réussite avec lequel elle ait atteint son but, elle laisse subsister l'entière utilité de la Commission des Monuments historiques. Cette Commission reste le pivot de toute la conservation de ces monuments ; nous la retrouvons maintenue et réorganisée par un décret du 3 janvier 1889 qui a été le complément de la loi du 30 mars 1887 et du règlement d'administration publique du 3 janvier 1889 pour l'exécution de cette loi.

Le but de la Commission reste le même. *La Commission des Monuments historiques*, dit l'article premier que nous voulons citer *in extenso* parce qu'il résume le rôle qu'elle doit remplir, *a pour mission d'établir la liste des*

*monuments et objets ayant un intérêt historique et artisti-
que ; de désigner ceux qu'il convient de restaurer ; d'examiner les projets présentés pour leur restauration, de pro-
poser au Ministre la répartition des crédits ouverts pour la
conservation des monuments classés.* Il y a longtemps que
ces divers buts avaient attiré l'attention des membres.
C'est ainsi que l'on avait beaucoup admiré, à l'Exposition
universelle de Vienne en 1873, une carte de France dressée avec le plus grand soin et contenant tous les monuments avec les indications nécessaires pour préciser leur
caractère et l'école à laquelle ils appartiennent : or, la première idée de cette carte, aux termes du rapport de M. Guizot en 1835, remontait à cette même année 1835 où elle
avait été projetée par le général Pelet, alors directeur des
cartes au ministère de la Guerre.

D'après le décret de 1889, les cadres de la Commission
ne sont point changés : le Ministre de l'Instruction publique
et des Beaux-Arts est président ; le directeur des Beaux-
Arts, vice-président ; un deuxième vice-président est désigné par le ministre (art. 2) ; la Commission est composée
de membres de droit et de membres nommés par arrêté du
Ministre des Beaux-Arts. Les membres de droit (art. 4)
sont le directeur des Beaux-Arts, le directeur des bâtiments civils et des Palais nationaux, celui des cultes, des
musées nationaux, les préfets de la Seine et de police, les
inspecteurs généraux et le contrôleur des travaux des monuments historiques, le directeur du musée de Cluny, le
conservateur du musée de sculpture comparée. Quant aux
membres nommés, dont le nombre n'est d'ailleurs pas
limité, circonstance assez exceptionnelle, ils sont choisis
par le Ministre sur une liste de trois candidats présentée
par la Commission lorsqu'une vacance se produit ; on remédie ainsi, en partie, à l'inconvénient qui pourrait résulter de cette volonté toute-puissante du Ministre (art. 6).
Nous aurions peut-être aimé, en cette matière, une part

un peu plus directe donnée à l'influence de ces sociétés savantes ou archéologiques qui ont tant fait pour la réussite de cette œuvre de la conservation des monuments. Il nous semble qu'on aurait pu donner quelques places aux représentants élus de l'Académie, ou de ces corps d'élite, dont la présence aurait pu, à l'occasion, contrebalancer un esprit de système, qui, hâtons-nous de le dire, ne paraît pas fort à redouter. Peut-être y aurait-il eu, aussi, certains avantages à conférer à la Commission, avec une existence indépendante, une plus grande part de l'activité et de la responsabilité que la loi nouvelle a tout entière reportée sur le Ministre ; on aurait ainsi utilement suivi l'exemple qui nous était donné par certaines législations étrangères. Quoi qu'il en soit de ces désiderata, la Commission continuera à classer les édifices et les objets qui lui sembleront dignes d'intérêt ; mais nous allons voir que cette opération aura une portée plus considérable que celle qu'elle avait autrefois : jusqu'alors elle n'avait pas de sanction, c'était une simple recommandation même vis-à-vis des établissements publics ; maintenant le plus souvent elle aura la valeur d'un ordre.

La Commission continuera surtout à exercer, même au point de vue économique, sa bienfaisante influence si bien résumée par M. de Bellissen quand il demandait en 1881 une augmentation de crédit. Les monuments historiques constituent les joyaux de la nation, il est moins coûteux de les réparer quand leur destruction est le moins avancée ; et, en dehors de toutes les considérations morales que nous avons développées dans notre premier chapitre, ces restaurations sont très utiles pour créer des chantiers où se forment des artisans et des chefs d'ateliers excellents. Ce sont de grandes écoles d'art qui font renaître des industries qui deviennent pour le pays autant de sources de richesse.

C'est par les travaux des monuments historiques que se sont formés, depuis quarante ans, ces ateliers de forgerons

habiles qui ont changé le mode de fabrication de la ser-
rurerie fine ; ces ateliers de plomberie qui ont acquis une
supériorité telle qu'ils exportent aujourd'hui en Europe et
en Amérique ; ces ateliers de verrerie qui exportent également un quart de leurs produits ; enfin ces ateliers de
sculpteurs d'ornement qui ont reconquis cette habileté que
leurs devanciers enviaient au Moyen Age et à la Renaissance ; on a trouvé dans l'étude et la restauration des monuments du passé des procédés utiles aux constructions
modernes. La France, conclut M. de Bellissen à la fin
de son remarquable discours, retrouvera au centuple le
sacrifice annuel qu'elle fera pour les monuments historiques par le développement d'industries dans lesquelles elle
peut devenir sans rivale, et qui élèvent le niveau de l'art
dans nos divers corps d'état ». Pour employer les expressions de M. Courcelle-Seneuil dans son rapport au Conseil
d'État sur la loi nouvelle : « la Commission a eu le grand
mérite de faire concourir à son œuvre un grand nombre
de collaborateurs désintéressés en même temps qu'elle
constituait une école d'architectes et d'ouvriers habiles,
instruits, pleins de zèle, sur toute l'étendue du territoire
national ».

C'est aussi grâce à ces efforts que se sont formées les
archives de la Commission, merveilleuse collection de
plans, de devis, de dessins de toute nature, et réunion
des rapports préparés par les inspecteurs et les architectes
qui parcourent la France pour étudier ses richesses archéologiques. Il est impossible d'imaginer une histoire plus
intéressante et plus complète des monuments français depuis l'antiquité et l'époque romaine jusqu'à nos jours.
Le public peut juger de la valeur des documents par les
monographies qui ont déjà été publiées sous le titre « Archives de la Commission des Monuments historiques ».
Les étrangers ont pu les apprécier par les dessins, extraits
des archives, exposés tant à Vienne lors de l'Exposition

universelle de 1873 qu'à Londres lors de l'Exposition artistique internationale de 1874. M. du Sommerard, dans le rapport officiel qu'il a publié en 1876 comme commissaire général à l'Exposition de Vienne, et M. Baumgart, dans le rapport publié en 1875 pour rendre compte de l'Exposition de la Commission des Monuments historiques à Londres, ont donné, comme annexes, quelques-unes des études écrites à différentes époques par les architectes auxquels des missions avaient été confiées. Ces matériaux inappréciables, qui depuis soixante années s'accumulent dans les archives de la Commission, permettent non seulement de mettre en regard ici les devis des dépenses jugées nécessaires, là les dépenses déjà effectuées, mais encore de constater les dévastations que la Commission n'a pu empêcher. Il y a là un enseignement utile pour déterminer les causes de l'impuissance sur laquelle les inspecteurs des monuments ne cessaient de gémir, et pour rechercher si le remède a été trouvé par la nouvelle loi.

D'après l'opinion unanime, cette impuissance provenait de l'absence de sanction pour les décisions de la Commission, et du manque d'unité dans la direction centrale par le fait de la dispersion des édifices, dignes de protection, entre plusieurs administrations publiques qu'aucun lien commun ne réunissait. Le classement opéré par la Commission, nous l'avons déjà observé et nous aurons à le répéter, n'avait qu'une valeur pour ainsi dire morale : c'était l'indication donnée par une réunion d'hommes, éclairés et compétents, de la grande importance artistique ou historique de l'édifice porté sur la liste. Que le propriétaire de ce monument manifestât soudain l'intention de le détruire, ce n'étaient pas les vaines défenses des circulaires ministérielles qui pouvaient l'en empêcher. En l'absence de textes formels, sur lesquels on put s'appuyer, on avait invoqué des lois qui touchaient à nos matières par voie de conséquence, et on tâchait d'arriver au but voulu

par des chemins détournés. On invoquait d'abord les dispositions du Code pénal qui, dans son article 257, frappe
les dégradateurs des monuments publics, et les autres
dispositions du même Code protectrices du domaine public.
Dans certains cas, on pouvait utiliser ces mesures contre
de modernes iconoclastes, mais on ne pouvait les opposer
à ces vandales formant le plus grand nombre, qui, loin
d'apporter dans leur acte la volonté de nuire, apportaient
au contraire, dans leurs destructions, les meilleures intentions de réparer l'édifice endommagé ou de le reconstruire d'une manière plus commode.

La législation ne pouvait, d'ailleurs, atteindre le propriétaire, qui, tout en mutilant le monument lui appartenant, exerçait sur sa chose le plus inviolable des droits.
On essayait, alors, de le prendre par l'intérêt ; on décidait
qu'en accordant aux particuliers des subventions on exige-
rait d'eux l'engagement d'entretenir désormais le monument pour lequel la subvention avait été accordée, et de
lui conserver sa destination primitive. De même, en en-
courageant des fouilles, le Gouvernement stipulait qu'on
réserverait en sa faveur les découvertes les plus belles.
Mais le crédit ouvert était trop faible pour donner toute
son efficacité à ce procédé, qui pouvait toujours être paralysé, du reste, par la mauvaise volonté d'un propriétaire
récalcitrant et persistant à refuser la subvention pour éviter toute intervention supérieure.

Afin de triompher de ces résistances, on s'était réservé,
il est vrai, d'user d'une loi plus sévère. Lors de la discussion, au Parlement, de la loi de 1841 sur l'expropriation
pour cause d'utilité publique, la question de son application aux monuments historiques s'était posée. Dans la
séance du 12 mai 1840, Montalembert demandait qu'on
étendît cette expropriation, *utilitatis causa*, aux monuments historiques : « On pourrait réprimer ainsi, disait-il,
les abus du droit de propriété sur des objets que la reli-

gion, l'art et l'histoire nationale doivent faire respecter ». Il voulait que l'État pût s'en rendre propriétaire, moyennant une juste indemnité, pour en prévenir la destruction et la dégradation. Au duc de Broglie, qui soutenait cette motion, M. Vivien, le Garde des Sceaux, répondait d'une manière évasive; mais, dans d'autres circonstances, le Gouvernement était plus affirmatif, et admettait qu'avec l'assentiment du Conseil d'État, il y aurait vraiment utilité publique à employer ici l'expropriation.

Nous remarquerons seulement, en passant, qu'elle n'a pas toujours été utilisée de la même manière. Il s'est agi le plus souvent non d'exproprier le monument lui-même, mais d'exproprier les constructions environnantes afin d'arriver à le dégager; c'est ce que l'on a fait pour de nombreuses églises de Normandie. C'est plus rarement que l'on a utilisé la loi pour exproprier le monument lui-même : parmi les exemples que l'on peut citer se trouvent l'ordonnance royale du 3 octobre 1845 déclarant d'utilité publique la restauration du théâtre romain d'Orange et le décret du 8 juin 1874 déclarant d'utilité publique l'expropriation des alignements de Carnac ; mais ce décret n'a pas été mis à exécution, et un nouveau décret a dû intervenir le 21 septembre 1887 pour leur faire l'application de la loi nouvelle et permettre à l'État de les acquérir soit à l'amiable, soit par voie d'expropriation. L'application directe de la loi de 1841 restait donc soumise à certaines hésitations ; car on comprend facilement qu'il y a une différence entre faire des expropriations pour assurer la conservation d'un immeuble de l'État et enlever à un particulier sa propriété au nom des intérêts supérieurs de l'histoire ou de l'art résidant en cette propriété elle-même. Du reste, c'est un moyen lent et coûteux qui ne peut être utilisé qu'à bon escient et pour des circonstances exceptionnelles.

Restaient donc les ressources imaginées par la jurisprudence, dans certains cas particuliers, pour protéger les monuments historiques. On a soutenu, avec raison peut être, que la loi de finances qui ouvrait le crédit justifiait et autorisait, en principe, tous les actes administratifs qui touchent à la conservation d'un monument intéressant l'histoire ou l'art : elle leur donne un caractère d'utilité publique qui peut s'étendre jusqu'au droit d'expropriation pour dégager le monument de constructions étrangères. Le ministère, par une circulaire du 27 avril 1839, avait défendu l'aliénation ou l'échange des meubles précieux des églises sans son autorisation ; et la jurisprudence, sur laquelle nous aurons à revenir, avait déclaré que tous meubles qui se trouvaient dans les églises au moment où elles avaient été rendues au culte devaient être considérés comme faisant partie du domaine public et à ce titre être inaliénables.

Mais, d'une part, les solutions empruntées à quelques arrêts étaient des solutions d'espèce ; et les circulaires ministérielles, d'autre part, quelque impératives qu'elles pussent être, manquaient souvent d'autorité parce que l'exécution dépendait d'agents appartenant à un ministère différent du ministère d'où l'ordre était parti. Nous avons, en effet, indiqué cette seconde cause paralysant la Commission sous le régime antérieur à la loi de 1887. Non seulement un grand nombre de monuments étaient entre les mains des particuliers, mais encore ceux qui appartenaient à l'État et aux établissements publics étaient répartis entre plusieurs administrations, entre lesquelles devait forcément exister une certaine rivalité, alors que tous ils auraient dû ressortir de l'Administration des Beaux-Arts. Ce point a été traité avec une grande compétence dans un remarquable travail sur l'Administration des Beaux-Arts publié par M. Henri Morgand dans la *Revue générale d'administration* (année 1883), travail où nous avons trouvé les plus précieux renseignements.

L'Administration des Beaux-Arts, créée en 1792, a trois

buts à remplir, de conservation, d'enseignement et de production ; elle doit réunir et conserver les chefs-d'œuvre du
passé, préparer l'avenir par l'enseignement, développer les
productions contemporaines. Elle a relevé du ministère de
l'Intérieur jusqu'en 1853, avec une courte interruption de
1832 à 1834 où elle fut rattachée au ministère du Commerce
et des Travaux publics. Sous l'Empire, qui renouvelait un
peu les traditions de l'ancien régime, elle fut l'attribution
du Ministre d'État et du Ministre de la Maison de l'Empereur. Après 1870 seulement, cette administration est rattachée au ministère de l'Instruction publique dont elle fait
plus rationnellement partie.

Deux fois pourtant, dans cette dernière période, elle a
pu former un département spécial, du 2 janvier au 9 août
1870 et du 14 novembre 1881 au 30 janvier 1882, et alors
on s'est efforcé de centraliser sous une impulsion unique
les services épars. A cette époque, en effet, on rattacha au
bureau des Monuments historiques 53 de nos plus belles
cathédrales, que leur caractère d'édifices diocésains faisait
dépendre du ministère des Cultes, et la plupart (36) des
palais nationaux qui dépendaient de la direction des bâtiments civils.

Depuis 1870, la direction des bâtiments civils, subdivisés
en trois sections, les palais nationaux, les bâtiments civils
proprement dits, le mobilier national, avait été, par une
anomalie traditionnelle, rattachée au ministère des Travaux
publics. On s'était trouvé en présence de ces dualités de
juridiction qui, justifiées dans leur principe, finissent par
amener de fâcheuses conséquences. Les bâtiments du palais de Versailles, par exemple, relevaient du ministère
des Travaux publics alors que les tableaux du musée contenu dans les mêmes bâtiments sont conservés par les agents
de l'Administration des Beaux-Arts : il semblait en résulter que le Gouvernement ne dût se préoccuper d'art que
pour une catégorie spéciale et limitée de constructions.

MM. Lambert de Ste-Croix et de Bellissen avaient, tous deux, attiré l'attention sur ces anomalies, dont un député, M. Bouchet, signalait les suites déplorables, dans la séance du 28 juin 1881, à propos des travaux exécutés à l'abbaye du Mont St-Michel ; et ce dernier déposait même un projet de loi pour y obvier.

Un inconvénient analogue existait pour les édifices diocésains qui étaient, nous l'avons dit, rattachés au ministère des Cultes. Sur 267 édifices de cette nature il y en a 68 classés parmi les monuments historiques et qui comptent parmi les plus beaux. Il y avait donc là une nouvelle source de conflits. Nous n'insistons pas sur les monuments classés qui sont rattachés plus ou moins intimement à d'autres ministères, comme le palais des Papes d'Avignon et le château de Vincennes au ministère de la Guerre, les palais de justice de Beauvais et de Bourges, les prisons de Thouars (Deux-Sèvres) et de Fontevrault (Maine-et-Loire) au ministère de la Justice ; la tour de Cordouan à l'administration de la Marine.

Pendant l'existence éphémère du deuxième ministère des Arts, en 1881, 1882, on était donc parvenu à réaliser cette concentration si désirable ; mais on n'eut pas le temps d'en constater les heureux effets. Avec la chute du ministère on revint aux anciens errements ; et, quand on réorganisa, le 4 mars 1883, la direction des Beaux-Arts, on fit six bureaux qui, pour éviter les conflits, laissaient en dehors d'eux les cathédrales et les bâtiments civils : 1º travaux d'art ; 2º enseignement ; 3º monuments historiques ; 4º musées et expositions ; 5º manufactures nationales ; 6º théâtres. On avait conservé du moins, en rendant aux deux services leur autonomie, le progrès considérable de laisser la direction des bâtiments civils juxtaposée à la direction des Beaux-Arts. Tout récemment un décret, daté du 5 juillet 1890, qui a été vivement critiqué dans le Parlement le 24 novembre 1890 lors de la discussion du budget, a distrait du ministère de l'Instruction publique et des Beaux-Arts la direction des bâtiments civils et palais nationaux pour la transférer de nouveau au ministère des Travaux publics.

Au milieu des sérieuses difficultés, tenant à une organisation administrative traditionnelle, et ne manquant pas d'une certaine logique, qui viennent s'opposer à la réunion sous une direction unique de tous les monuments affectés aux services les plus divers, il n'y avait qu'un moyen vraiment pratique de remédier aux nombreux inconvénients que nous avons signalés : c'est celui qui a été adopté par la nouvelle loi de 1887. Elle a créé entre tous les monuments historiques, dans quelque dépendance qu'ils se trouvent, un lien pas trop lourd, mais suffisamment résistant, dont les extrémités se trouvent aux mains du Ministre de l'Instruction publique, assisté de la Commission des Monuments historiques. En même temps elle créait, pour faire respecter ce lien, des sanctions suffisantes sans être exorbitantes.

On peut donc espérer que l'on a remédié aux causes d'impuissance qui avaient été depuis si longtemps signalées ; et c'est dans l'examen approfondi de cette loi nouvelle que nous allons maintenant entrer. Sa préparation, du reste, a été laborieuse.

En 1875, M. Wallon, Ministre de l'Instruction publique, demande à Mᵉ Rousse, l'éminent avocat, de préparer un avant-projet de loi d'après les données délibérées par la Commission des Monuments historiques. Le rapport de Mᵉ Rousse est déposé à la Chambre des députés avec le projet de loi, le 26 mai 1878, par M. Bardoux, membre du ministère Dufaure. La loi, à cause des graves questions qu'elle soulève, est renvoyée à l'examen du Conseil d'État. M. Courcelle-Seneuil fait, le 28 février 1881, une substantielle étude des différents articles qui viennent en discussion dans les séances des 28 avril et 15 mai 1881. Le nouveau projet de loi, modifié par le Conseil d'État, est présenté à la Chambre par M. Proust ; il est adopté en première lecture le 28 décembre 1882, et le 25 juin 1885 en deuxième lecture. Au Sénat, où l'œuvre nouvelle est portée par M. Hervé Mangon le 30 juin suivant, M. Bardoux, nommé rapporteur, donne dans une œuvre magistrale l'exposé complet de la question. Le Sénat étudie avec grand soin la nouvelle loi dans les séances des 10 et 13 avril et 1er juin 1886 ; il modifie quelques passages. Le projet ainsi complété est adopté par la Chambre des députés, le 22 mars 1887, et il devient la loi du 30 mars 1887. Elle annonçait un règlement d'administration publique qui a paru le 3 janvier 1889.

C'est dans ce double texte que se trouvent les prescriptions fournissant au Gouvernement les armes jugées indispensables pour conserver et protéger les monuments historiques. Nous nous proposons d'examiner maintenant quels sont les progrès réalisés, et quelles lacunes peuvent encore exister ; en un mot, dans quelle mesure la législation nouvelle pourra remplir la tâche qu'elle a résolument entreprise.

CHAPITRE III

LE CLASSEMENT DES IMMEUBLES.

Nous venons de constater, dans le chapitre qui précède,
les nombreux efforts accomplis, depuis le commencement
du siècle, par les amis des Monuments historiques pour
tenter d'assurer leur conservation ; nous avons dû reconnaître l'inefficacité des mesures prises, et les tristes résultats dont M. Bardoux faisait au Sénat, dans son rapport
de 1886, le lamentable tableau. Dans notre pays, disait-il
en substance, chaque âge a marqué son empreinte par des
monuments, où siècle par siècle l'histoire revit tout entière. En les observant on se rend compte de l'infatigable
persévérance avec laquelle les générations si patientes et
si éprouvées ont travaillé pour la grandeur et l'unité de la
patrie française. Tout le monde actuellement le reconnaît ;
et pourtant tous les jours on voit des établissements publics
démolir de magnifiques restes du passé au nom de leur
utilité et de leur droit de propriétaire. D'autres fois, c'est
au nom de l'alignement que l'on détruit ; et, comme le
disait un grand protecteur des monuments, Montalembert :

« L'alignement a toujours raison contre le bon goût et le bon sens ». Les objets mobiliers des communes et des fabriques sont trop souvent la proie des brocanteurs ; les trouvailles faites dans les fouilles sont dilapidées. Enfin, en parlant de l'Algérie et de la Tunisie, cette portion de notre territoire si riche en souvenirs antiques, M. Charles Robert pouvait dire à l'Académie : « Il règne sur notre terre d'Afrique un esprit de destruction contre lequel l'opinion publique n'a pu réagir. Malgré toutes les circulaires, on continue à faire de la chaux avec les inscriptions romaines, à Tebessa par exemple ».

Ce triste état de choses tenait à diverses raisons que nous avons déjà exposées : d'une part, le manque de sanction qui faisait du classement une formalité inefficace et qui permettait la destruction des œuvres d'art les plus remarquables au milieu des protestations de tous les gens de goût ; d'autre part, les hésitations à utiliser l'arme redoutable de l'expropriation pour cause d'utilité publique, et les obscurités d'une jurisprudence encore mal fixée ; enfin, la difficulté extrême que les amis des monuments historiques trouvaient à prendre appui auprès de l'Administration alors que tout était confus dans cette organisation, et que les édifices les plus précieux relevaient des ministères les plus divers, depuis celui de la Guerre jusqu'à celui des Travaux publics. Dans la loi de 1887, avons-nous dit, on s'est efforcé de remédier à ces divers inconvénients. Il ne s'agissait point de faire une loi répressive contre ce que nous avons appelé le vandalisme destructeur : contre les dégradateurs malfaisants et délictueux des monuments publics le Code pénal est suffisamment armé. On ne s'inquiéta pas, non plus, de la possibilité pour la France d'être dépouillée de son patrimoine artistique par les achats des étrangers ; nous avons constaté que ce danger, au moins pour le moment, n'était pas à redouter. La nouvelle loi a seulement pour but de protéger les monuments contre ceux à qui le droit commun donne le pouvoir absolu d'user et d'abuser, en un mot, contre leurs propriétaires. Ceux-ci, il faut malheureusement le reconnaître, détruisent parfois pour le plaisir de détruire : mais, quelque blâmable que soit leur vandalisme, au point de vue de la stricte équité, on ne peut leur en faire un crime ; ils ne commettent pas d'infraction ; ils sont dans leur droit. Le plus souvent même, ils n'agissent point dans un esprit de dévastation ; ils détruisent en voulant réparer. Avec la meilleure volonté du monde, ils usent de leur droit de propriétaire de manière à causer aux monuments historiques des dommages incalculables.

La loi nouvelle doit donc avoir pour but d'empêcher les démolitions et les réparations des édifices faites par ceux-là même dont c'est l'attribution ordinaire ; et elle est obligée d'empiéter, au nom de l'intérêt supérieur, sur le domaine sacré de l'intérêt privé. « Son vrai caractère, disait le rapporteur, est d'être la limitation du droit de propriété, vis-à-vis des monuments classés, par l'établissement d'une restriction, d'une sorte de servitude d'utilité publique ». Elle vient faire brèche au droit de propriété, et c'est là le grand obstacle que les efforts combinés des jurisconsultes et des archéologues n'avaient pu, jusqu'ici, parvenir à surmonter. Les deux intérêts opposés se trouvent en conflit, celui du public, celui des particuliers ; et ce n'est qu'une phase nouvelle de la lutte incessante entre le bien de la société et celui de l'individu : l'individu cherche à obtenir la somme maxima de bien être et de commodité, et la société, dans laquelle la loi suprême le contraint de vivre, est amenée par la force des choses à limiter les uns par les autres les sacrifices mutuels que se doivent faire les individus. L'intérêt public ici en jeu est celui de l'art, de l'histoire ; il y a une question de patriotisme devant laquelle l'intérêt du particulier doit s'incliner ; et le propriétaire privé ne doit point se prévaloir, pour faire échec au bien du pays, de la supériorité de son droit.

Aussi est-ce avec une certaine prudence que la loi procède à la limitation de ce droit de propriété réputé inviolable, et sur lequel un intérêt très cher peut seul permettre de porter la main ; et, tout en s'attachant à édicter des mesures qui puissent parer aux inconvénients de la situation ancienne, le législateur de 1887 a toujours eu devant les yeux la nécessité de respecter les propriétaires. La disposition la plus importante, l'innovation remarquable qu'elle contient, c'est incontestablement la sanction apportée au classement, pris dans le sens nouveau et technique de la constatation officielle de l'intérêt artistique ou historique d'un monument.

Cette expression de classement n'est pas nouvelle dans la langue juridique française. Voilà cinquante ans qu'en France on classe les monuments ; on en a classé actuellement plus de deux mille, et c'est la grande gloire de la Commission des Monuments historiques d'avoir mené à bonne fin une œuvre aussi ardue et aussi difficile. Mais le classement de la loi de 1887 ne doit pas être entendu tel qu'on le faisait autrefois : si l'on a conservé la formule ancienne parce qu'elle indiquait bien la nature de la mesure par laquelle on voulait atteindre les monuments historiques, on a changé du tout au tout sa portée. Le classement était jadis une indication donnée aux propriétaires, un appel fait par les connaisseurs au bon vouloir de ceux qui avaient entre leurs mains un édifice intéressant. Maintenant ce ne sera plus une prière, mais un ordre ; le fait du classement, quand il aura été possible, emportera de plein droit les sanctions dont l'absence s'était trop longtemps fait sentir. Nous allons avoir à examiner en quoi consiste ce nouveau classement ; comment et par qui il est prononcé ; quelles sont les choses qu'il peut atteindre. Nous étudierons ensuite ses effets tant au point de vue de l'objet lui-même que de son propriétaire ; et les sanctions destinées à en assurer l'efficacité. Nous terminerons en cherchant dans quels cas et dans quelles formes il pourra y avoir lieu à déclassement; et, à ce propos, nous aurons à examiner la situation temporaire faite aux objets classés avant la publication de la présente loi.

L'expression *classement* porte, avec elle, l'idée de catégorie, de liste dressée par les soins d'une autorité compétente, et qui entraîne certaines conséquences pour les objets qui y sont portés. C'est bien dans ce sens que l'on a voulu appliquer le mot aux monuments historiques. Parmi la très grande quantité de monuments anciens épars sur la surface du sol, on en a choisi un certain nombre, les plus remarquables par leur antiquité, leur beauté intrinsèque ou les traits rares ou curieux qu'ils présentent, pour les « classer » à part dans un dénombrement qui porte cette mention spéciale « Monuments historiques dont il importe d'assurer la conservation ». C'est la formation de cette liste qui est l'opération essentielle pour arriver au but que l'on poursuit ; l'expropriation, plus énergique dans ses effets, est trop coûteuse pour être efficace dans les cas ordinaires, et le classement est le préliminaire indispensable à l'établissement de la surveillance du Ministre des Beaux-Arts. Il en est ici, du reste, comme d'une matière différente, mais qui présente avec la nôtre certains points d'assimilation ; nous voulons parler des établissements dangereux ou insalubres. Le classement des Monuments historiques était, jadis, confié à la Commission dont nous avons fait l'historique un peu plus haut ; et aucun corps savant n'était plus apte à remplir cette tâche tant par la science que par le zèle éclairé de ses membres. Aujourd'hui que le classement va avoir des conséquences juridiques positives et déterminer l'adoption d'un régime nouveau, la décision d'une assemblée d'hommes de l'art ne peut suffire, quelle que soit leur compétence ; il faut qu'elle soit sanctionnée par l'intervention du pouvoir public.

Les immeubles par nature ou par destination dont la conservation peut avoir au point de vue de l'histoire ou de l'art un intérêt national, dit l'article 1er de la loi du 30 mars 1887, *seront classés, en totalité ou en partie, par les soins du Ministre de l'Instruction publique et des Beaux-Arts*. Dès les premières lignes, le législateur entre directement en matière ; et, sans même prendre la peine d'expliquer ce qu'il entend par classement, il se réserve d'en développer plus loin les effets ; c'est la confirmation de ce que nous avancions tout à l'heure sur le rôle du classement dans la loi actuelle. D'une manière générale, l'article 1er établit la compétence du Ministre des Beaux-Arts.

L'article 2 stipule, dans le mode de classement des immeubles, une distinction fort importante. La loi nouvelle, en effet, établit deux sortes de classements, le classement obligatoire et le classement facultatif : tous deux d'ailleurs sont absolument légaux, mais c'est l'un ou l'autre qui entrera en jeu selon que le propriétaire sera un particulier ou un établissement public. Comme le classement renferme en lui-même une atteinte au droit de propriété, le législateur s'est montré d'autant plus à l'aise pour en faire emploi que les biens, auxquels il s'agissait d'en faire l'application, étaient plus étroitement sous sa dépendance : c'est ainsi qu'il n'a pas voulu traiter de même les immeubles de l'État et ceux des établissements publics ; quoiqu'il admette dans les deux hypothèses ce que nous pouvons appeler le classement obligatoire.

L'immeuble appartenant à l'État sera classé par arrêté du Ministre de l'Instruction publique et des Beaux-Arts, en cas d'accord avec le ministre dans les attributions duquel l'immeuble se trouve placé. Dans le cas contraire, le classement sera prononcé par un décret rendu en la forme des règlements d'administration publique (Art. 2).

L'immeuble appartenant à l'État et présentant un intérêt artistique ou historique peut se trouver dans deux situations différentes : ou bien il fait partie du domaine public, c'est-à-dire qu'il est affecté à l'usage de tous, sans être susceptible d'appropriation privée, et alors il est inaliénable et imprescriptible ; ou bien, il appartient au domaine privé de l'État, c'est-à-dire qu'il n'est pas affecté à l'usage public et qu'il se trouve dans le patrimoine national au même titre auquel il pourrait se trouver entre les mains des particuliers. Les biens du domaine privé sont aliénables ; mais, dans les deux situations, ils appartiennent à l'État ; il ne peut donc être question de les exproprier pour les conserver ; seulement ils sont distribués, suivant leur destination, entre les diverses branches de l'Administration ; et chaque ministère a le soin des bâtiments affectés aux services qui dépendent de lui. Le législateur a pensé qu'au moment où on allait imposer à ces immeubles certaines conditions particulières quant à leur jouissance, il importait de consulter le ministre dont ils pouvaient relever. S'il s'agit d'un immeuble dépendant du ministère de l'Instruction publique et des Beaux-Arts, la question est simplifiée, le ministère n'a à prendre l'avis de personne ; il sera le maître de prendre, en toute liberté, son arrêté de classement. Mais si l'immeuble est, par exemple, une Porte de ville, faisant partie des fortifications d'une place comme à Cambrai et relevant du ministère de la Guerre, ou si c'est une cathédrale, comme celle de Lyon, dépendant du ministère des Cultes, le Ministre de la Guerre ou celui des Cultes devra donner son avis sur l'utilité ou l'opportunité du classement. S'ils sont d'accord avec le Ministre des Beaux-Arts, tout est immédiatement terminé : ce dernier prend l'arrêté de classement.

Mais il faut prévoir le cas, qui sera très fréquent en pratique, où les autres ministres, gardiens jaloux des intérêts qui leur sont confiés et peu soucieux de ceux de l'art, verront avec déplaisir l'immixtion d'une autorité étrangère dans les édifices qui leur sont confiés ; ils opposeront des raisons d'utilité pratique. Leurs deux autorités sont égales ; et, alors même qu'il n'y a pas de conflit à craindre entre deux membres d'un même conseil des Ministres, il faut charger une autorité supérieure de trancher ce différend. C'est au chef de l'État statuant en Conseil d'État que cette mission a été dévolue. Le conflit sera porté devant lui ; il est le meilleur juge pour faire la part égale aux intérêts de l'art ou de la défense nationale ou des nécessités budgétaires ; le classement sera alors prononcé par un décret rendu « en la forme des règlements d'administration publique ». Le président de la République décidera, le Conseil d'État entendu, s'il y a lieu de passer outre à la résistance faite par le Ministre intéressé. Cette forme, qui est celle adoptée pour le cas où le Président doit exercer par délégation spéciale son pouvoir réglementaire, est indiquée par la loi comme devant être revêtue par certains décrets qui ne sont pourtant pas généraux dans leur objet ; c'est ainsi que doit être rendue la déclaration d'utilité publique en matière d'expropriation en vertu de la loi du 27 juillet 1870. Le projet de décret est soumis à l'assemblée générale du Conseil d'État ; cette assemblée, formée de tous les éléments qui représentent dans son sein les divers intérêts du pays, est éminemment propre à prendre une décision impartiale sur la question qui lui est soumise. Car, si nous avons employé, en parlant de cette hypothèse, l'expression de classement obligatoire, nous ne voudrions pas que l'on exagère notre pensée ; ce que nous voulons dire pour ce cas comme pour celui où le monument appartient à un établissement public autre que l'État, c'est que pour le classement un décret pourra forcer la main à ceux qui détiennent l'édifice ; nous ne voulons pas dire que l'on doive nécessairement le classer.

Le Conseil d'État devra régulièrement délibérer ; toutefois son avis ne liera pas le Président de la République. Plaçons-nous, par exemple, dans l'hypothèse d'un conflit entre deux ministres : si les objections présentées par le Ministre de la Guerre au point de vue de la défense nationale semblaient suffisamment probantes, le Conseil d'État serait le maître de donner un avis contraire à celui du Ministre des Beaux-Arts. Ce ne sera pas l'opposition du Ministre de la Guerre qui aura empêché de plein droit le classement, ce sera d'une part l'opinion, mûrement discutée, du Conseil d'État, et d'autre part le refus du chef de l'État, s'il veut bien s'y conformer ; car le Président de la République pourrait très bien rendre un décret dans le sens opposé à l'avis du Conseil. Il faut remarquer d'ailleurs que, dans le cas qui nous occupe, le chef de l'État est appelé à trancher la question en dernier ressort. Dans les différents autres cas, ainsi que nous le verrons en traitant de l'expropriation, l'Administration, après le refus du classement, peut employer cet autre procédé pour en arriver à ses fins ; mais, comme ici l'immeuble appartient déjà à l'État, cette voie indirecte ne peut être mise à réquisition ; le Ministre des Beaux-Arts n'a plus de recours.

C'est une importante différence établie entre les monuments appartenant à l'État et ceux appartenant aux établissements publics dont le législateur se préoccupe dans le deuxième alinéa de l'article 2. Tant qu'il s'agissait d'un immeuble appartenant à l'État, la question de propriété n'était pas sérieusement en jeu ; il importait seulement que l'intérêt artistique et historique ne fît pas oublier les autres intérêts de l'État ; dès que nous nous trouvons en présence d'un établissement public propriétaire, un élément nouveau doit intervenir. Cet établissement public doit donc être consulté : son droit va être altéré par la mesure du classement ; il importe qu'il soit au moins prévenu des intentions de l'Administration lors même qu'elle ne doit pas être arrêtée par son refus.

L'immeuble appartenant à un département, à une commune, à une fabrique ou à tout autre établissement public, sera classé par arrêté du Ministre de l'Instruction publique et des Beaux-Arts s'il y a consentement de l'établissement propriétaire et avis conforme du ministre sous l'autorité duquel l'établissement est placé. En cas de désaccord le classement sera prononcé par un décret rendu dans la forme des règlements d'administration publique (Art. 2, 2e alinéa).

Le texte du second alinéa ajoute au consentement du propriétaire l'avis conforme du ministre sous l'autorité duquel l'établissement est placé. C'est la condition que nous avons déjà trouvée dans le premier alinéa pour les immeubles de l'État. Mais, ici, cette intervention a un caractère particulier, c'est celui d'une protection accordée à l'établissement public contre les conditions trop onéreuses qui pourraient parfois résulter pour lui du classement. Il est certain que, seul, il aurait pu se trouver un peu à la merci de l'Administration. Une commune, par exemple, ne serait-elle pas désarmée vis-à-vis de la toute-puissance d'un Ministre des Beaux-Arts ? C'est pourquoi le Ministre de l'Intérieur, qui remplit vis-à-vis d'elle les fonctions que l'on désigne sous le nom de tutelle administrative, est appelé à intervenir et à soutenir les intérêts de la commune, s'ils se trouvent en conflit avec ceux de l'Administration des Beaux-Arts.

Pour que le Ministre des Beaux-Arts puisse procéder au classement par voie d'arrêté, il faut la réunion des deux conditions : consentement de l'établissement, et avis conforme du ministre. Le manque de l'un de ces éléments suffit pour que l'affaire soit renvoyée au chef de l'État, et il sera, après examen, statué sur la question par décret rendu en la forme des règlements d'administration publique. La personnalité de l'établissement public est suffisamment sauvegardée par ce moyen ; et il n'était pas nécessaire de recourir à la mesure proposée par le sénateur Combes. Dans un amendement, lors de la discussion de l'article 2, M. Combes aurait voulu que le veto du ministre, sous l'autorité duquel l'établissement est placé, fût déclaré tout puissant ; il prétendait que sans cette mesure la liberté de l'établissement était sacrifiée. Le rapporteur n'eut pas de peine à démontrer que devant le Président de la République statuant en Conseil d'État il n'y avait pas de raison pour que le Ministre des Beaux-Arts fut entendu plus favorablement que le Ministre de l'Intérieur ; et que, du moment où l'établissement était ainsi secondé, il n'avait rien à craindre d'une partialité éventuelle ; l'influence du ministre sera assez puissante pour protéger l'établissement même malgré lui, si tant est que l'on puisse appeler une protection, le fait d'empêcher le classement. On peut très bien supposer, en effet, que l'établissement lui-même accepte le classement ; et que, pourtant, sur les observations du ministre intéressé, le Conseil d'État donne un avis défavorable à la demande simultanée du Ministre des Beaux-Arts et de l'établissement propriétaire.

L'un ou l'autre, en effet, peut prendre l'initiative du classement, ainsi que l'expliquent avec beaucoup de précision les articles 2, 3 et 4 du décret portant règlement d'administration publique pour l'exécution de la loi du 30 mars 1887, décret qui avait été annoncé par elle dans son article 18 et qui a été signé le 3 janvier 1889. L'article 4 du dit décret prévoit particulièrement l'hypothèse dont nous parlions : *Si l'établissement public n'a pas donné son consentement, ou si l'avis du ministre sous l'autorité duquel l'immeuble est placé n'est pas favorable, le Ministre de l'Instruction publique et des Beaux-Arts transmet avec le projet de décret et l'avis de la Commission des Monuments historiques les observations des administrations ou établissements intéressés et celles de son collègue.* De même, nous avons déjà vu que, s'il s'agit d'un immeuble de l'État, le

Ministre des Beaux-Arts transmet au Conseil d'État avec le projet de décret les observations de son collègue. Ces pièces, jointes à l'avis de la Commission des Monuments historiques, constituent tous les éléments nécessaires pour donner au conflit la solution la plus rationnelle. L'article 3, *in fine*, du décret a même pris la précaution d'indiquer qu'au cas d'affectation de l'immeuble dont s'agit, l'affectataire doit être consulté : on se trouve là, en fait sinon en droit, en présence d'un droit de jouissance qui doit être respecté autant que le droit de propriété lui-même.

Nous venons de traiter dans cette dernière hypothèse du cas où l'édifice à classer appartient à un établissement public. Une difficulté assez sérieuse s'est élevée sur le sens que l'on doit donner à cette expression : on sait en effet que la doctrine et la jurisprudence la plus récente de la Cour de cassation (28 octobre 1885, S. 86, 1, 436, et 1er décembre 1886, S. 87, 1, 105) ont défini d'une manière particulière les établissements publics par rapport aux établissements d'utilité publique. Ces personnes morales, confondues parfois sous la même dénomination, se distinguent, en effet, par certains caractères très remarquables. Les établissements publics sont créés pour la gestion des services publics ; ils représentent légalement des intérêts collectifs, et font partie de l'administration elle-même. Les établissements d'utilité publique, au contraire, ne relèvent pas directement de l'État ; ils sont plutôt des personnes d'ordre privé, et ne se rattachent au Gouvernement que par la nécessité d'une reconnaissance officielle, qui seule peut leur donner l'existence civile, et de la surveillance incessante qu'il devra exercer sur eux.

Or, faut-il donner ici, à l'expression *établissements publics*, le sens restreint que comporte cette dernière interprétation, et exclure les établissements d'utilité publique du régime que nous venons de décrire, pour les assimiler aux particuliers soumis au contraire à des règles spéciales

que nous allons avoir à examiner? Dans un remarquable
travail sur la loi du 30 mars 1887, auquel nous avons eu
souvent à nous reporter, M. Ducrocq se décide en faveur du
sens restreint du mot « établissements publics ». Par leur
nature même, d'après lui, les établissements d'utilité publique se rapprochent davantage des particuliers ; ils sont
en dehors de l'administration publique ; de plus, ils ne sont
pas nommés dans la nouvelle loi ; or cette loi, quoique
vraiment « salutaire », n'en est pas moins, au dire de
M. Bardoux, une loi d'exception en ce qu'elle modifie et
restreint le droit de propriété. Elle établit une série de
règles différentes selon qu'il s'agit d'immeubles appartenant à un établissement public ou à un particulier, non
seulement pour le classement, mais pour le déclassement
et les fouilles ; ce seraient, d'après M. Ducrocq, tout autant
de différences nouvelles à relever entre les établissements
publics et ceux d'utilité publique, ces derniers devant être
assimilés aux particuliers. « La loi étant restrictive, dit-
il, pour qu'elle atteigne les établissements d'utilité publique il faut qu'elle l'ait dit ; il est donc juste que son silence
soit interprété par l'application du régime légal le plus
rapproché du droit commun ». Il adopterait le critérium
suivant : s'agit-il de textes dérogatoires au droit commun,
leurs dispositions ne peuvent être étendues aux simples
établissements d'utilité publique sans que cela soit spécifié ;
s'agit-il au contraire de textes qui font aux établissements
publics l'application du droit commun, ils sont *a fortiori*
applicables aux établisssements d'utilité publique. C'est ainsi
que dans l'article 16 de la nouvelle loi, qui porte qu'en Algérie la propriété des objets mobiliers trouvés dans les concessions faites aux particuliers ou aux établissements publics
est réservée à l'État, il est d'avis que cette disposition qui
met sur le même pied les particuliers et les établissements
publics, réservant à l'État une sorte de domaine éminent,
doit s'appliquer aussi aux établissements d'utilité publique.

Nous reconnaissons bien que les établissements d'utilité publique sont, ordinairement, d'initiative privée ; et que, par certains côtés, ils se rapprochent des particuliers. Le système présenté par M. Ducrocq est donc parfaitement logique et juridique ; mais nous ne croyons pourtant pas pouvoir nous y rallier, car, nous ne pensons pas qu'au fond ce système soit celui adopté par la loi de 1887. Pour si logique que soit l'argumentation de M. Ducrocq, le résultat, auquel on aboutit, n'est-il pas très arbitraire quand on arrive à décider que, dans les articles 23 et suivants, de la loi du 30 mars 1887, le législateur, en employant l'expression « établissements publics », entend exclure ceux d'utilité publique ; tandis qu'au contraire, dans l'article 16, il entend les renfermer sous la même expression ? Il nous semble impossible que l'on puisse admettre un même terme, pris ainsi successivement dans deux sens différents, dans le même texte, sans que rien ne doive nous en faire apercevoir. A côté des différences que nous avons signalées, établissements publics et établissements d'utilité publique présentent de nombreux points de ressemblance ; tous, ils doivent l'existence à une intervention du pouvoir public sans laquelle ils ne pourraient exister ; ils ont pour but de s'occuper des intérêts généraux ; ils ne prennent fin que par un acte de la volonté souveraine ; enfin, dans tout le cours de leur vie sociale, ils sont soumis les uns comme les autres à cette surveillance incessante que l'on a appelée la tutelle administrative ; il y a donc autant de raisons pour les assimiler que l'on peut en donner pour faire deux catégories différentes.

On peut trouver d'ailleurs, dans les travaux préparatoires, un important argument en faveur de notre manière de voir. M. Rousse, dans son avant-projet (art. 6), n'avait pas voulu classer les propriétés des particuliers d'une manière effective ; il les mettait bien sur la liste, mais ne soumettait au régime spécial que les monuments et objets d'art ap-

partenant « aux départements, aux communes, aux églises,
aux communautés religieuses et collèges , autres établissements ayant une existence légale ». Les communautés religieuses, les collèges sont des établissements d'utilité publique : or le Conseil d'État a, d'une part, ajouté les
particuliers ; et, de l'autre, simplifiant la formule, après
avoir énuméré, comme dans le projet, les départements,
les communes, les fabriques, il a ajouté simplement « les
établissements publics », entendant englober, par là, les
collèges et communautés religieuses dont il supprimait les
noms.

Et il nous semble, qu'au lieu de contrarier cette opinion,
le silence absolu, que garde la loi sur les établissements
d'utilité publique, est au contraire pour la confirmer. Si
le législateur de 1887 n'en parle pas, c'est qu'il voit là une
distinction, une subdivision des établissements publics que
la jurisprudence et la doctrine ont pu établir, mais qu'il
veut ignorer. Pour lui, il ne voit que deux classes de propriétaires : les personnes réelles, les particuliers qui ont
le droit de propriété dans toute sa plénitude, et les personnes morales qui n'existent qu'en vertu d'une fiction
de la loi et qui dès lors ne possèdent en définitive que les
droits que l'on a bien voulu leur conférer. C'est à ce point
de vue particulier qu'il faut se placer, nous semble-t-il,
pour juger sainement de l'intention du législateur ; il n'a
pas, ici, à s'occuper du but que poursuit l'établissement ;
il ne le considère que dans sa manière de posséder ; dès
lors, il prend établissement public dans le sens général et
seulement comme antithèse à propriétaire privé ; et le
sens, que nos adversaires sont contraints de lui reconnaître dans l'article 16, est le sens véritable qu'on a voulu lui
donner dans l'ensemble de la loi. On nous opposera, peut-
être, que le législateur, dans son énumération, ne parle que
du département, de la commune, de la fabrique, et que ce
sont là des établissements publics au sens strict du mot ;

qu'il fait de même dans l'article 3 du règlement à propos des personnes chargées de représenter ces établissements. Mais comme, après avoir cité tous les exemples les plus remarquables et les plus fréquents, la presque totalité des établissements publics proprement dits, la loi ajoute le terme général *et tout autre établissement public*, il est lé-légitimement permis d'en conclure que cette énumération n'est pas limitative, et qu'elle n'a d'autre portée que de préciser la volonté de la loi par rapport à certains établissements déterminés. Contrairement à l'opinion de M. Ducrocq, nous croyons donc qu'à l'égard des établissements d'utilité publique l'Administration est armée de la même manière qu'à l'égard des établissements publics proprement dits. Nous ne sommes pas touché par la considération, à laquelle il fait allusion, qu'en pratique les établissements d'utilité publique sont des corps savants qui sauront par eux-mêmes conserver les monuments qui sont sous leur dépendance : s'ils sont si bien disposés, ils n'auront rien à objecter au classement, qui, au fond, nous le verrons un peu plus loin, ne constitue pas une charge bien onéreuse ; si, au contraire, ils se montraient rebelles aux intentions de l'Administration des Beaux-Arts, il nous semble que leur existence, dépendante par tant de côtés de la loi et ne renfermant pas les caractères privilégiés de l'individualité humaine, ne leur permettrait pas de se créer une situation à part et d'obtenir un classement facultatif, alors que, pour les autres établissements, le classement serait forcé.

Nous avons vu ce qu'il fallait entendre par classement forcé. Si le Président de la République après avis du Conseil d'État est toujours le maître de se rendre aux représentations de l'établissement propriétaire, la situation n'en est pas moins profondément différente de celle qui est faite au particulier propriétaire. A son égard, en effet, le classement n'est plus forcé même dans cette limite, il est purement facultatif. *L'immeuble appartenant à un parti-*

culier, dit l'article 3 de la loi, *sera classé par arrêté du Ministre de l'Instruction publique et des Beaux-Arts, mais ne pourra l'être qu'avec le consentement du propriétaire.* L'assentiment du particulier est ici impérieusement exigé ; et l'Administration ne peut, comme dans le cas précédent, soumettre en dernier ressort la difficulté à la haute autorité du chef de l'État. On est arrivé sur la limite où le domaine du droit privé et celui de l'État sont contigus ; et l'on n'a pas voulu la franchir par un scrupule qui répond pleinement aux préoccupations qui furent plusieurs fois exprimées au Parlement. Dès qu'il est question d'un monument appartenant à un particulier, le législateur de 1887 ne veut pas créer d'armes spéciales ; et il se contente de lui appliquer le droit commun de la loi de 1841, en admettant la possibilité pour l'administration de l'exproprier pour cause d'utilité publique dans les formes prévues afin de garantir son droit et sa liberté.

Aussi, dans le cas où le propriétaire accepte le classement que l'on veut faire d'un immeuble qu'il possède, ce classement prend un caractère tout particulier que le règlement d'administration publique a très bien fait ressortir. Le classement ne peut être prononcé qu'après que le particulier propriétaire en a adressé la demande au Ministre des Beaux-Arts ou qu'il a donné son consentement par écrit à la proposition de classement qui a été faite. *L'arrêté qui prononce le classement en détermine les conditions et mentionne l'acceptation de ces conditions par le propriétaire* (art. 5 du décret du 3 janvier 1889). Celui-ci accepte librement la mesure qui va l'atteindre ; mais, comme, ce faisant, il renonce au droit d'opposition que lui laissait le législateur, il est juste qu'il puisse stipuler certaines clauses particulières et discuter les conditions imposées par l'administration ; il pourra, par exemple, indiquer que le classement ne devra porter que sur telle ou telle partie de l'édifice, comme la tour d'un château ; ou que le fait du classement ne devra entraîner aucune modification dans sa destination actuelle, de servir de bibliothèque par hypothèse. Il faut bien remarquer, du reste, que le propriétaire ne pourrait pas insérer de clauses qui altéreraient les caractères du classement tels qu'ils sont réglés par la loi ; car ce serait s'attaquer à des dispositions d'ordre public. Aussi l'acte n'a-t-il plus d'un arrêté que le nom et la forme ; et est-il plutôt une convention, une sorte de contrat administratif ; ce n'est pas à proprement parler un acte de puissance publique, c'est plutôt une entente signée entre l'État et le particulier dépositaire de la parcelle du patrimoine artistique du pays qu'il s'engage à conserver.

La loi du 30 mars 1887 a marqué ce caractère en indiquant que la décision à intervenir sur les conflits élevés en cette matière serait contentieuse, car elle a tenu à réserver la compétence administrative pour cet acte qui forme la charte des parties. L'article 3 est ainsi conçu : *S'il y a contestation sur l'interprétation ou l'exécution de cet acte, il sera statué par le Ministre de l'Instruction publique et des Beaux-Arts, sauf recours au Conseil d'État statuant au contentieux.* Or, on sait que pour qu'il y ait contentieux il faut qu'il y ait un droit violé et deux parties en cause. Le législateur, et c'était son droit, a voulu que toutes les controverses, qui pourraient naître de cet acte d'un caractère mixte et qui n'est que par suite d'une concession un acte de gestion, restassent de la compétence administrative du Ministre en premier ressort et du Conseil d'État au contentieux en appel et en dernier ressort. Comme M. Bardoux l'expliquait dans la séance du Sénat du 1ᵉʳ juin 1886, à la deuxième délibération du projet de loi, on a ajouté à « interprétation » le mot « et exécution », pour bien indiquer que l'on voulait atteindre par là comme on l'avait fait dans la loi du 28 pluviôse an VIII toutes les questions portant et « sur le sens littéral de l'arrêté et sur les conditions du contrat en lui-même ». Il y a une sorte de contrat, et le propriétaire doit l'accepter d'une manière formelle par écrit, à moins que ce ne soit lui-même qui ait pris l'initiative du classement.

Le règlement du 3 janvier 1889 a nettement distingué les deux manières différentes dont le classement peut être provoqué : le cas le plus ordinaire est celui où l'initiative appartient au Ministre de l'Instruction publique et des Beaux-Arts. Il prend l'avis de la Commission des Monuments historiques, qui le plus souvent lui aura désigné, d'elle-même et d'abord, l'édifice à conserver ; puis il sollicite l'assentiment de son collègue qui est chargé dudit édifice, s'il appartient à l'État ; s'il appartient à un établissement public, il doit encore s'adresser au ministre dans les attributions duquel se trouve l'établissement ; le ministre provoque alors le consentement du propriétaire. Dans le cas où l'immeuble serait l'objet d'une affectation, par exemple, un édifice communal affecté aux cultes, l'affectataire qui, de lui-même, ne pourrait pas requérir le classement, devra être nécessairement consulté (art. 3 du décret). La loi n'a pas prévu quelle serait la valeur attachée à son opinion, et n'a pas donné pour conséquence à son opposition la nécessité de porter l'affaire devant le Conseil d'État ; le Ministre des Beaux-Arts, fort du consentement du propriétaire, pourra donc passer outre aux représentations de l'affectataire ; mais nous croyons qu'il se montrera beaucoup plus respectueux de l'esprit de la loi en soumettant, même dans ce cas, la solution du conflit au Conseil d'État.

Le ministre agira de la même façon vis-à-vis du particulier dont il voudra classer l'immeuble ; le décret, sans s'expliquer sur la manière dont on l'obtiendra, dit simplement qu'il devra *donner son consentement par écrit* (art. 5). En pratique, le ministre devra notifier au propriétaire privé son arrêté, si c'est lui qui prend l'initiative du classement ;

mais nous verrons, un peu plus loin, que le silence de la
loi a donné lieu, ici, à une controverse très regrettable sur
les effets de ce classement préalable dont on veut nier
l'existence et que le décret de 1889 admet pourtant avec
beaucoup de netteté dans son article 7 sur lequel nous aurons à revenir. Mais, à côté de cette initiative du ministre,
la loi suppose aussi le cas où c'est le propriétaire de l'immeuble qui, soucieux des intérêts de l'art et de l'histoire,
qui ne sont pas au fond en contradiction avec ses propres
intérêts, en réclame le classement. Le ministre, dans les
attributions duquel l'édifice est placé, le particulier propriétaire, les représentants de l'établissement public, doivent, dans ce cas, adresser leur demande au Ministre de
l'Instruction publique et des Beaux-Arts (art. 2 et 3 du décret du 3 janvier 1889). Les représentants légaux de chaque établissement sont chargés de ce soin qui rentre dans
l'ensemble général de leurs attributions : la loi a voulu
préciser pourtant certains exemples. Pour le département,
ce sera l'affaire du préfet avec l'autorisation du Conseil
général ; pour la commune, du maire avec l'autorisation
du Conseil municipal ; pour la fabrique, le demandeur sera
le trésorier du Conseil avec l'autorisation de ce Conseil : il
y a là l'application du droit commun. Le fait rentre dans
les pouvoirs d'un administrateur et nous ne pouvons pas
nous ranger à l'opinion soutenue par M. Henri Morgand
dans le remarquable travail sur la loi du 30 mars 1887 que
nous avons eu déjà l'occasion de citer plusieurs fois ; il
voudrait assimiler la demande de classement à une sorte
d'aliénation et, par suite, aux termes de l'article 69 de la
loi du 5 avril 1884, il faudrait que le Conseil de fabrique,
par exemple, de même qu'une Commission administrative
d'hospice, obtienne l'avis du Conseil municipal. Sans entrer ici en discussion sur la nature même du classement,
que nous ne connaîtrons bien qu'après en avoir étudié les
effets, le texte répond nettement en autorisant le Conseil

de fabrique à se passer de l'avis du Conseil municipal. C'est, à notre avis, cette interprétation qui doit triompher, et tous administrateurs d'établissements publics pourront demander le classement dans la forme requise.

La demande de classement doit, en effet, remplir certaines conditions : aux termes du règlement (art. 6) *elle doit être accompagnée, entr'autres pièces, des documents graphiques représentant l'ensemble ou les détails intéressants du monument dont le classement est demandé, et, autant que possible, des photographies des principaux aspects.* Déjà antérieurement la jurisprudence avait ordonné, de même que les circulaires ministérielles, le dépôt d'un mémoire descriptif de plans, de dessins. La législation n'a fait que se conformer, avec beaucoup de logique, aux progrès de la science en substituant aux à peu près d'un dessin les fac-simile d'une exactitude absolue que donne la photographie : cette heureuse innovation devrait servir d'exemple pour bien des cas analogues où le droit aurait le même intérêt à suivre pas à pas les découvertes modernes. Pour éviter les lenteurs parfois excessives des instructions administratives, la loi a cru devoir stipuler que, *lorsque l'accord s'établit entre le Ministre des Beaux-Arts et l'établissement ou le particulier propriétaire de l'établissement classé, du jour où il sera conclu commencera à courir un délai de six mois dans lequel l'arrêté du ministre devra intervenir ; à défaut d'arrêté pris dans ce délai, le projet de classement sera considéré comme abandonné* (art. 7 du décret du 3 janvier 1889). Il y a un état transitoire qui ne peut sans inconvénient durer indéfiniment ; le monument est classé sous condition résolutoire ; l'acceptation du propriétaire, ou sa demande, constitue de sa part une promesse par laquelle il est astreint à certaines obligations : on ne peut équitablement le contraindre à maintenir ses offres indéfiniment, si l'autre partie contractante, l'Administration, ne donne pas de suite aux formalités commencées ; c'est le droit commun des offres en matière de contrat.

En pratique, le propriétaire, ou l'établissement qui voudra faire classer un édifice, n'aura donc qu'à s'adresser au ministre par voie de requête, en joignant à sa demande la description la plus complète possible de l'édifice dont s'agit. Aux termes d'une circulaire déjà ancienne, il pourra envoyer un devis approximatif des dépenses à faire ; et il fera bien de communiquer les délibérations et rapports des sociétés savantes de la région, qui auront eu l'occasion de s'en occuper et dont l'avis sera d'un grand poids. Il serait très important pour lui s'il pouvait invoquer à l'appui de ses prétentions un vote du Conseil général de son département. En maintes occasions, les Conseils généraux se sont montrés très éclairés sur la question, n'hésitant point à voter des subventions pour assurer la conservation au moins provisoire des monuments ; et, connaissant leur haute influence dans les sphères gouvernementales, ils ont attiré, avec raison et patriotisme, sur certaines portions du domaine artistique l'attention de l'État. Dans sa demande le propriétaire devra bien spécifier, d'ailleurs, dans quelles conditions il demande le classement, ce qu'il entend y comprendre, ce qu'il entend réserver, car il ne faut pas oublier qu'ici la convention fait la loi des parties.

Nous reconnaissons que, d'après la nouvelle législation, le classement est une mesure très large ; et qu'à la question de savoir « ce qu'on peut classer » la réponse est très complexe. C'est pourquoi nous tenons à spécifier que tout ce que nous venons de dire se rapporte particulièrement aux immeubles qui restent, comme on le comprend facilement, la partie la plus importante du domaine que la loi nouvelle a pour but de protéger. Dans son article 1ᵉʳ que nous avons déjà cité, elle s'exprime ainsi : *Les immeubles par nature ou par destination dont la conservation peut avoir au point de vue de l'histoire ou de l'art un intérêt national seront classés en totalité ou en partie par les soins du Minis-tre de l'Instruction publique et des Beaux-Arts.* Il faut se rappeler qu'il y a trois espèces d'immeubles : nous n'avons pas à nous occuper ici des immeubles par détermination de la loi qui sont des valeurs incorporelles, mais il faut examiner les deux autres espèces, immeubles par nature et par destination. Les immeubles par nature sont les fonds de terre ; et, par extension, comme la propriété du sol emporte celle du dessus et celle du dessous, tous les édifices et constructions que l'on a faits sur ce sol, et tout ce qui en forme partie constitutive. Les immeubles par destination, au contraire, sont des objets mobiliers (V. Aubry et Rau, § 164) qui sont mis au rang d'immeubles parce qu'ils ont été affectés par le propriétaire d'une manière permanente à l'usage ou à l'ornement d'un fonds de terre ou d'un bâ-timent dont ils ne font pas partie nécessairement.

Il est parfois difficile de distinguer les objets qui forment partie constitutive du bâtiment, et qui sont, par suite, im-meubles par nature, de ceux qui, tout en y étant attachés à perpétuelle demeure, pourraient toutefois en être enle-vés sans que l'existence de l'édifice en fut modifiée, et qui sont les immeubles par destination. C'est ainsi que dans une maison les fenêtres, les parquets, les boiseries seront classés dans la première catégorie : les paratonnerres, les tuyaux de descente des eaux, les glaces, les statues, seront considérés comme des immeubles par destination. Mais, ici encore, il faut préciser, et exiger, pour que ces objets mobiliers revêtent ce caractère, qu'ils aient été attachés à l'immeuble par le propriétaire avec l'intention d'en faire des accessoires inséparables du fonds. Ceci résultera le plus souvent de l'examen des faits ; c'est ainsi qu'aux ter-mes de l'article 525 et de la jurisprudence, cette condition se rencontre pour les objets scellés aux bâtiments, à chaux, à plâtre ou à ciment ; pour les glaces, tableaux et orne-ments, lorsqu'ils font corps avec les boiseries ; pour les statues quand elles sont placées dans une niche de maçonnerie faite exprès pour les recevoir. Par assimilation, des arrêts ont considéré, comme des immeubles par destination, des statues posées sur un piédestal incorporé au sol, et une horloge placée dans une partie d'un bâtiment particulièrement appropriée pour la contenir ; hors de là, ces objets restent meubles, et sont soumis aux dispositions particulières concernant le classement des meubles. La loi, qui, en se permettant de classer ces deux catégories d'immeubles, a voulu témoigner de l'élasticité dont elle voulait faire jouir sa nouvelle réglementation, en a donné une autre preuve en permettant qu'on les classe « en totalité ou en partie ».

On peut choisir dans l'édifice une portion quelconque, une fenêtre, une tour, une chapelle : ainsi est réduit à sa plus stricte limite l'inconvénient qui peut résulter du classement pour la commodité du propriétaire et la liberté des biens ; et, en même temps, on évite de préparer pour le budget des monuments historiques de trop importants frais d'entretien. Il semble résulter du texte que même les immeubles par destination pourraient être classés pour partie ; le législateur n'a peut-être pas rendu ici sa pensée avec toute la clarté désirable. L'immeuble par destination forme ordinairement un tout complet et indivisible ; et nous croyons que l'interprétation véritable du texte doit être la suivante. La loi veut dire que l'on peut classer un immeuble par destination qui serait contenu dans un immeuble qui ne serait pas lui-même classé. Il va de soi que, lorsqu'un immeuble est classé, le classement atteint tous les immeubles par destination qu'il renferme.

Mais si les caractères indiqués par l'article 525 comme constituant l'essence des immeubles par destination ne sont pas limitatifs, il ne faudrait pas, à notre avis, procéder à des extensions qui ne seraient pas juridiques. La doctrine est formelle ; les immeubles par destination de-

viennent meubles d'une manière absolue par leur séparation du fonds sur lequel ils étaient placés, ou auquel ils
se trouvaient attachés (V. Demolombe, IX, 322). Car il
faut bien remarquer qu'avant même de stipuler directement le classement des meubles, le législateur avait permis le classement des plus importants d'entre eux, en pratique, en autorisant le classement des immeubles par
destination. C'est ainsi que, sur une observation de M. de
Gavardie dans la discussion au Sénat, on avait reconnu ce
caractère aux orgues des églises, à propos des orgues de
St. Sever (Landes) qui avaient déjà été portées sur la liste
des monuments historiques antérieurement à la nouvelle
loi. Et si, une fois détachés de leurs monuments, ces accessoires perdaient leur caractère d'immeubles, ils ne ces-
seraient pas pour cela d'être frappés du classement qui
les avaient atteints comme immeubles mais qui ne serait
point altéré par le fait de la séparation d'avec l'immeuble
par nature auquel ils étaient joints. Le législateur, en
définitive, est arrivé ainsi, par une voie détournée, pour un
très grand nombre de cas, à un classement de meubles
plus étendu même que celui qu'il devait permettre plus
tard, comme nous allons le voir, puisqu'on peut classer
les immeubles par destination des particuliers tandis qu'on
ne peut pas classer leurs meubles.

Une dernière difficulté s'élève sur ces immeubles par
destination : peut-on admettre qu'on puisse les exproprier ?
La question s'est posée à propos des monuments mégalithiques dont la conservation avait déjà fait l'objet d'un remarquable rapport de M. Tétreau, président au Conseil d'État, en
date du 8 janvier 1881. Il nous semble résulter du texte de
l'article 5 de la loi de 1887, que nous aurons à étudier longuement un peu plus loin, non moins que de la nature
des choses, que le législateur n'a point voulu le permettre.
Dans son premier alinéa, il vise expressément la loi de
1841 sur l'expropriation pour en faire l'application aux

monuments classés ; et dans le deuxième alinéa il met cette disposition particulière, dont l'utilité n'apparaît pas tout d'abord mais qui ne peut s'expliquer, nous paraît-il, que par la solution que nous attribuons au législateur à l'égard des immeubles par destination : *Le ministre pourra dans les mêmes conditions poursuivre l'expropriation des monuments mégalithiques ainsi que celle des terrains sur lesquels ces monuments sont placés.* Pourquoi ces mesures à l'égard de monuments certainement fort intéressants, mais auquel il semblerait que le droit commun aurait largement suffi ? Nous croyons que le législateur s'est laissé guider par le raisonnement suivant : les monuments mégalithiques sont des immeubles par destination ; la loi de 1841 ne nous permettrait pas de les exproprier, or nous croyons que c'est une nécessité ; nous allons donc insérer un alinéa spécial, par lequel, par dérogation, nous permettrons l'expropriation des monuments mégalithiques avec les terrains sur lesquels ils sont placés. Le raisonnement était juste en ce qui concernait l'impossibilité d'exproprier les immeubles par destination. On ne peut les atteindre qu'avec le fonds auquel ils sont attachés à perpétuelle demeure. La loi de 1841 suppose nécessairement qu'il s'agit de terrains. Telle est la solution qu'admet dans son enseignement notre savant professeur de la Faculté de Lyon, M. Enou ; elle est aussi donnée par M. Batbie dans son remarquable *Traité de Droit public* (T. VII, p. 17). Mais l'application nous semble erronée, car nous ne voyons pas pourquoi l'on range les monuments mégalithiques parmi les immeubles par destination (Rapport de M. Bardoux au Sénat. Annexe au procès-verbal de la séance du 15 mai 1886, p. 23). Pourquoi ne pas les considérer comme des immeubles par nature ? Nous avons vu qu'on désignait par là toutes les constructions adhérentes au sol, ou même, aux termes de l'article 519 du Code civil, « toutes les machines fixes ou placées sur piliers ». L'article dit fixes et non fixée ; la simple adhérence par le poids suffit, comme le constatent MM. Aubry et Rau. Or les monuments mégalithiques sont essentiellement fixes, ceux qui sont établis sur les emplacements qu'ils occupent avec une solidité telle qu'ils subsistent alors que nous avons perdu tous souvenirs de leurs constructeurs. Si le mode d'édification employé diffère profondément de ceux en usage de nos jours, ils n'en constituent pas moins, pour le temps où ils ont été construits, le type des immeubles par nature. Quelles que soient les raisons qui ont déterminé le rapporteur, et que nous avouons ne pouvoir saisir, nous croyons qu'on peut néanmoins se ranger à un autre avis ; car il faudrait, alors, donner la même solution pour une croix placée sur la voie publique, un calvaire, une colonne ; et tous ces monuments sont pourtant des immeubles par nature parce qu'ils ont été construits par leurs propriétaires pour occuper d'une manière permanente l'emplacement où nous les voyons encore aujourd'hui. Nous croyons donc que, sur ce point, la loi de 1887 a commis la légère confusion que nous venons d'exposer ; à moins que l'on ne préfère adopter, pour l'alinéa dont il s'agit, une autre explication un peu subtile, et qui a surtout le tort de n'avoir point dû entrer dans les prévisions du législateur. On aurait eu en vue ces curieux monuments mégalithiques dont les alignements de Carnac (Morbihan) sont le type, et dont les rangées englobent parfois de très vastes étendues de terrain ; on aurait alors voulu stipuler la possibilité d'exproprier tout ce sol même dans le cas où les monuments étaient bien loin de le recouvrir en entier.

Quelle que soit l'opinion qu'on adopte à ce sujet, le législateur, en permettant le classement des immeubles par destination, ne faisait que faire pressentir le classement des meubles qu'il a admis dans l'article 8 de la nouvelle loi et que nous allons maintenant examiner.

CHAPITRE IV

CLASSEMENT DES MEUBLES.

Sommaire. — Comment se fait-il? — Les meubles des particuliers.
— Le classement préalable et le classement définitif. — Publicité
de la liste des meubles classés. — Caractères requis pour qu'on
puisse procéder à un classement. — Les intérêts scientifiques. —
Peut-on classer des objets modernes? — Dispositions concernant
les Colonies.

*Il sera fait par les soins du Ministre de l'Instruction pu-
blique et des Beaux-Arts un classement des objets mobiliers
appartenant à l'État, aux départements, aux communes,
aux fabriques et autres établissements publics, dont la conservation présente au point de vue de l'histoire ou de l'art
un intérêt national* (art. 8 de la loi du 30 mars 1887).

Le classement des meubles constitue une innovation sérieuse. Jusqu'alors, si on avait classé quelques immeubles
par destination, pour les meubles c'était une mesure absolument exceptionnelle : dans cette catégorie on ne peut
guère citer que le retable d'or de la cathédrale de Bâle qui
demeure un des plus précieux joyaux du musée de Cluny.
Par leur nature même, ils échappent en effet à toutes mesures pouvant en assurer la conservation : l'extrême facilité de leur transmission fait en sorte que l'on ne peut jamais savoir entre quelles mains ils se trouvent ; et, pour
être efficace, une surveillance devrait être incessante et par
là même vexatoire et inquisitoriale. Vis-à-vis des particuliers, cette mesure était inadmissible ; et, si l'on en excepte
l'hypothèse un peu étrange examinée plus haut de l'im-

meuble par destination séparé de l'édifice auquel il était attaché, on ne peut classer que les meubles appartenant aux établissements publics ou à l'État. Ce classement, comme celui des immeubles, se fait par un arrêté du Ministre des Beaux-Arts ; et l'initiative du classement peut être prise soit par ce ministre d'office, soit par l'établissement public, propriétaire de l'objet, ou par le ministre dans les attributions duquel se trouve l'objet, s'il appartient à l'État (art. 17 du décret du 3 janvier 1889). Quand c'est e propriétaire lui-même qui forme la demande et consent ainsi de prime abord au classement, tout se passe comme nous l'avons vu pour les immeubles ; il doit faire sa requête dans les mêmes formes, avec les pièces à l'appui. Mais, dans le cas où le Ministre des Beaux-Arts statue d'office, la loi a nettement déterminé la procédure un peu différente dans cette hypothèse, qui comporte textuellement le classement préalable dont l'existence pour les immeubles reste sujet à controverse.

Le Ministre des Beaux-Arts forme une liste de tous les objets mobiliers qu'il entend classer, sous la seule condition que ces objets appartiennent à l'État ou aux établissements publics : et, d'office, en les faisant figurer sur cette liste, il leur donne le caractère de monuments historiques classés avec toutes les conséquences qui en découlent. Il n'est point ici nécessaire qu'il y ait un accord avec l'établissement ; l'arrêté suffit ; mais, en revanche, un délai est ouvert au propriétaire pour présenter ses observations contre cette procédure un peu rigoureuse. Pour les établissements publics autres que l'État, *Le classement ne deviendra définitif que si le département, les communes, les fabriques et autres établissements publics n'ont pas réclamé dans le délai de six mois à dater de la notification qui leur en sera faite* (art. 9 de la loi du 30 mars 1887). Jusque-là il n'y aura eu qu'un classement préalable, un classement sous condition résolutoire. La notification, à partir de laquelle courra le délai de six mois, doit être faite et aux représentants légaux de l'établissement propriétaire, et au ministre dans les attributions duquel il est placé ; chacun d'eux, en effet, a le droit de réclamer, même s'ils ne parvenaient point à se mettre d'accord sur ce point. Le ministre, dans le cas où l'établissement garderait le silence, peut réclamer seul contre l'arrêté ; et alors le Ministre des Beaux-Arts doit transmettre au Conseil d'État son arrêté, l'avis de la Commission des Monuments historiques non seulement sur l'arrêté mais sur la réclamation, et la réclamation elle-même (art. 19 du décret du 3 janvier 1889). Le Président de la République, après délibération du Conseil d'État, devra statuer par décret : *En cas de réclamation, il sera statué par décret rendu en la forme des règlements d'administration publique* (art. 9 de la loi du 30 mars 1887).

Pour les départements et les communes le délai de six mois peut être légèrement augmenté, à cause du mode particulier de fonctionnement par session des assemblées qui représentent ces établissements, Conseils généraux et municipaux ; le délai ne court qu'à partir du dernier jour de la session ordinaire ou extraordinaire desdits Conseils dans laquelle cette notification aura été portée à leur connaissance (art. 12 du décret). L'article 18 du même décret indique, aussi, que le classement des meubles appartenant à l'État doit être notifié au ministre dans les attributions duquel est placé le service auquel il est affecté ; il semblerait que l'on devrait en conclure que ce ministre a un rôle analogue à celui qui lui est donné au cas de classement d'immeubles ; mais pourtant, que ce soit par oubli ou que ce soit intentionnellement, il n'en est pas moins certain que, dans l'article 9 de la loi, on donne le droit de réclamation contre le classement aux départements, aux communes, aux fabriques et autres établissements publics et qu'on ne le donne pas au ministre. Cette différence de traitement peut s'expliquer par le caractère spécial des objets mobiliers de l'État, visés par la loi, qui feront le plus souvent partie du domaine public d'après la jurisprudence actuelle, et aussi par l'intérêt médiocre que pourrait avoir un ministre à s'opposer au classement d'un meuble ; mais c'est alors la disposition de l'article 18 du règlement qui deviendra inexplicable, car la notification n'aura aucune importance pour un ministre qui est tout de suite désarmé par l'arrêté de classement.

Quelques Conseillers d'État avaient trouvé excessif le pouvoir de réclamation donné à l'établissement public sous prétexte que ces établissements, ne pouvant aliéner sans l'autorisation de l'État, ne sont jamais véritablement propriétaires ; et que le fait du classement n'a pas d'autres conséquences que l'adjonction peu onéreuse du contrôle du Ministre des Beaux-Arts. Mais on leur répondit, avec raison, qu'il peut y avoir désaccord dans les vues des deux ministres compétents, que l'établissement public peut avoir un intérêt majeur à aliéner son meuble, et qu'enfin certains établissements publics, le département par exemple, en vertu de l'article 46 de la loi du 10 août 1871, peuvent aliéner seuls ; l'établissement public a donc des droits qu'il importe de sauvegarder. C'est aussi l'avis de M. Morgand dans le travail que nous avons déjà eu l'occasion de citer. Nous croyons que la réclamation, dans la mesure où la loi l'a admise, est parfaitement fondée, et ne peut former aucun obstacle à l'efficacité de la loi. Cette efficacité est d'ailleurs assurée, autant qu'il est possible, par la mesure particulière de publicité que prend la loi à l'égard des meubles. Aux termes de l'article 9, *Un exemplaire de la liste des objets classés sera déposé au ministère de l'Instruction publique et des Beaux-Arts et à la préfecture de chaque département où le public pourra en prendre connaissance sans déplacement.*

Cette liste, qui est la preuve matérielle du classement, doit être aussi le moyen pour tous les intéressés de se

renseigner exactement sur la condition juridique des objets dont ils peuvent avoir à s'occuper. Il y avait déjà fort
longtemps d'ailleurs que l'on travaillait à un inventaire
général des richesses d'art. La Commission des Monuments historiques avait dressé sa liste ; d'un autre côté,
l'Administration des Beaux-Arts avait entrepris de faire un
dénombrement général de tous les objets d'art. Une commission chargée de ce soin avait été instituée par décision
ministérielle du 15 mai 1874 sur la proposition du mar-
quis de Chennevières. Des circulaires du 9 février 1878, des
1er et 10 mars 1878, ont achevé d'organiser la publication
de cet « Inventaire des richesses d'art de la France » dont
plusieurs volumes ont déjà paru. Sur cette liste toutes espèces de meubles peuvent être portées ; le texte emploie
l'expression tout à fait générale d'*objets mobiliers*. Une
note, accompagnant une instruction ministérielle du
5 avril 1887 sur les ménagements à prendre avant de con-
fectionner la liste des meubles, exige que l'on fasse connaître les propositions d'aliénation qui viendraient des
établissements publics, sans requérir toutefois en aucune
façon le consentement des propriétaires. On procède dans
ce même document à une énumération des objets atteints :
« tableau, statue, statuette, ivoire, bas-relief, tapisserie,
dentelle, illuminure ou miniature détachée de manuscrit,
cloche, bannières, oriflammes, drapeaux, vieilles armes
et meubles anciens ». Il ne faut y voir du reste qu'une série
d'exemples : d'une part, les boiseries, qui figurent dans
cette énumération, sont le plus souvent des immeubles par
destination, à moins d'entendre par là d'une manière générale tous les travaux de sculpture sur bois. D'autre part,
des catégories fort importantes ont été omises, qui pourtant fourniront matière à classement ; parmi elles nous citerons les objets d'orfèvrerie, argenterie, etc., les émaux,
les joyaux de toutes espèces, les manuscrits même non
enluminés et les incunables, les médailles. D'une manière

générale, il faut se souvenir que le législateur doit éviter d'entrer dans les détails qui sont du domaine de l'application et de la compétence des tribunaux chargés d'exécuter la loi.

On a d'autant mieux fait de se borner, dans les articles 8 et suivants de la loi, à l'expression générale, que dans l'article 16, à propos des objets à trouver en Algérie, auxquels il applique un régime spécial, le législateur a fait une énumération qui est également incomplète. Se basant sur le mode particulier des concessions par l'État, au moyen duquel la propriété particulière s'est souvent constituée dans cette région, la loi a réservé à l'État la propriété de tous les objets mobiliers intéressant l'art ou l'archéologie que l'on trouverait sur et dans les terrains concédés ; et le Sénat, sur l'avis de l'Académie des Inscriptions et Belles-Lettres, a voulu éclaircir son texte en énumérant *les objets d'art ou d'archéologie, édifices, mosaïques, bas-reliefs, statues, médailles, vases, colonnes, inscriptions* (ces deux dernières catégories ajoutées par l'Académie). Faudrait-il en conclure qu'on ne pourrait atteindre les objets en métal ou en bois, rentrant par exemple dans le mobilier usuel, que cette liste néglige de désigner? Nous ne le croyons pas. La mesure, de par le motif qui la justifie, est générale ; c'est une réserve faite d'une sorte de domaine par l'État dans les terres qu'il aliène. Dès lors l'énumération, n'étant pas limitative, est inutile. Du reste, nous le répétons, on doit entendre la mesure du classement d'une manière très large ; et nous verrons, en parlant des fouilles, que, lors même que la loi semble n'envisager que le cas de l'expropriation des terrains, il nous semble qu'on pourrait aussi les classer, du moment où l'on y découvre des restes intéressant l'art ou l'histoire.

Pour que l'on puisse classer ces divers meubles, en effet, d'après la loi nouvelle, une seule condition est requise : il faut qu'ils touchent à l'art, l'histoire ou l'archéologie ou qu'ils présentent un intérêt national. Il en est pour les meubles comme pour les immeubles : il suffit qu'à l'un de ces quatre points de vue on puisse attacher du prix à son existence pour justifier soit son insertion sur la liste des meubles, soit son classement par un arrêté du Ministre des Beaux-Arts si c'est un édifice que l'on puisse d'ailleurs classer. Dans le remarquable travail auquel nous avons dû si souvent déjà nous reporter dans notre étude M. Ducrocq a établi, d'une manière irréfutable, que les quelques passages où le législateur semble exiger un intérêt à la fois artistique et historique sont le résultat d'une confusion. Des travaux préparatoires, et de l'ensemble du texte, la volonté du législateur ressort clairement. Ne peut-on même pas aller plus loin que M. Ducrocq et affirmer, comme nous l'avons déjà fait au chapitre premier, que la formule employée par la loi de 1887, pour manquer de précision, est néanmoins très compréhensive ?

Elle parle *des immeubles et des objets mobiliers dont la conservation peut avoir, au point de vue de l'histoire ou de l'art, un intérêt national* ; puis, à propos des fouilles, *des objets pouvant intéresser l'archéologie, l'histoire ou l'art* (art. 1, 8, 14). C'est par la combinaison de ces formules que l'on peut arriver à l'idée vraie, qui est d'atteindre tous objets importants au point de vue de l'archéologie, de l'histoire ou de l'art, ou présentant un intérêt national. Le mot « archéologie » nous semble surtout, nous l'avons dit, très bien choisi pour exprimer d'une manière complète les raisons si diverses qui peuvent exister de conserver certains objets. Nous renvoyons à ce que nous avons exposé plus haut : nous voulons seulement constater ici que la loi est très extensive, et que c'est à bon droit que l'on doit en élargir l'interprétation ; c'est intentionnellement que le législateur n'a pas employé l'expression *monuments historiques* dont le sens aurait pu paraître un peu étroit. On ne peut méconnaître qu'ils aient été l'objet premier de la sollicitude des gens de goût ; mais on a vu bientôt que l'art méritait autant d'égards que l'histoire ; puis, dans certains cas, comme il ne s'agissait strictement ni d'art, ni d'histoire, mais de la science du passé en général, on a pensé à parler des intérêts de l'archéologie ; notre regret est que l'on n'ait pas poussé plus loin les conséquences à tirer du principe qui était posé. Du moment où l'on a reconnu qu'il ne s'agissait pas seulement de l'histoire proprement dite, mais d'un intérêt d'un ordre tout particulier, d'un intérêt moral, intellectuel pour ainsi dire, on aurait dû sans hésiter le suivre et le protéger sous toutes ses manifestations. On l'atteint quand il s'agit du domaine artistique de la nation, on l'atteint quand il s'agit de ce patrimoine national des souvenirs et des gloires qui font le pays, on aurait pu, ce nous semble sans manquer à l'esprit de la loi, étendre la protection législative aux domaines de la science, et, sans s'arrêter à la seule science de l'archéologie, y soumettre tous les objets intéressant à un point de vue quelconque l'intelligence et servant aux progrès de l'esprit humain.

La question s'est d'ailleurs posée devant le Parlement : la Chambre avait, sur la demande de M. Bischoffsheim, l'un de ses membres, désigné les blocs erratiques comme susceptibles d'être classés ; la Commission du Sénat crut devoir supprimer cette disposition. Lors de la discussion en séance publique, M. Combes présenta un amendement afin que l'on rétablît la rédaction primitive, en insistant sur le grand intérêt que présentent ces énormes blocs de rocher, dispersés dans nos plaines où leur masse immense témoigne des convulsions redoutables par lesquelles a passé notre globe et qui ont seules pu être les agents de leur transport. M. Bardoux répondit que, tout en reconnaissant l'importance de ces restes du passé, il lui semblait qu'ils étaient tout à fait en dehors de l'histoire ou de l'art ; que c'étaient des phénomènes naturels ; et que, si on voulait les atteindre, il fallait faire une loi spéciale. Le Sénat fut entraîné par ce raisonnement. Il nous semble que, du moment où l'on devait, un peu plus loin et à bon droit, se laisser toucher par l'archéologie, on aurait pu céder aussi aux désirs de la géologie. Ces sciences d'ailleurs ne sont-elles pas des annexes de l'histoire ? Et peut-on actuellement prévoir à quel point il faudra placer les limites entre les sciences qui concourent à établir la progression ininterrompue, à travers les siècles, de l'humanité ? Tous les jours, en Orient, les découvertes de nos archéologues ouvrent aux historiens des champs nouveaux dont l'existence était ignorée jusqu'alors. Le principe de la protection de ces intérêts touchant à l'esprit humain une fois posé, nous voudrions que l'on puisse agir au nom de la géologie, de la minéralogie, des sciences naturelles, des sciences physiques elles-mêmes ; à leur égard, l'État ne ferait que remplir un des devoirs qui lui incombe : pourquoi ne pas comprendre dans le patrimoine de la nation certaines beautés naturelles qui en font l'ornement ? Nous admettrions très bien que le législateur Suisse protégeât ses admirables cascades, comme celui des États-Unis s'est réservé les magiques beautés du Parc National aux États-Unis. Il y a là une série d'intérêts d'un ordre purement intellectuel qui échappent ordinairement aux règles positives du droit, mais qui n'en forment pas moins une partie importante du patrimoine incorporel de l'État qu'il importe vivement de protéger.

Il est un dernier point de vue auquel il est permis de chercher à étendre le champ de la loi de 1887. Par suite des circonstances pratiques dans lesquelles on se trouve ordinairement, on serait assez tenté de croire que, pour qu'un monument ou un objet quelconque puisse être classé, il soit indispensable qu'il soit ancien. Quelques-unes des expressions dont la loi se sert peuvent impliquer cette condition, par exemple quand elle parle des ruines ; mais d'une manière générale, elle n'a jamais déterminé que, pour qu'un édifice ou un objet puisse être atteint par les mesures nouvelles, il fut indispensable qu'il remontât à une époque reculée. Aucune condition de ce genre n'est donc posée ; et si, pour les productions de l'art contemporain, on doit se montrer plus difficile parce que leur valeur n'a pas encore la ratification du temps, nous n'hésitons pas à croire que l'on pourra les classer, quelque récents qu'ils puissent être ; ce sera l'intérêt de l'art si l'histoire n'est pas en jeu, et l'art n'a pas d'âge. On l'a compris d'ailleurs ; et dans les mesures nouvelles prises à l'égard des Monuments de Paris, et dans la description officielle qu'on a commencé à en publier, on a décidé d'y comprendre les statues historiques. A toutes les époques, l'art enfante des chefs-d'œuvre dont la forme, seule, diffère ; et si nous insistons sur ce point c'est que nous voulons appeler l'attention sur une exagération qui serait à éviter. Il est arrivé, par exemple, que dans quelqu'une de nos belles cathédrales gothiques un des grands architectes de la Renaissance ou du règne de Louis XIV a eu l'idée, peut-être discutable, de placer un maître-autel dans le goût de son temps ; dans son genre, c'est un morceau superbe de composition décorative ; or certains restaurateurs de notre époque ont voulu parfois démolir cette belle œuvre pour rendre à l'édifice du XIIIe siècle son unité et son plan primitif. Là n'est pas, croyons-nous, le vrai rôle du restaurateur des monuments ; le chef-d'œuvre de l'art de la Renaissance aurait dû être classé et conservé comme le monument de l'art ogival. Cette voie, dans laquelle on restaure avec la volonté de rechercher l'intention primitive du constructeur et de rétablir l'état premier, est fort dangereuse : en cette matière l'art de notre temps doit surtout se montrer conservateur ; et, dans la distribution des subventions, on devrait toujours se souvenir qu'au fond elles ne sont pas accordées dans le but de permettre aux artistes contemporains de montrer qu'ils peuvent faire aussi bien que les anciens ; ce sont d'autres crédits qui sont ouverts dans ce but là. Il y a, d'ailleurs, des ruines qui doivent être conservées comme ruines. Le législateur, en écrivant ce mot de *ruines,* avait en vue les restes immenses qui, dans certaines de nos possessions d'outre-mer, sont les témoins grandioses d'une civilisation disparue : nous voulons parler des monuments Khmers du Cambodge et de l'Annam, dont de précieux débris ont été déposés au Musée du Trocadéro en 1878 après avoir été recueillis pendant quelque temps au château de Compiègne.

Sur la demande d'un député, après avoir stipulé que la loi du 30 mars 1887 serait applicable à l'Algérie, et stipulé même pour les objets mobiliers découverts en cette contrée la disposition particulière que nous avons citée plus haut et qui contient, jusqu'à un certain point, une dérogation aux règles portées dans le Code civil, à propos de la découverte et de l'attribution des trésors, on a ajouté: *Les mêmes mesures seront étendues à tous les pays placés sous le protectorat de la France* (art. 17 de la loi). Lors de la deuxième délibération au Sénat, on a seulement stipulé la réserve suivante *dans lesquels il n'existe pas déjà une législation spéciale* car, dans l'intervalle du mois de mars 1886, le Bey de Tunis avait publié sur la matière des Monuments historiques un décret très étudié et très complet. On ne peut donc qu'approuver la réserve qui en maintient l'application ; mais pourquoi a-t-on limité l'action de la loi nouvelle à l'Algérie et aux pays de protectorat ? Nos possessions extra-continentales, on le sait, sont divisées en colonies et en pays de protectorat selon le régime auquel elles sont soumises et le lien plus ou moins étroit qui les rattache à la métropole ; dans le premier groupe on n'a pris que l'Algérie, qui forme d'ailleurs une catégorie à part par suite des conditions spéciales dans lesquelles elle se trouve placée. Nous croyons qu'il y a là une lacune qu'il aurait été bien facile d'éviter ; car d'une part, dans nos autres colonies, on peut se trouver incessamment en présence de monuments, modernes même si l'on veut, de collections et de meubles en tous cas qu'il serait très utile de classer ; de l'autre, le régime de nos possessions orientales où se trouvent ces monuments Khmers dont nous avons déjà parlé, peut être modifié de manière à leur rendre la loi de 1887 inapplicable à moins d'une disposition nouvelle et spéciale.

Nous avons ainsi parcouru toute la série des monuments et objets de toute nature que l'on peut classer ; nous avons examiné comment on peut les classer ; il nous reste maintenant à étudier quels sont les effets de ce classement tant à l'égard des meubles qu'à l'égard des immeubles, et les sanctions dont il est revêtu : nous terminerons cette étude du classement en voyant dans quels cas et sous quelles conditions on peut procéder à l'opération inverse, au déclassement.

CHAPITRE V

EFFETS DU CLASSEMENT.

Sommaire. — Effets à l'égard des immeubles : interdiction de détruire ; prohibition de toutes réparations, restaurations, ou modifications sans autorisation. — Diverses catégories de travaux. — Participation de l'État aux dépenses occasionnées par les monuments classés. — Caractère du classement ; ce n'est pas une servitude. — Conséquences qui en découlent pour le droit à indemnité et la publicité. — Avantages juridiques faits aux monuments classés. — Sanction du classement. — Peut-on admettre un classement préalable ? — Effets à l'égard des meubles. — Meubles de l'État, des établissements publics. — Interdiction d'aliéner. — Formalités à remplir. — La jurisprudence ancienne.

L'immeuble classé ne pourra être détruit même en partie, ni être l'objet d'un travail de restauration, de réparation ou de modification quelconque si le Ministre de l'Instruction publique et des Beaux-Arts n'y a donné son consentement. Tels sont les termes dans lesquels l'article 4 de la loi du 30 mars 1887 résume les premiers et principaux effets du classement. L'interdiction qui en résulte est double : d'abord interdiction de détruire, ensuite interdiction de réparer. Le but poursuivi par le législateur étant d'assurer la conservation des monuments qui présentent un grand intérêt à un des points de vue que nous avons déjà analysés, il ne pouvait le faire qu'en portant la main sur son domaine dont l'accès lui est généralement interdit, en limitant le droit de propriété privée. Ainsi que le disait très bien dans son rapport M. Courcelle-Seneuil, le vrai caractère de la loi est d'être limitative de la propriété par l'établissement d'une restriction ; elle est destinée à entraver, dans ces intérêts élevés dont nous avons à dessein accusé les traits, le cours des choses qui détruit les monuments anciens pour les approprier aux besoins et aux goûts de la génération présente. La première chose à faire était donc de frapper le propriétaire, celui qui, aux termes du droit commun, avait le droit de disposer de la chose en maître, et de lui dire : lorsque vous aurez accepté ou subi le classement, je vous défends de détruire même pour partie l'objet classé. Par là même, toute démolition, pour quelque cause que ce soit, se trouve interdite à moins du consentement du Ministre des Beaux-Arts ; on ne pourrait même pas alléguer que l'on veut démolir pour reconstruire d'une manière identique soit au même point soit sur un point différent. La défense d'opérer une destruction totale ne demande pas d'éclaircissements ; quant à la défense de détruire pour partie, il faut lui donner toute l'extension que comporte l'application rigoureuse de la loi.

C'est ainsi qu'il faut considérer comme partie de l'immeuble, d'abord toutes les constructions qui constituent l'édifice lui-même, et qui sont essentiellement immeubles par nature. Mais il ne faut pas s'arrêter là ; tous les matériaux qui entrent dans la construction de l'édifice, une fois qu'ils ont pris leurs places définitives, perdent leur caractère de meubles pour devenir parties intégrantes de l'édifice et être considérés comme immeubles par nature. Tels sont les conduites d'eaux, les planchers, les serrures ; enfin, comme nous avions à l'étudier un peu plus haut, il y a toute une série de meubles qui, lorsqu'ils sont placés dans les immeubles par leurs propriétaires, avec le dessein qu'ils en deviennent la perpétuelle utilité ou le perpétuel ornement, deviennent par là même immeubles par destination ; ce seront les boiseries, les statues placées dans des niches, parfois même les tapisseries encastrées dans des panneaux de menuiserie ; et les quelques indications que donne le

Code sur les signes matériels pouvant marquer leur immobilisation, scellement à chaux et ciment, etc., sont loin d'être limitatives. Or, en présence de la formule générale adoptée par notre article, nous croyons que la prohibition de détruire s'étend à ces diverses catégories d'immeubles : et il s'ensuit que, lorsque la loi défend de détruire l'immeuble en totalité, ou des portions entières de l'immeuble comme une tour ou un étage, elle défend en même temps de détruire aucun des accessoires qui, par leur union intime avec les monuments, en sont devenus des éléments essentiels et ne peuvent en être séparés. Nous sommes d'autant plus fondé à soutenir cette généralisation du texte que, dans la deuxième prohibition contenue dans l'article 4, ce seront les immeubles par destination qui seront le plus souvent atteints en pratique ; il stipule en effet *que l'immeuble classé ne pourra être l'objet d'un travail de restauration, de réparation ou de modification quelconque, si le Ministre n'y a donné son consentement.*

Nous avons déjà dit qu'un des grands dangers qui menaçaient les monuments, danger d'autant plus difficile à éviter que son point de départ était plus louable, consistait dans le zèle aveugle déployé parfois par les propriétaires dans leurs efforts pour les conserver. Même quand ils n'étaient animés d'aucune mauvaise intention à l'égard des monuments en eux-mêmes, le manque de goût, joint au désir d'utiliser les choses, avait souvent conduit aux plus déplorables conséquences. Les ministres, dans leurs circulaires : M. Persil, Ministre des Cultes, en 1832-1834, M. de Montalivet, Ministre de l'Intérieur, en 1837, M. de Salvandy, en 1845, et les Inspecteurs généraux des Monuments publics dans leurs rapports, M. Vitet en 1831, M. Mérimée en 1840 et 1846, appellent l'attention sur ces abus. M. de Cumont, Ministre de l'Instruction publique du ministère de M. de Cissey, le 8 octobre 1874, signale aux préfets les badigeonnages et les grattages qu'il faut à tout prix éviter. C'est contre ces inconvénients que la disposition dont nous nous occupons présentement a voulu réagir ; et elle a tenu à bien marquer par les termes qu'elle employait toute la portée qu'elle entendait donner à sa pensée. Les expressions employées au texte ne sont pas tout à fait synonymes.

On a voulu prévoir tous les cas qui pourraient se présenter. La *restauration*, c'est le fait de prendre un monument dont le temps a fait disparaître certaines parties et a rendu l'apparence incomplète, et de vouloir lui donner, à nouveau, son aspect d'autrefois. Les restaurateurs, parfois même pleins d'une généreuse audace, tentent de terminer des édifices restés inachevés, s'emparent des plans des architectes anciens, et veulent les réaliser ; mais il est fort difficile d'arriver à reconstituer ainsi de toutes pièces les conceptions du passé. La *réparation* n'a pas des visées aussi ambitieuses. Le monument complet ou incomplet se détériore par l'effet des intempéries ; le propriétaire, en bon père de famille et non plus en amateur des beaux-arts, fait remettre en état les parties qui menacent ruine. Mais il est bien facile, en faisant un toit par exemple, de défigurer un édifice ; en changeant les poutres d'un plancher, on peut causer beaucoup de dégâts ; il en est de même pour toutes les modifications que le propriétaire pourrait faire subir à son immeuble, non plus par nécessité ou par amour du beau, mais simplement par utilité, par désir d'approprier aux besoins modernes des bâtiments désormais sans emploi.

Dans le règlement d'administration publique, aux articles 10 et 11, on est revenu plus longuement sur les indications déjà données. Pour obtenir l'autorisation du Ministre des Beaux-Arts, sans laquelle rien ne peut se faire, il faut faire dresser les projets de travaux et les communiquer au Ministre qui les fera approuver avant qu'ils puissent être mis à exécution. On a cru devoir énumérer certains des travaux dont les projets doivent être soumis à cette approbation ministérielle : *les peintures murales, la restauration des peintures anciennes, l'exécution de vitraux neufs et la restauration de vitraux anciens, les travaux tels qu'installations de chauffage, d'éclairage, de distribution d'eau et autres qui pourraient soit modifier une partie quelconque du monument soit en compromettre la conservation* (art. 11 du décret). Toutes ces dispositions sont parfaitement régulières ; tout au plus pourrait-on les accuser d'être inutiles, car elles rentrent, il nous semble, parfaitement dans les termes de la loi, telle que nous l'avons étudiée ; et, comme nous avons déjà eu l'occasion de le dire, nous trouvons qu'il y a de graves inconvénients à faire des énumérations qui ne peuvent jamais être complètes, et qui amènent, par là même, les interprètes à les regarder comme limitatives, en se méprenant d'ailleurs singulièrement sur la pensée qui les a dictées.

Puisqu'on parlait des vitraux qui sont des immeubles par destination, et que l'on voulait indiquer, par là, que l'interdiction de restaurer et de réparer devait s'étendre aux objets qui avaient été unis à perpétuelle demeure à l'immeuble classé, pourquoi ne pas parler des boiseries ? Puisqu'on fait allusion aux peintures à faire dans les édifices, pourquoi ne pas s'occuper des sculptures, des mosaïques, que l'on peut aussi mettre dans les bâtiments? Nous pourrions multiplier ces exemples; et pourtant il faut donner au texte de la loi, à notre avis, l'extension la plus grande. C'est ainsi que l'a compris du reste le règlement d'administration publique, qui, sans préoccupation de la destination ni du but, va même jusqu'à dire qu'*aucun objet mobilier ne peut être placé à perpétuelle demeure dans un monument classé sans l'autorisation du Ministre de l'Instruction publique et des Beaux-Arts.* (art. 11, 3°, du décret).

Il s'agit ici des immeubles par destination à adjoindre aux immeubles classés, et nous ne pouvons qu'approuver tant au point de vue de l'utilité pratique que de la logique juridique cette application du terme de la loi « toute modification quelconque ». Nous serions moins affirmatif à l'égard de la disposition, qui soumet à l'autorisation préalable les travaux qui ont pour objet de dégager, isoler un monument classé, et la construction de bâtiments annexes à élever contre lui (art. 11, 2°, du décret). Il y a là une question d'interprétation qui était un peu délicate, quoique la pensée du rédacteur de la loi soit pleine de prévoyance. Les travaux visés peuvent parfois compromettre la conservation de l'immeuble classé, mais il n'est pas moins vrai qu'il ne subit pas de modifications en lui-même, surtout quand il s'agit de le dégager ou de l'isoler. Le règlement outrepasse donc légèrement les limites que la loi avait posées ; et nous croyons que la jurisprudence devra se montrer assez libérale quand il s'agira de ces travaux n'atteignant qu'indirectement l'immeuble classé.

Il est indispensable, d'ailleurs, de mettre une juste mesure aux effets d'une règle qui, en pratique, pourra paraître assez lourde aux propriétaires classés. M. Combes, le champion de la propriété privée au Sénat, avait proposé, par voie d'amendement, que « le consentement préalable du ministre ne fut pas exigé pour les travaux d'appropriation et d'aménagement effectués par le propriétaire si ces travaux n'altéraient pas la disposition primitive ou le caractère architectural de l'édifice ». Il disait que, sous ces dernières restrictions, ce genre de travaux avait toujours été autorisé, et qu'il importait de donner aux propriétaires cette latitude pour empêcher une intervention vexatoire de l'Administration. Mais il n'ajoutait pas que c'étaient ces mêmes travaux d'appropriation qui avaient souvent causé les plus graves dommages. D'ailleurs, la question de savoir si le travail projeté altère le caractère architectural ou la disposition primitive de l'édifice devra toujours être tranchée par une autorité supérieure qui n'est autre que le Ministre, et,

à tant faire qu'à solliciter une autorisation, il vaut autant
la demander pour la réparation immédiatement et directement que d'y revenir par une voie détournée. C'est ce que
répondit M. Bardoux, qui citait, à l'appui de sa résistance,
le déplorable exemple de l'église de Guérande (Loire-Infér.)
où des entreprises maladroites avaient nécessité la démolition du clocher.

Il importe, du reste, de bien comprendre que la loi n'entend pas frapper toutes les réparations d'entretien, et qu'autant il est nécessaire de prendre l'avis des hommes compétents pour les modifications de quelque importance,
autant il serait puéril de demander l'autorisation du Gouvernement pour les réparations d'entretien courant. Nous
voulons dire, par là, celles que l'on fait au jour le jour,
qui sont urgentes, et ne modifient en rien l'état de choses
existant ; car nous voulons nous garder de tomber dans
les exagérations qui justifieraient les craintes de M. Combes tout en évitant les inconvénients qui auraient résulté
du vote de son amendement. Aussi nous croyons, par exemple, que dans une toiture on pourra remplacer les ardoi-
ses et les tuiles cassées à la seule condition d'employer des
matériaux semblables à ceux qui s'y trouvaient déjà ; on
pourra faire réparer les fermetures dérangées à la condition
de ne pas enlever des serrures qui sont parfois des chefs-
d'œuvre de ferronnerie. Cette distinction entre diverses
sortes de réparations, qui est dans l'esprit de la loi, ressort d'ailleurs clairement du règlement. Il ne faut pas vouloir
assimiler les deux catégories ainsi séparées à celles faites
par le Code civil en matière de location : le locataire garde
à sa charge, en cette qualité, une foule de réparations,
qui sont prohibées dans un monument classé ; et, au cas
où il se trouverait tenir à bail un monument historique,
il ne pourrait pas, remarquons-le bien, se prévaloir de sa
qualité pour entreprendre des réparations qu'il qualifierait
vainement de réparations d'entretien. L'idée qui domine

dans la distinction ici faite est que les réparations permises sans autorisation ne comportent ni reconstruction, ni rétablissement mais seulement le travail indispensable pour maintenir l'immeuble en l'état. A ceux qui seraient tentés de combattre notre manière de voir nous répondrons que les nécessités de la pratique imposent, d'une manière absolue, ces tolérances ; que ces réparations minimes sont parfois d'une extrême urgence ; et qu'il est inadmissible d'imposer dans tous ces cas le recours à l'Administration ; nous ajouterons que cette manière de voir est confirmée indirectement, il est vrai, par un texte du règlement de 1889.

Nous disons indirectement, car ce texte de l'article 9 du règlement vise une question un peu différente, mais fort grave, qui s'est élevée sur un point très voisin de celui qui nous occupe, et dont la solution vient à l'appui de notre système.

Voici cette disposition : « *Le classement d'un immeuble et l'exécution par l'État de travaux de restauration ou de réparation n'impliquent pas la participation de l'État dans les charges des travaux d'entretien proprement dits* ». Auparavant, dans l'article 8 du règlement, on avait expliqué que le classement ne rendait pas nécessaire la participation de l'État même aux travaux de réparation ou de restauration. Ainsi, après avoir nettement marqué le caractère facultatif de la subvention de l'État pour les réparations importantes pour lesquelles son autorisation est nécessaire, le décret déclare non moins nettement que cette subvention ne s'appliquera en aucun cas aux *travaux d'entretien proprement dits* qui resteront aux frais du propriétaire ou de l'affectataire du bâtiment. De cette décision très rationnelle, il ressort logiquement que ces dépenses, pour lesquelles l'État n'a jamais à contribuer, d'une part ne nécessiteront point son contrôle et d'autre part devront être faites au fur et à mesure par celui qui a la jouissance de

l'immeuble s'il veut se comporter en bon père de famille,
et sans qu'il ait besoin d'une autorisation. Cette distinction
est traditionnelle, et M. Mérimée, dans un rapport daté du
3 octobre 1850, après avoir visité le château des Papes à
Avignon, faisait à bon droit observer que le génie militaire encourrait une grave responsabilité en laissant détruire par le vent et la poussière les fresques remarquables
qui se trouvaient dans la tour St-Jean, et ce, faute d'un vi-
trage pour en clore les fenêtres dont la dépense ne devait
peut-être pas s'élever à deux cents francs. La Commission
des Monuments historiques refusait de donner la somme,
s'étonnant que le Conseil municipal ne votât pas les fonds
nécessaires ; l'administration municipale alléguait que le
château des Papes appartenait à l'État, et que le ministre
de la Guerre, qui en disposait, devait faire le nécessaire
pour l'entretenir.

On ne peut nier qu'il y ait, d'ailleurs, une sorte de corré-
lation entre les inconvénients, qui résultent pour le propriétaire, du classement opéré entre ses mains et la possibilité pour lui d'obtenir une part sur le crédit ouvert
chaque année au budget des Beaux-Arts pour les réparations et reconstructions à faire dans les monuments historiques. On a cru devoir rappeler réglementairement dans
ce même article 8 du décret que ce concours n'avait rien
d'obligatoire, et que l'Administration se réservait toute
liberté pour apprécier l'importance à lui donner, en tenant
compte de l'intérêt de l'édifice, de son état actuel, et des
sacrifices consentis par son propriétaire, établissement public ou particulier (art. 10 du décret). Cette manière de
voir a toujours été celle de l'Administration ; les ministres,
dans leurs circulaires aux préfets, l'ont de tous temps ré-
pété lorsqu'ils indiquaient les effets du classement. (Circulaires du 10 août 1837, 19 février 1841, 31 octobre 1845, etc.). C'est, d'ailleurs, le mode de répartition le
plus judicieux qu'on put adopter pour les ressources du

budget tellement inégales à la grandeur des besoins auxquels elles sont destinées à parer. On en aura une idée en rappelant que le crédit annuel a été, en moyenne pendant ces dernières années, de 1.500.000 francs alors que la seule restauration de la chapelle du château de Vincennes a été évaluée à 700.000 francs. Dès 1840, M. Mérimée le constatait dans son rapport adressé au Ministre, en sa qualité d'inspecteur général des monuments historiques. En proportionnant son aide aux sacrifices consentis par les propriétaires, la loi cherche très habilement à exciter en eux une louable émulation ; les établissements publics, départements et communes, ont bien souvent montré pour leurs monuments un zèle que les considérations historiques ou artistiques ne suffisaient point à expliquer, mais où entrait pour beaucoup le désir d'attirer vers eux une partie plus ou moins grande de la subvention. Ce calcul n'a rien qu'on puisse blâmer, à la seule condition que l'on s'en tienne à la solution adoptée par la loi et qui laisse à la subvention de l'État un caractère purement facultatif.

Si l'on veut une subvention, il faut en faire la demande, et, en même temps que l'on sollicite l'autorisation nécessaire pour faire les travaux, communiquer au Ministre les projets des travaux (art. 10 du décret). Pour qu'il puisse apprécier, en connaissance de cause, la plus ou moins grande opportunité d'une subvention, l'article 10 du règlement exige encore les pièces établissant : 1° la situation financière du département, de la commune ou de l'établissement public qui sollicite la subvention ; 2° le montant des sacrifices consentis soit par l'établissement, soit par le particulier propriétaire ; 3° celui des allocations de toute nature qui pourraient concourir à la dépense ; le Ministre veut qu'on lui fasse connaître toutes les ressources extraordinaires dont le produit pourrait rendre moins lourd l'entretien du monument. Telle serait, par exemple, une ressource dont nous verrions volontiers s'étendre l'emploi, celle d'une taxe

prélevée sur les admirateurs et visiteurs du monument, à
la seule condition qu'elle soit minime, et qu'à certains
jours elle ne soit point obligatoire. Cette mesure n'aurait
aucun inconvénient ; et il faut reconnaître qu'en pratique
cette taxe existe en maints endroits, mais ces produits ne
rentrent pas dans la caisse du propriétaire. Dans la séance
de la Chambre du 24 novembre 1890, il a été déclaré, aux
applaudissements de la Chambre, que la Commission du
budget de 1891 proposait de faire payer un droit aux visiteurs des monuments historiques. La mesure a déjà été
mise à l'essai au château de Blois.

Il faut du reste considérer, à la fois, et les sacrifices faits
et la situation financière de celui qui les a faits, afin d'arriver à une évaluation équitable du subside à accorder. Il
peut arriver, en effet, qu'une commune, complètement
dénuée de ressources, possède un monument fort coûteux
et dont la conservation est du plus haut intérêt ; elle ne
pourra malgré sa bonne volonté qu'y consacrer des sommes insignifiantes, tandis qu'à côté d'elle un autre établissement, fort riche, pourra consacrer à la restauration de
ses propriétés des capitaux considérables sans en être le
moins du monde gêné. Aussi rien n'aurait-il été moins
équitable que l'article additionnel proposé par M. Combes
au Sénat : « Tout vote de fonds émis par les départements,
communes, fabriques et autres établissements publics
pour restauration ou réparation des monuments historiques classés, donnera droit à une subvention correspon-
dante de l'État dans les limites du crédit ouvert au minis-
ère des Beaux-Arts et calculée d'après les bases adoptées
pour les subventions de l'État en matière de construction
de maison d'école ». Dans la pensée de son auteur, cette
proposition aurait eu, d'abord, pour effet de limiter le
nombre des monuments classés par la perspective des charges nouvelles imposées au budget ; nous avons déjà montré combien en pratique une pareille détermination aurait

d'inconvénients. Nous pourrions ajouter qu'elle finirait par paralyser complètement l'œuvre de la Commission des Monuments historiques à laquelle, d'ailleurs, on n'a jamais pu faire le reproche d'admettre sur la liste des monuments classés des édifices trop nombreux ou parfois pas assez importants, ainsi que M. Combes l'en accusait trop légèrement.

M. Combes, au reste, avait surtout en vue cette autre préoccupation très louable qui l'a suivi dans tout le cours de la discussion au Sénat ; pour lui, cette subvention obligatoire aurait été la rançon indispensable de la servitude nouvelle que la loi vient établir. L'État est associé à la propriété ; il doit l'être aux charges. Il y a, ici, une privation de jouissance, puisque, par le classement, les appropriations sont gênées ou interdites : c'est un devoir pour l'État de donner une compensation. M. Combes trouve que, sans cette compensation, la loi effectue une expropriation véritable avec ce caractère exceptionnel qu'elle est faite sans indemnité. Il y a lieu de discuter cette assimilation.

M. Combes, qui, dans la séance du 10 avril 1886, se faisait l'écho de ces plaintes, ne prenait point assez garde que le classement n'était pas réellement une expropriation. La loi nouvelle envisageait bien l'hypothèse d'expropriation, comme un second et dernier procédé pour arriver à la conservation des monuments historiques ; mais c'était une ressource extrême et qui devait s'employer dans les formes imposées par la loi de 1841, c'est-à-dire moyennant le paiement d'une juste et préalable indemnité. Dans le cas qui nous occupe, il n'y a même pas une privation du droit de jouissance ; le droit de faire des réparations est soumis à une autorisation préalable ; les appropriations sont gênées ; et tout ce que l'on peut dire, c'est que la loi est restrictive du droit de propriété en ce qu'elle établit une servitude d'utilité publique. Tel est en effet le terme

qui a paru le plus propre aux rédacteurs de la loi pour
indiquer le caractère de la disposition nouvelle. M. Bardoux a, lui aussi, prononcé le nom de servitude archéologique ; mais nous estimons qu'il pourrait y avoir à critiquer l'emploi de cette dénomination prise dans un sens
absolu.

La servitude comprend, de son essence, un droit réel imposé sur un fonds en faveur d'un autre fonds ; et, s'il est certain que l'on range souvent sous le nom de servitude légale d'intérêt public les différentes restrictions apportées
à l'exercice du droit de propriété dans un intérêt général,
il faut, en droit, procéder à une distinction. Conformément aux articles 637 et 650 du Code civil, on ne doit
classer parmi les servitudes légales d'utilité publique que
les charges qui, établies dans un intérêt général, sont imposées à certains fonds pour l'avantage d'autres fonds.
(Aubry et Rau, § 239, t. 3). Telles sont les servitudes militaires de ne pas bâtir qui frappent tous les terrains situés
dans une certaine zone autour des forteresses et des places
de guerre ; telles les servitudes imposées dans le voisinage
des forêts par les articles 151 à 158 du Code forestier ; telles
les servitudes de voirie et, en première ligne, celles établies
par la loi du 15 juillet 1845 sur la police des chemins de
fer. Dans toutes ces hypothèses, la forêt, la voie publique,
la forteresse constituent pour ainsi dire un fonds dominant.

Mais il est d'autres cas où l'intérêt public peut exiger
que certaines des facultés, naturellement inhérentes au
droit de propriété, soient restreintes ou interdites ; et cela
pour des motifs de sûreté et de salubrité publique, pour
des raisons qui se rattachent à la conservation et au développement de la richesse nationale, aux besoins de l'armée
ou de la marine, ou aux exigences du Trésor. (Aubry et
Rau, § 193, t. 2.) Dans ces cas, on se trouve en présence
de simples limitations administratives au droit de pro-

priété ; on ne se trouve pas en présence d'une servitude. Telles sont, par exemple, les nombreuses prescriptions concernant les établissements dangereux et insalubres, qui, eux aussi et à leur manière, sont classés ; il en est de même des restrictions concernant le défrichement des forêts des particuliers. Dans la loi du 14 juillet 1856 sur les sources minérales, nous trouvons à la fois l'interdiction de faire des fouilles dans un périmètre fixé autour des sources d'eaux minérales déclarées d'utilité publique, ce qui constitue une servitude de la première catégorie ; et la défense pour le propriétaire de la source de faire des travaux sur son propre fonds, ce qui se rattache à la deuxième catégorie. Dans cette dernière hypothèse on veut protéger un élément de la richesse nationale ; or, le classement des monuments historiques, tel que nous l'avons exposé, n'a pas d'autre but. Ce n'est donc pas à proprement parler une servitude, puisqu'elle trouve son origine et sa raison d'être sur le fonds même qui en est l'objet, ou dans le caractère artistique et historique du monument qui forme une parcelle du patrimoine de la France. Et ceci nous explique ce que le législateur a cru devoir faire soit pour l'indemnité, soit pour la publicité pouvant résulter du classement.

S'il y avait eu, à proprement parler, une servitude, il aurait été juste de dire que le droit de propriété était violé, et que, dès lors, par respect pour la justice, il était nécessaire d'indemniser le propriétaire ; les réclamations, dont M. Combes s'est fait l'interprète et qui voudraient considérer la subvention comme une compensation obligatoire, trouveraient ici leur base juridique. Les législateurs étrangers ont vu le plus souvent dans des mesures analogues une véritable atteinte au droit de propriété privée, car c'est ce qui a empêché la loi proposée en Italie d'aboutir ; c'est ce qui, en Angleterre, a fait si profondément modifier, en 1882, le premier projet présenté par Sir Lubbock, en

1875. Mais, à notre avis, dans la mesure du classement telle qu'elle est entendue par la loi de 1887, il n'y a pas d'atteinte portée à la propriété elle-même dans sa jouissance ; il y a seulement dans l'exercice de ce droit des règles plus ou moins minutieuses à observer, telles que la loi ou même de simples règlements peuvent en imposer dans l'intérêt public, sans que la propriété se trouve le moins du monde altérée. La propriété du monument classé reste tout entière entre les mains de celui qui le possédait ; l'État n'acquiert qu'un droit de surveillance analogue à celui qu'il exerce sur les établissements industriels qui peuvent avoir une influence plus ou moins pernicieuse pour la sécurité ou la salubrité de leur voisinage. L'usinier reste maître chez lui alors même qu'il doit se conformer aux dispositions auxquelles a été subordonnée l'ouverture de son usine.

Et c'est le caractère de disposition générale d'ordre public, frappant indifféremment entre toutes les mains et sur tout le territoire les édifices présentant les caractères recherchés, qui fait que la loi n'a pas cru devoir se prémunir par aucune précaution contre les inconvénients qui pourraient éventuellement résulter de la clandestinité du classement à l'égard des tiers. L'article 4 de la loi, en effet, après avoir analysé les effets du classement, ajoute : *Les effets du classement suivront l'immeuble classé en quelques mains qu'il passe.* Si l'on se rappelle comment se fait le classement des monuments des particuliers, et la nécessité où se trouve l'Administration d'obtenir le consentement du propriétaire, il est permis de trouver que le législateur a agi avec moins de circonspection à l'égard des tiers. Il est certain que, lorsque le propriétaire de l'immeuble classé le vendra, il n'aura pas à déclarer à son acheteur le classement. Celui-ci, à moins de recherches toutes particulières, n'aura aucun moyen de le connaître ; et, pourtant, en vertu de la disposition formelle de ce dernier alinéa, il se

trouvera, sans que son consentement ait été demandé, propriétaire d'un monument frappé de classement ; il n'aura
joui d'aucune des garanties accordées au propriétaire.

Si l'on s'était trouvé en présence d'une véritable servitude, on aurait pu en exiger la transcription ; la loi a eu
raison de ne pas exiger une formalité qui n'aurait pas eu
une base juridique. Les immeubles sont soumis à ce que
l'on est convenu d'appeler les servitudes administratives,
de plein droit, sans qu'il soit nécessaire de les indiquer
d'une manière particulière ; il doit en être de même pour
le classement ; et nous croyons que les mesures de publicité, parfois demandées à cet égard, ne seraient pas justifiées. Remarquons en effet, du reste, que le classement est
une chose essentiellement variable ; car, non seulement
dans l'arrêté de classement le propriétaire peut faire insérer les clauses les plus diverses, mais encore, comme le
fait prévoir très judicieusement l'article 13 du règlement,
*Si, après le classement d'un monument appartenant à un
particulier, et en dehors des conditions prévues par l'article 3 de la loi, c'est-à-dire l'arrêté de classement, l'État accorde une subvention pour la conservation ou la restauration
du monument, l'arrêté ministériel qui alloue la subvention
détermine les conditions particulières qui peuvent être imposées au propriétaire et mentionne le consentement écrit de
celui-ci.* Que pourrait-on donc transcrire conformément à
la loi de 1855, comme on l'a parfois proposé, alors que le
régime du classement est exposé à tant de variations sans
compter la possibilité du déclassement que nous allons
étudier dans le chapitre suivant ? Tout au plus, pourrait-
on imposer le dépôt de la liste des monuments classés chez
les notaires ou chez les receveurs d'enregistrement, de
manière à donner aux intéressés un moyen facile de se
renseigner. C'est la solution, du reste, qui a été adoptée,
comme nous avons eu l'occasion de le dire, pour les objets
mobiliers classés dont la liste doit être déposée dans

toutes les préfectures. Toutefois nous ne voudrions pas que l'on s'exagérât les inconvénients pratiques de la situation actuelle ; car, sans s'arrêter à la considération que les faits parleront d'eux-mêmes dans la plupart des cas et qu'il sera bien difficile à l'acheteur d'ignorer la condition de son nouveau bien, nous pensons que la plupart du temps le classement sera loin d'être considéré comme une charge pouvant déprécier la propriété qu'elle atteint.

Le goût du public est actuellement assez développé en France, pour qu'on n'hésite pas à attirer les acheteurs, comme nous le voyons chaque jour, par des annonces de ce genre « à vendre, château historique de X., manoir du XIV⁰ siècle » : la dénomination de monument classé n'est donc pas faite pour détourner ceux qui auraient le désir de s'en rendre acquéreur ; ce serait plutôt un brevet qu'on rechercherait avec envie. De plus, à côté des inconvénients qui peuvent résulter de la surveillance de l'État, et que nous avons examinés, il y a des avantages réels faits aux propriétaires classés et qui compensent largement le préjudice causé, si tant est qu'il y ait un préjudice. Sans nous arrêter davantage ici au droit à la subvention, qui reste purement facultative, nous allons rapidement passer en revue les bénéfices que le classement, au point de vue juridique, procure aux propriétaires.

De même qu'on les soumettait à certaines exigences des lois administratives, on a voulu les mettre à l'abri des dangers qui seraient résultés pour eux de l'application de certaines autres règles, et leur faire, à ce point de vue, une situation privilégiée. Ainsi, lorsqu'il y a lieu d'exproprier pour cause d'utilité publique un monument classé, l'article 4 stipule que le Ministre des Beaux-Arts sera appelé d'abord à présenter ses observations. Comme nous le verrons en revenant plus longuement sur cette question dans le chapitre septième, il s'agit, ici, non de l'expropriation employée comme arme de défense pour les monuments historiques, mais de l'expropriation exercée dans les divers autres buts d'intérêt public et pouvant éventuellement entraîner la destruction des monuments classés. Cette disposition, d'ailleurs, avait spécialement en vue les cas où devraient s'appliquer les articles 15 et 16 de la loi du 21 mai 1836 sur les chemins vicinaux. Les formalités expropriatives se trouvent considérablement simplifiées quand il s'agit des travaux concernant leur ouverture et leur redressement. Le préfet et la Commission départementale depuis la loi du 10 août 1871, les décident eux-mêmes ; il n'y a pas à recourir à l'autorité centrale à Paris. Il en est de même en ce qui concerne les chemins ruraux en vertu de la loi du 20 août 1881 ; s'il ne s'agit ni de maisons, ni de propriétés closes, une procédure abrégée et expéditive permet au jury de terminer rapidement ses opérations. De là l'utilité de l'intervention du ministre qui sera d'ailleurs également requise dans les autres cas d'expropriation alors même que la loi de 1836 ne serait pas en jeu ; le texte de loi que nous visons statue en effet d'une manière générale.

C'est dans le même ordre d'idées que l'article 4 ajoute cette autre dérogation au droit commun formant encore un des privilèges des monuments classés. *Les servitudes d'alignement et autres qui pourraient causer la dégradation des monuments ne sont pas applicables aux immeubles classés.* Les nécessités de la vie pratique et les besoins de notre époque ont astreint l'Administration à soumettre la propriété privée à une série de petites entraves, qui, sans porter atteinte ni surtout préjudice au droit de propriété privée, auraient pu avoir les plus graves conséquences pour la conservation des anciens édifices. Au premier rang se trouve la servitude d'alignement : on entend par là la nécessité pour le propriétaire de se conformer aux tracés donnés par l'autorité compétente, indiquant l'emplacement que doit occuper la façade des bâtiments construits sur les

terrains qui bordent les grandes routes, les chemins vicinaux, ou les rues des bourgs, villes ou villages ; il n'est
permis ni d'empiéter au delà de la ligne fixée, ni de rester
en deçà. Une des conséquences les plus importantes de ces
mesures est l'interdiction de procéder à aucuns travaux
confortatifs des bâtiments ainsi frappés de reculement.
Loin de nous la pensée d'incriminer les règlements de voirie, indispensables pour assurer la viabilité et l'embellissement des villes, ou les pouvoirs donnés à cet effet par
des dispositions spéciales, soit au préfet, soit au maire,
selon des distinctions où nous ne voulons point entrer.
Mais, autant il importe à la beauté et à la salubrité des cités
de pouvoir opérer, dans les quartiers malsains et resserrés
d'une autre époque, les transformations qu'a fait subir à
Paris le baron Haussmann, autant il est inutile et puéril
de vouloir rendre nos vieilles cités, pleines de souvenirs,
semblables aux villes nouvelles dont le plan géométrique
a été tracé d'un seul coup par les ingénieurs dans les contrées les plus nouvellement ouvertes à la civilisation. Il
vaut mieux laisser une artère, plus ou moins importante,
contourner l'abside vénérable d'une basilique que de supprimer un monument qui est parfois un chef-d'œuvre et
souvent l'ornement et la curiosité d'un pays ; tout y gagne :
la beauté pittoresque de la cité, l'art, les souvenirs et même
la condition matérielle des habitants qu'enrichissent les
nombreux visiteurs. Il suffirait de citer l'exemple d'Orange
qui se pare fièrement et utilement de son superbe amphi-
théâtre, à côté de Carpentras qui regrette, trop tard, la perte
de ses remparts. Si notre loi avait existé en 1830, M. Vitet
(rapport de 1831) n'aurait pas eu à déplorer la résolution
prise par le Conseil municipal de St-Quentin d'abattre la
façade de l'Hôtel-de-Ville au nom de l'alignement ; ni
M. Mérimée, en 1846, le vandalisme des autorités d'Orléans démolissant un ancien Hôtel-de-Ville pour faire une
place autour de la cathédrale. Cette disposition nouvelle

était fort nécessaire ; les abus avaient été criants ; mais la loi, heureusement, est formelle : l'alignement, dans aucun de ses effets, n'aura plus, selon l'expression de Montalembert, raison contre le bon sens ; il n'est plus applicable aux monuments classés.

Il en est de même des autres servitudes qui pourraient « causer la dégradation des monuments » comme dit l'article 4 de la loi. Telle est, par exemple, la servitude de grattage, par laquelle l'autorité administrative impose aux propriétaires l'obligation de blanchir périodiquement leurs maisons afin d'assurer la salubrité par ce nettoiement obligatoire ; combien il peut être funeste lorsqu'il est appliqué par des mains inhabiles aux délicates ciselures des tailleurs d'images de la Renaissance et du moyen-âge ! On doit, de même, comprendre sous cette rubrique les autres dispositions prises pour Paris par le décret du 26 mars 1852 qui a été rendu applicable à un grand nombre de villes entr'autres à Lyon par décret du 13 décembre 1853. De même, encore, pour les prescriptions relatives à la hauteur des édifices : la flèche de la cathédrale de Rouen n'aura pas à se courber sous ce niveau impitoyable. Nous en dirons autant des dispositions sur les gouttières, saillantes parfois dans les édifices anciens. Une ordonnance de police, du 30 novembre 1831, enjoint aux propriétaires des maisons ainsi construites d'établir des cheneaux sous l'égoût de leurs toits pour conduire les eaux jusqu'au niveau de la rue au moyen de tuyaux de descente appuyés le long des murs de face, (V. Block, Dict. d'Administ., vº Voirie) : or, les instructions savantes de M. Viollet le Duc ont établi, d'une manière certaine, que modifier ainsi la canalisation, parfaitement rationnelle et conforme au plan primitif de l'édifice, pouvait parfois gravement en compromettre la solidité. Désormais les gargouilles de nos vieilles cathédrales pourront donc, en toute sécurité, atteindre malicieusement les passants attardés à leur portée. Nous étendrons enfin la dis-

position qui nous occupe à tous pilastres, colonnes, corniches, entablements, tourelles, généralement tous ouvrages
en saillie fixe, qui ne seraient point conformes aux dimen-
sions que l'autorité administrative, représentée par le maire,
est en droit d'édicter.

Les avantages faits au propriétaire, en compensation des
inconvénients à lui causés par le classement, justifient
donc complètement la sanction portée dans l'article 12 de
la loi du 30 mars 1887 : *Les travaux de quelque nature
qu'ils soient, exécutés en violation des articles qui précèdent
donneront lieu, au profit de l'État, à une action en dommages-intérêts contre ceux qui les auraient ordonnés ou fait
exécuter. Les infractions seront constatées et les actions
intentées et suivies devant les tribunaux civils et correctionnels à la diligence du Ministre de l'Instruction publique et
des Beaux-Arts ou des parties intéressées.* On avait songé
d'abord à une sanction pénale ; on l'avait même insérée
dans l'avant-projet. Mais, d'une part, les peines correctionnelles eussent été excessives envers des propriétaires,
qui, le plus souvent, n'avaient eu aucune intention de
nuire ; et, de l'autre, les peines de simple police étaient
inefficaces. On a adopté une solution qui remédie à une
partie de ces inconvénients en établissant une responsabilité civile, qui permettra d'atteindre d'une manière effective ceux qui contreviendraient à la loi. (Voir le rapport
de M. Courcelle-Seneuil au Conseil d'État distribué le
28 février 1881). On aurait pu tout aussi bien organiser
un système d'amendes. Comme cela n'a pas été fait, on est
obligé de reconnaître que le texte de la deuxième partie
de notre article 12 donne lieu à certaines critiques : que
faut-il entendre par ces tribunaux correctionnels devant
lesquels les actions devront être intentées ? Il est difficile
de constituer l'hypothèse que la loi a eu en vue, à moins
de se reporter aux dégradations visées par le Code pénal ;
et c'est là l'explication donnée dans l'article 20 du règle-

ment qui s'exprime ainsi : *devant les tribunaux correctionnels si l'infraction est accompagnée d'un délit de droit
commun*. Il est probable qu'il y a là un souvenir des
hésitations du législateur qui n'aura pas été mis à l'u-
nission des modifications faites. Nous en avons la preuve
dans ce fait que le texte du projet, adopté par le Conseil
d'État conformément au rapport de M. Courcelle-Seneuil,
dit simplement dans l'article 12 *devant les tribunaux civils*.

L'action en dommages-intérêts peut être dirigée et contre ceux qui auraient ordonné les travaux, et contre ceux
qui les auraient fait exécuter ; et par là nous croyons
qu'on entend établir la responsabilité des auteurs matériels de la restauration, architectes, entrepreneurs, à la
condition qu'ils puissent être considérés comme ayant eu
la direction du travail et qu'ils ne soient pas de simples
ouvriers. Les poursuites seront naturellement l'apanage
ordinaire du Ministre des Beaux-Arts ; mais la loi ajoute
qu'elles pourront appartenir aussi aux *personnes intéressées*.
On peut hésiter sur le sens de cette formule dont l'interprétation revient naturellement aux tribunaux. Quelques
auteurs ont proposé d'entendre, par là, l'hypothèse où un
affectataire viendrait à faire des réparations sans autorisation, et où le propriétaire voudrait le pousuivre. Il faudrait,
peut-être aussi, ajouter l'hypothèse où ce serait le propriétaire d'un immeuble affecté qui réparerait sans autorisation, et où ce serait l'affectataire qui réclamerait. Nous
croyons qu'il faut prendre le terme dans son sens le plus
large, et donner à tous ceux qui ont un intérêt quelconque
le droit d'agir ; propriétaire, affectataire, locataire même
ou simple occupant, auront le droit de mettre en mouvement l'arme inaugurée par la loi nouvelle pour la défense
des monuments historiques.

Pour que la loi soit efficace, et telle a été certainement
l'intention du législateur, l'interprétation de la loi doit être
extensive. Nous ne pouvons donc pas nous associer aux

critiques dirigées par M. Ducrocq contre l'article 12 du
règlement du 3 janvier 1889 qui explique et développe en
ces termes la sanction posée par la loi : *Les immeubles qui
seraient l'objet d'une proposition de classement en cours
d'instruction ne pourront être détruits, restaurés ni réparés
sans le consentement du Ministre de l'Instruction publique
et des Beaux-Arts jusqu'à ce que la décision ministérielle
soit intervenue, si ce n'est après un délai de trois mois à dater
du jour où la proposition aura été régulièrement portée à la
connaissance de l'établissement public ou du particulier propriétaire.* L'éminent auteur s'élève énergiquement contre
cette interprétation qui frappe de l'interdiction de réparer
non plus seulement l'immeuble classé, mais encore l'immeuble objet d'une proposition de classement. Pour lui, il
y a là un empiétement évident sur le domaine législatif ;
car l'article 4 dit l'*immeuble classé*, et on ne trouve nulle
part dans la loi pour les immeubles la distinction qui subsiste, en matière de meubles, entre un classement préalable et un classement définitif.

Malgré les très bonnes raisons qu'invoque cette doctrine,
nous croyons qu'il est permis de conclure différemment.
Si on laisse au propriétaire, au moment où l'on vient solliciter son consentement pour un classement, la possibilité
de détériorer son immeuble, il n'y a pas d'illusion à se
faire : trois fois sur quatre, avant qu'aucun autre parti soit
pris, le propriétaire malintentionné se hâtera de détruire
ou de défigurer les restes qui allaient lui occasionner les
ennuis d'un classement ; et, quand l'entente sera intervenue
ou quand le Gouvernement, à bout de patience, se décidera
à user de la ressource extrême de l'expropriation, il arrivera trop tard ; il n'y aura plus rien. Pratiquement la loi
est inefficace, si on ne peut pas atteindre la fraude de ce
propriétaire de mauvaise foi. Mais on peut trouver d'autres arguments que cette nécessité de fait, quelque pressante qu'elle puisse être. L'intention du législateur est

formelle, et ressort avec évidence des termes du rapport de M. Proust à la Chambre lors de la deuxième délibération, malgré les quelques obscurités qu'il renferme. Il constate que l'on n'a point établi de distinction entre le classement préalable et le classement définitif parce que, dans la pratique actuelle, le classement préalable n'a qu'un effet suspensif jusqu'au jour où intervient l'accord. S'il n'avait craint, dit-il, de retarder par une modification de texte le vote de la loi, il aurait fait ainsi rédiger l'article 3 : « L'immeuble appartenant à un particulier sera préalablement classé par un arrêté du Ministre de l'Instruction publique qui déterminera les conditions de ce classement. S'il y a contestation sur les conditions dudit, il sera statué par le Ministre de l'Instruction publique, sauf recours au Conseil d'État ».

Pour lui, il n'y a pas de doute ; la distinction subsiste et c'est le sens qu'il veut donner à l'article 3. Le texte, pour n'être pas aussi explicite que le commentaire qui en est donné, s'accorde parfaitement avec cette manière de voir. Le classement n'est complet et irrévocable qu'avec le consentement du propriétaire : jusque-là l'immeuble est classé sous condition résolutoire ; c'est une situation analogue à celle visée, comme nous le verrons plus loin, par l'article 7 de la loi lorsqu'il permet un déclassement forcé pour les monuments que l'on considère comme régulièrement classés antérieurement à la loi nouvelle. C'est une situation transitoire qui est imposée par la nature même des choses ; et, si l'on ne veut pas dire qu'il y a là un classement préalable dont la loi ne prononce pas le nom, il n'y en a pas moins un état juridique particulier qui est visé dans la loi de 1887. Ailleurs on retrouve une disposition spéciale pour l'immeuble *qui fait l'objet d'une proposition de classement refusée par le propriétaire* ; l'article 5 de la loi permet l'expropriation du monument qui se trouve dans ces conditions. Nous avons déjà dit qu'il était inadmissible que le propriétaire puisse par sa mauvaise foi paralyser une faculté que la loi accorde à l'Administration ; il n'y a pas d'autres moyens de donner satisfaction aux nécessités de la pratique, et d'expliquer les travaux préparatoires.

La construction même de l'article 3 implique cette distinction : il ne dit pas « on ne pourra classer les monuments des particuliers qu'avec le consentement du propriétaire » ; il dit « l'immeuble sera classé par arrêté ». Puis il fait une restriction : « il ne pourra l'être qu'avec le consentement du propriétaire ». N'est-ce pas clairement indiquer que le consentement du propriétaire est indispensable, mais que son opposition constituera une condition résolutoire dudit classement ? C'est ce qui a été nettement admis pour les objets mobiliers dans l'article 9 ; et l'on ne saurait invoquer contre le rapprochement que nous faisons la place des articles dans des chapitres différents, quand on se rappelle que la division en chapitres a été faite après coup au Sénat. La sanction contenue dans l'article 12, la responsabilité civile des contrevenants, placée dans le chapitre des Meubles, de l'avis de tous s'applique aux immeubles comme au mobilier classé. Car, nous l'avons déjà dit, on peut classer les meubles en vertu de la loi nouvelle, et quand le classement sera devenu définitif, ses effets seront comparables à ceux que nous venons d'étudier pour les immeubles.

Ainsi que le disent les articles 10 et 11 : *Les objets classés, appartenant à l'État, seront aliénables et imprescriptibles* ; s'ils appartiennent à un établissement public (ceux des particuliers ne peuvent pas être classés), *ils ne pourront être restaurés, réparés, ni aliénés par vente, don ou échange qu'avec l'autorisation du Ministre de l'Instruction publique et des Beaux-Arts*. Le classement a donc d'abord, pour les meubles, les mêmes conséquences que pour les immeubles, c'est-à-dire l'interdiction des restaurations et des réparations faites sans autorisation. Il est à remarquer qu'il ne peut s'agir ici ni des modifications ni des appropriations dont un objet mobilier n'est guère susceptible. Nous ajouterons que cette interdiction de réparation devra s'étendre aussi bien aux objets appartenant à l'État qu'à ceux des établissements publics, malgré la lacune du texte qui semble n'appliquer cette défense qu'à la deuxième catégorie. L'intention du législateur ne peut laisser aucun doute ; et, quoique les meubles classés de l'État relèvent le plus souvent du Ministre des Beaux-Arts, il pourrait arriver qu'ils relèvent d'un autre ministre ; et, dès lors, l'intervention d'une autorité plus compétente est parfaitement justifiée. Le caractère tout particulier, que les meubles tiennent de leur nature, de pouvoir avec la plus grande facilité changer de mains et disparaître en quelque sorte de la circulation sans laisser aucune trace, a eu pour conséquence de donner au classement un effet nouveau. D'une part on a reconnu, et nous avons déjà, dans le chapitre précédent, signalé le fait, que l'on ne pouvait tenter de classer les objets mobiliers appartenant à un particulier sans entrer en même temps dans une voie d'inquisition vexatoire qui aurait rendu inapplicable une telle législation. D'autre part, on a dû décider que le classement aurait pour effet d'empêcher cette circulation trop facile des meubles d'art, qui en aurait entraîné la dispersion et la perte en les frappant d'une sorte d'inaliénabilité.

Pour les objets appartenant à l'État, l'inaliénabilité est absolue ; *les objets classés et appartenant à l'État seront inaliénables et imprescriptibles* (art. 10 de la loi) ; pour ceux des établissements publics on est moins sévère, ils ne pourront être *aliénés par don, vente ou échange, qu'avec l'autorisation du Ministre de l'Instruction publique et des Beaux-Arts* (art. 11 de la loi). On a voulu critiquer l'hypothèse de don, prévue dans cet article, sous prétexte que l'établissement public ne peut faire de libéralités :

nous croyons que cette critique n'est pas fondée, car, ainsi que nous l'avons indiqué, par établissement public il faut entendre aussi établissement d'utilité publique ; et les libéralités dont il s'agit sont plutôt des récompenses que des libéralités proprement dites. Quoi qu'il en soit de cette critique du texte, la disposition actuellement examinée ne fait guère qu'expliquer et étendre une jurisprudence déjà existante plutôt que créer un droit nouveau.

D'après les interprètes de la loi, que nous avons eu déjà souvent à citer, MM. Morgand et Ducrocq, l'article 10 sur les objets appartenant à l'État aurait eu surtout pour but de couper court aux distinctions que l'on avait voulu faire entre les objets placés dans une collection nationale et ceux qui présentaient isolément un intérêt artistique ou historique, et aux controverses qui avaient divisé la doctrine sur l'existence d'un domaine public mobilier. On avait généralement décidé que les bibliothèques et musées, et les œuvres d'art qu'ils contiennent, pouvaient seuls être considérés, par extension, comme faisant partie du domaine public : peu importait qu'ils dépendissent des Beaux-Arts comme le musée de Cluny, ou de l'Administration de la Marine, comme ce magnifique musée de l'arsenal de Toulon, dont on nous a, contrairement aux prescriptions de la loi, fait craindre la dispersion. Nous ne voudrions pas dire que la loi nouvelle a fait entrer tous les meubles classés dans le domaine public ; elle les fait simplement jouir de ce double privilège de l'inaliénabilité et de l'imprescriptibilité qui en forme le caractère essentiel. Elle ne veut pas, à notre avis, prendre parti sur le grave problème de l'existence du domaine public mobilier ; elle se contente d'indiquer que, par le fait du classement, les objets mobiliers seront placés dans une condition identique. Nous croyons toutefois qu'elle a dû pencher vers la solution, souvent adoptée par la jurisprudence, qu'il faut admettre l'existence d'un domaine public mobilier, et se contenter, pour

lui, de la condition essentielle de l'affectation à l'usage de
tous, sans que l'objet compris dans ce domaine soit nécessairement une portion du territoire français. Cette solution
avait été adoptée par la Jurisprudence, en ce qui concerne
la Bibliothèque Nationale et les objets formant ce précieux
dépôt, par deux arrêts rendus par la Cour de Paris, le
3 janvier 1846 (S. 47. 2. 77), pour un autographe de Molière, et le 18 août 1851 (S. 51. 2. 475), pour une lettre de
Montaigne, contre M. Feuillet de Conches; et par un
jugement du tribunal de la Seine du 22 décembre 1875,
rendu à la requête de M. Léopold Delisle, le grand défenseur de nos collections nationales. Des arrêts analogues
ont été rendus, pour des tableaux ou des statues détournées, par un arrêt de la Cour de cassation du 10 août 1841
(S. 41.1.742) (D. 41.1.332), entr'autres pour un tableau du
Louvre qui se trouvait entre les mains de la famille de
Maillé. Un arrêt de la Cour d'Orléans du 23 décembre
1880 (S. 83.2.264) a statué dans le même sens, en principe, à propos de statues anciennes qui décoraient le château de Ménars appartenant à Mme la Duchesse de Beauffremont. Un jugement du tribunal de la Seine du 2 mai
1877 (*Le Droit*, 25 mai 1877, p. 496) a même étendu cette
garantie à des statues acquises par l'État après l'Exposition annuelle des Beaux-Arts et qui n'étaient pas encore
entrées dans les collections nationales. M. Caillemer,
doyen de la Faculté de Droit de Lyon, a donné les conclusions de ces diverses décisions dans un remarquable Rapport publié en 1881 à propos de Manuscrits de la Bibliothèque de Lyon, provenant des collections de l'Abbé Nicaise
et du Président Bouhier et revendiqués par l'État.

La Jurisprudence, qui avait ainsi trouvé le moyen de
protéger les richesses des musées, était plus affirmative
encore en ce qui concerne les églises. Les tribunaux ont
eu très souvent à statuer sur la validité des contrats par
lesquels des Conseils de fabrique ou des curés avaient aliéné

des objets d'art qui faisaient l'ornement de leur église. Une
espèce, restée célèbre dans la région lyonnaise, est celle du
tableau d'Eugène Delacroix, le Martyre de St-Sébastien,
vendu par la fabrique de l'église de Nantua. L'arrêt de la
Cour de Lyon en cette affaire, le 19 décembre 1873 (D.
76.2.89), celui rendu à propos du retable de l'église des
Carrières St-Denis (Paris, 10 avril 1848), celui des tapisseries de l'église St-Gervais (Paris, 12 juillet 1879), enfin
un dernier arrêt de la Cour de Paris du 13 mars 1880 (Dal-
loz, 1880.2.97) ont définitivement réglé la matière. On
considère comme faisant partie du domaine public tous les
objets d'art qui se trouvaient dans les églises au moment où
elles ont été rendues au culte lors du Concordat. Il en est de
même des dons faits par l'État aux églises ; ces objets d'art
continuent à faire partie du domaine public. Aux termes des
arrêts, les tapisseries, les tableaux, qu'on avait voulu vendre avaient été destinés à l'ornementation de l'édifice où
ils se trouvaient ; en vertu de cette destination, ils devaient
servir à l'usage public ; par là même ils faisaient partie du
domaine public et étaient imprescriptibles et inaliénables.
C'est ce qui a été récemment décidé par la Cour de Cassation de Belgique, le 11 novembre 1886 (S. 88.4.26.72).
La loi nouvelle n'a donc fait que confirmer sous un autre
point de vue, à leur égard, les règles déjà posées par la
Jurisprudence ; mais elle a l'avantage de leur donner pour
base juridique un texte précis. Elle nous semble de plus
avoir donné satisfaction à l'équité, en réservant dans une
certaine mesure les droits des établissements publics : on
comprend qu'un établissement public, un hospice, par exemple, puisse avoir intérêt, dans un esprit de sage administration, à aliéner un objet d'art absorbant un capital impro-
ductif exposé à des accidents de toutes sortes. Le classement,
et c'est avec raison que la loi en dispose ainsi, n'emporte
pas, de lui-même, l'inaliénabilité à leur égard ; et, si l'objet
classé ne se trouve pas d'autre part dans le domaine public

communal ou départemental, le seul effet du classement est d'imposer, au cas d'aliénation, en plus des formalités imposées par les autres lois administratives, l'autorisation du Ministre des Beaux-Arts. Faudrait-il craindre que ce ministre soit pour se réserver la possibilité d'acquérir l'objet, soit pour sauvegarder un intérêt artistique s'opposât à l'aliénation sollicitée que l'établissement public trouvait avantageuse ? Nous ne nions pas le danger, mais, d'une part, l'établissement a pour défenseur le ministre dans les attributions duquel il est placé ; et, d'autre part, nous admettons, comme l'indique du reste l'article 19 du règlement pour le classement et le déclassement, qu'il lui sera possible d'en appeler au Président de la République statuant par décret, le Conseil d'Etat entendu.

L'article 13 de la loi contient la sanction des dispositions qui viennent d'être prises : *L'aliénation faite en violation de l'article 11 sera nulle et la nullité en sera poursuivie par le propriétaire vendeur ou par le Ministre de l'Instruction publique et des Beaux-Arts sans préjudice des dommages-intérêts qui pourraient être réclamés contre les parties contractantes et contre l'officier public qui aura prêté son concours à l'acte d'aliénation. Les objets classés qui auraient été aliénés irrégulièrement, perdus ou volés pourront être revendiqués pendant trois ans conformément aux dispositions des articles 2279 et 2280 du Code civil. La revendication pourra être exercée par les propriétaires et à leur défaut par le Ministre de l'Instruction publique.* On s'est demandé pourquoi la loi avait parlé du propriétaire vendeur et lui avait donné le droit de demander la nullité de la vente qu'il avait librement consentie ; c'est que, le plus souvent, ce ne sera pas le propriétaire qui aura lui-même vendu, car ce propriétaire c'est un établissement public, et les vendeurs auront été ses représentants ou ceux qui auront eu la disposition de l'objet. Pour l'hypothèse où le vendeur n'est pas le propriétaire, il est certain qu'il ne pourra pas intenter d'action ; au contraire, quand il vend lui-même, la loi veut l'assimiler à un mineur, à un incapable qui a contracté sans être régulièrement assisté, il peut demander lui-même la nullité du contrat qui l'aurait lésé.

Quant au droit conféré au Ministre des Beaux-Arts, nous ne croyons pas que l'on doive recourir à l'explication qui voudrait le voir figurer ici soit comme représentant l'État, nu-propriétaire des biens de l'établissement public, soit comme chargé de la tutelle administrative de ces établissements. M. Morgand soutient, avec raison, que ces établissements publics, tant qu'ils existent, sont véritablement propriétaires de leurs biens ; et, si, à leur disparition, l'État les recueille, c'est seulement en vertu d'une disposition spéciale, à titre de biens vacants, et non en vertu d'un droit existant antérieurement : le classement n'emporte aucune dépossession de propriété. Et ce n'est pas non plus en vertu du droit dénommé *tutelle administrative* ; cette tutelle doit être exercée ici par les Ministres de l'Intérieur ou des Cultes. Les formalités ordinaires, la tutelle administrative du ministre compétent, restent absolument intactes ; l'intervention du Ministre des Beaux-Arts est une disposition nouvelle à ajouter aux anciennes, une surveillance administrative qui est la conséquence du classement et la garantie de son efficacité. C'est ainsi que le classement nouveau, qui laisse intacte la Jurisprudence qui avait été établie pour les objets des églises, aura pourtant, même à ce point de vue, une utilité pour certaines catégories d'objets que la Jurisprudence ancienne n'atteignait pas. Il en serait ainsi pour un objet d'art qui aurait été donné à une église depuis le commencement du siècle par un particulier, ou acheté par la Fabrique. Quand bien même il ne ferait pas partie du domaine public, s'il est classé, son aliénation sera soumise à l'autorisation du Ministre des Beaux-Arts et sa vente frappée de nullité, à défaut de cette autorisation. Le ministre aura toujours le droit de mettre son veto à la proposition d'aliénation sans qu'on puisse lui forcer la main.

M. Lacombe avait proposé de donner à l'établissement public le droit de contraindre l'État à autoriser l'aliénation ou à acheter lui-même l'objet en question. L'établissement public peut être dénué de ressources ; il n'est pas juste, disait-il, qu'il ne puisse obliger l'État, qui lui refuse le moyen d'en tirer parti, de s'en rendre acquéreur moyennant un prix déterminé par expert. M. Bardoux a repoussé, avec raison, cette prétention dontl'application serait devenue ruineuse pour nos finances ; et qui renferme, d'ailleurs, en principe, la théorie erronée d'une compensation due par l'État pour le classement. Quand le Ministre accorde ou refuse son autorisation, il jouit d'un pouvoir discrétionnaire ; c'est un acte de pure administration ; il ne viole donc aucun droit acquis. En pratique, du reste, le plus souvent, les choses se passeront de la manière que M. Lacombe aurait voulu rendre obligatoire. On l'a bien vu à propos d'une série d'admirables tapisseries de Flandre qui se trouvaient être la propriété de la ville de Boussac (Creuse) : la vente de ces objets d'art fut, plusieurs fois, décidée par le Conseil municipal de cette ville, mais l'État usa sagement en cette circonstance de son droit de veto pour repousser toutes les offres faites jusqu'au moment où, en 1882, il s'en rendit lui-même acquéreur. On peut les voir actuellement à Paris, et elles présentent cette particularité intéressante d'être aux armes de la famille Leviste.

Le classement, nous le voyons par l'examen des faits, ne peut donc pas, à proprement parler, être qualifié de servitude archéologique, pouvant compromettre gravement les droits du propriétaire. La loi française s'est montrée fort respectueuse des intérêts du propriétaire ; mais, pour éviter tous reproches et empêcher les abus même les moins probables, elle a multiplié les précautions pour que le classement ne put être fait qu'à bon escient ; et elle a tempéré, par tous les moyens possibles, la charge que pouvait

occasionner au propriétaire la loi nouvelle. Elle a fait plus
encore en organisant le déclassement, c'est-à-dire la possibilité pour le propriétaire dans certaines conditions d'obtenir le retrait des entraves, pourtant si légères, dont sa
propriété avait été atteinte.

CHAPITRE VI

LE DÉCLASSEMENT

Sommaire. — Deux sortes de déclassements. — Le déclassement facultatif : utilité ; formes et conditions : c'est le droit commun. — Le déclassement forcé : sa raison d'être ; tempérament à la rétroactivité nécessaire de la loi. — Les monuments régulièrement classés avant 1887. — Conditions pour qu'il y ait déclassement forcé.

Le déclassement total ou partiel, dit l'article 6 de la loi, *pourra être demandé par le Ministre dans les attributions duquel se trouve l'immeuble classé, par le département, la commune, la fabrique, l'établissement public et le particulier propriétaire de l'immeuble. Le déclassement aura lieu dans les mêmes formes et sous les mêmes distinctions que le classement.* La loi pose, avec raison, le principe du déclassement des immeubles, c'est-à-dire la possibilité de revenir sur les dispositions prises, et de faire disparaître, dans des conditions déterminées, les charges et les entraves qu'elle avait mises à la fois sur l'État et sur les propriétaires. Mais la disposition, que nous venons de reproduire littéralement, est loin d'être explicite ; et M. Challamel, dans le remarquable article qu'il a consacré à la loi de 1887 (*Annuaire de Législation française*, 1888, p. 52 et s.), n'hésite pas à la considérer comme singulièrement incomplète. Il ajoute que les travaux préparatoires jettent peu de lumière sur la question. On a semblé considérer qu'il suffisait d'une assimilation générale avec les opérations du classement ; or ces opérations sont certainement analogues, mais elles présentent pourtant certaines différences assez sensibles pour qu'une disposition générale laisse subsister de grandes difficultés pratiques.

A notre avis, la loi envisage deux ordres principaux d'hypothèses : dans les premières le déclassement est facultatif, dans les secondes il est forcé. Dans ces dernières, il ne s'agit en réalité que des conséquences d'une mesure transitoire, car on ne traite que des monuments classés avant la promulgation de la nouvelle loi. Le premier cas au contraire est général, et s'applique à tous les immeubles que l'on pourra classer à l'avenir. La loi reconnaît le droit au propriétaire de l'immeuble, quel qu'il soit, établissement public ou particulier, de prendre l'initiative de la demande de déclassement.

Il est à remarquer que la disposition garde le silence sur la possibilité pour le Ministre des Beaux-Arts de solliciter le déclassement, lui qui pourrait demander le classement ainsi que le règlement de 1889 l'a formellement reconnu. Cette différence est fort rationnelle ; car, étant données les formalités auxquelles est soumis le classement, il est bien certain qu'il n'aura pas été fait à la légère. Dès lors ce ne seront jamais les intérêts artistiques ou historiques, dont le Ministre est le gardien, qui pourront réclamer le déclassement : au contraire, ils en souffriront toujours quand des raisons, parmi lesquelles nous apercevons surtout l'impossibilité d'entretien à cause du délabrement ou de la trop grande dépense, le feront paraître nécessaire au propriétaire.

Le propriétaire, établissement public d'abord par hypothèse, enverra sa demande de déclassement au Ministre avec toutes les pièces à l'appui, témoignant de la pénurie de ses ressources, du mauvais état du monument ou des inconvénients majeurs à lui causés par ce classement et dont il peut justifier. Ce sera le représentant légal de l'établissement public qui devra agir, de même que lorsqu'il s'agit de classement (voir l'article 3 du règlement d'administration publique) : pour le département, le préfet avec l'autorisation du Conseil général ; pour la commune, le maire avec l'autorisation du Conseil municipal ; pour la fabrique, le trésorier avec l'autorisation du Conseil de fabrique ; pour tout autre établissement public les représentants légaux de l'établissement. L'affectataire, quand il y en aura un, devra être consulté. Si, sur cette demande, il y a avis conforme du ministre sous l'autorité duquel l'établissement est placé, et que le Ministre des Beaux-Arts veuille bien y consentir, nous croyons que celui-ci pourra, par simple arrêté, prononcer le déclassement du monument. Cette solution peut paraître un peu extraordinaire, mais nous croyons qu'elle est très utile pour faciliter la solution pratique de beaucoup de difficultés et de conflits ; car nous venons de voir que la loi avait prévu le déclassement total ou partiel de l'immeuble. On ne peut nier qu'ici, en pratique, le plus souvent il s'agira seulement d'un déclassement partiel, d'une suppression d'une partie quelconque de l'édifice, qui, loin de compromettre sa conservation entière, sera peut-être indispensable pour l'assurer à l'avenir.

Il y a d'ailleurs une garantie qu'il ne faut pas perdre de vue, et que l'on devra complètement appliquer à l'hypothèse que nous examinons en ce moment : aux termes de l'article 15 de la loi, toutes les décisions du Ministre des Beaux-Arts qui devront intervenir, en vertu de la loi de 1887, ne pourront être prises qu'*après avis de la Commission des Monuments historiques*. Ce rôle principal attribué à la Commission qui avait été prévu par l'article 21 du règlement, et déterminé par le décret du 3 janvier 1889, le dernier qui ait remanié la composition de la Commission, n'a pas été accepté sans une certaine opposition dans le Conseil d'État. Il est d'une très haute importance, car c'est la garantie permanente, et pour les intérêts supérieurs en jeu dans ces questions, et pour la responsabilité du ministre ainsi partagée et mise à couvert.

Il peut arriver que le ministre dans les attributions duquel l'établissement est placé refuse son consentement, ou que le Ministre des Beaux-Arts s'oppose au déclassement : l'affaire sera, alors, portée au Conseil d'État, qui verra s'il croit devoir se rendre aux raisons invoquées pour déclasser ; puis le chef de l'État prononcera par décret rendu dans la forme des règlements d'administration publique. C'est du reste ce que détermine l'article 2 de la loi de 1887 lorsqu'il s'agit des formalités du classement. Ne devrait-on pas, de même, recourir à ce genre de décret, toutes les fois que le classement aura été fait dans cette forme, au moins s'il s'agit d'un déclassement total ? S'il s'agissait d'un déclassement partiel il n'est pas douteux que l'arrêté du ministre suffirait pour déroger au décret ; mais pour une abrogation totale il y a doute ; et l'une des opinions est qu'alors il faudrait interpréter littéralement l'article 6 qui dit que le déclassement doit être fait dans la même forme que le classement ; nous adopterions, quant à nous, plus volontiers l'opinion contraire. En effet, si pour le classement on exige un décret, c'est que l'on veut outrepasser les droits légitimes du propriétaire, et que dès lors ce n'est pas trop de l'intervention du chef de l'État pour assurer que l'on ne traitera pas à la légère des intérêts aussi sacrés ; mais, en matière de déclassement, le seul intérêt en jeu est l'intérêt artistique ou historique, l'intérêt intellectuel dont le ministre est le défenseur né et tout puissant. Si donc, le Ministre des Beaux-Arts, mû par des considérations particulières, croit devoir faire céder ces intérêts, pas n'est besoin d'avoir recours à un décret ; il suffira d'un arrêté du ministre pour déclasser, car rien ne lui serait plus facile que de s'opposer à ce déclassement et de paralyser la demande, la moindre réclamation de sa part devant renvoyer l'affaire devant le Président de la République et le Conseil d'État. Il reste bien entendu que le Conseil d'État est absolument libre de donner un avis défavorable au déclassement qu'on lui demande, de même qu'il aurait pu d'abord s'opposer au classement. On n'a pas maintenu, en effet, la disposition qui avait été insérée, dans le projet primitif, à l'article 2, et que le Conseil d'État n'a point conservée : « L'établissement propriétaire aurait eu le droit d'obtenir le déclassement, si l'État n'avait pas fait de dépenses pour la restauration du monument. » C'était une application de la théorie, que nous avons déjà eu à combattre, qui voudrait voir dans le classement une sorte d'expropriation nécessitant, comme compensation, des avantages faits par l'État ; on aurait, ainsi, créé un cas de déclassement obligatoire que la loi nouvelle n'a voulu admettre, avec raison, que dans le cas des monuments classés antérieurement à la loi de 1887, comme nous le verrons tout à l'heure. Dans l'hypothèse, qui nous occupe, des monuments classés régulièrement et postérieurement à la loi nouvelle, nous croyons que même à l'égard des particuliers le déclassement n'est pas obligatoire.

Si l'immeuble classé appartient à un particulier, ce particulier pourra former une demande en déclassement de la même manière que les représentants légaux de l'établissement public. Aux termes du paragraphe 2 de l'article 6, ce déclassement doit avoir lieu dans les mêmes formes que le classement, et cette analogie est établie quel que soit le propriétaire. Cependant, lorsqu'il s'agit du simple particulier propriétaire, on se heurte à certaines difficultés d'interprétation ; et il n'est pas possible de raisonner pour le déclassement identiquement de la même manière que pour le classement.

Trois hypothèses peuvent se présenter : 1° le propriétaire et le Ministre des Beaux-Arts sont d'accord ; 2° le ministre seul demande le déclassement ; 3° le propriétaire seul demande le déclassement. Si le propriétaire est d'accord avec le Ministre des Beaux-Arts, un simple arrêté ministériel opérera le déclassement ; l'analogie avec les formalités du classement est complète. Si le ministre seul demande le déclassement, le propriétaire peut, suivant nous, s'y opposer efficacement. En acceptant le classement, il a fait, nous l'avons vu, un contrat puisqu'il était parfaitement le maître de le repousser, il a acquis un droit qu'il peut faire respecter ; et ce serait à tort qu'on voudrait le considérer comme étant à la merci du Ministre des Beaux-Arts. Il y a donc encore dans cette hypothèse une symétrie complète entre le classement et le déclassement : le refus du particulier, propriétaire, suffit pour empêcher le classement ; son refus suffira également pour que le déclassement n'ait pas lieu.

Mais si l'on suppose que ce soit le propriétaire qui formule la demande de déclassement, et que le ministre s'y oppose, il ne nous semble pas que le propriétaire doive nécessairement triompher. Le conflit sera porté devant le Conseil d'État, et l'Autorité supérieure décidera en dernier ressort s'il y a lieu ou non de procéder à un déclassement.

Nous ne croyons donc pas que l'on puisse, avec M. Challamel (*op. cit.* p. 81), soutenir que le déclassement est de droit pour les particuliers. La nécessité du consentement du propriétaire pour que l'on puisse classer entraîne tout au plus l'impossibilité de déclasser ensuite sans son consentement, mais n'entraîne pas du tout la nécessité de rendre sa volonté toute puissante. Il nous semble qu'on ne doit pas davantage interpréter, dans ce sens, l'alinéa 3 de l'article 6 dont voici le texte. *Toutefois, en cas d'aliénation consentie à un particulier de l'immeuble classé appartenant à un département, à une commune, à une fabrique ou à tout autre établissement public, le déclassement ne pourra avoir lieu que conformément au paragraphe 2 de l'article* 2. (Ce paragraphe est celui qui règle les formes du classement des immeubles lorsqu'ils appartiennent à des établissements publics.) On a voulu déduire de là, par un argument *a contrario*, que les particuliers devaient avoir le droit de déclasser obligatoirement les immeubles, en raisonnant ainsi : si, pour le cas où l'immeuble a appartenu à un établissement public avant d'être à un particulier, on fait une disposition spéciale pour qu'il ne puisse pas, contre le gré du ministre qui avait été chargé antérieurement de veiller à sa conservation, être déclassé trop facilement par suite de sa transformation subite en propriété particulière sans que sa situation ait été réglée par un contrat, il faut conclure de cette précaution extraordinaire que les particuliers doivent avoir le droit de déclasser *ad libitum*.

Telle est l'opinion soutenue par M. Challamel ; nous nous permettons de la combattre malgré l'incontestable autorité du savant commentateur. Lorsque l'article 6 de la loi, prévoyant l'aliénation consentie à un particulier de l'immeuble classé qui appartient à un établissement public, impose pour le déclassement les formes indiquées par l'article 2, § 2, il veut dire : que le consentement et la demande du particulier, propriétaire actuel, ne suffiraient pas ; que l'intervention du ministre sous l'autorité duquel l'établissement public était placé serait nécessaire ; que le déclassement, si ce ministre refusait son assentiment, pourrait être prononcé seulement par un décret rendu dans la forme des règlements d'administration publique. On considère que l'établissement public ne pouvant agir qu'avec l'autorisation ministérielle doit, lorsqu'il aliène un immeuble classé, stipuler une réserve à l'endroit de ce caractère spécial de l'immeuble ; et la loi, au cas où rien ne serait stipulé d'une manière expresse, veut en faire une clause tacite et de droit. Il ne faut pas oublier, d'ailleurs, qu'en outre du ministre demeurant chargé de veiller à la conser-

vation de l'immeuble qui était précédemment sous sa dépendance, le Ministre des Beaux-Arts est toujours le maître
de s'opposer au déclassement ; et que l'intervention de l'un
de ces deux ministres déférera le conflit au chef de l'État.

L'immeuble appartenant à un particulier et classé entre
ses mains peut être déclassé plus facilement que l'immeuble appartenant à un autre établissement public ; car tout
se passe entre le propriétaire et le Ministre des Beaux-Arts.
Voilà tout ce que prouve l'alinéa dont nous faisons ici
l'étude ; mais il ne dit nullement que ce déclassement doive
se faire de toute nécessité ; il se contente de stipuler que
les immeubles qui auront appartenu à des établissements
publics garderont entre les mains de leur nouveau propriétaire un souvenir de leur ancienne condition ; c'est ainsi
qu'à ce point de vue spécial du déclassement, ils seront
censés n'avoir point changé de mains.

Pour le déclassement des meubles, nous n'avons pas
d'autres explications à donner. Il est prévu par l'article 9,
2° de la loi : *Le déclassement des objets mobiliers, s'il y a
lieu, sera prononcé par le Ministre de l'Instruction publique
et des Beaux-Arts. En cas de contestation il sera statué comme
il vient d'être dit ci-dessus, c'est-à-dire par décret rendu en
la forme des règlements d'administration publique.* Comme
il ne s'agit ici que d'établissements publics, leur opposition n'a jamais d'effets absolus ; tout dépend du chef de
l'État, et le déclassement des meubles est toujours facultatif.

Il n'y a réellement de déclassement forcé que dans la
seule hypothèse des monuments classés avant la promulgation de la loi et atteints par elle rétroactivement. Elle
est prévue par l'article 7 de la loi du 30 mars 1887, qui ne
nous semble pas mériter les reproches qu'on lui a faits :
*Les dispositions de la loi sont applicables aux monuments
historiques régulièrement classés avant sa promulgation.* Un
travail immense avait déjà été exécuté, on ne pouvait en faire

table rase ; il importait d'utiliser les éléments que l'on avait dans la main, et on ne pouvait songer à laisser en dehors de l'action protectrice de la nouvelle loi le fruit de cinquante ans de travaux. Mais, comme, en définitive, c'était modifier profondément entre les mains des propriétaires les conditions qui leur étaient faites par le classement ancien, il fallait prendre certaines précautions pour éviter le préjudice qui pouvait éventuellement être causé, et on adopta le tempérament suivant pour ceux des immeubles qui appartenaient à des particuliers.

Toutefois, lorsque l'État n'aura fait aucune dépense pour un monument appartenant à un particulier, ce monument sera déclassé de droit dans le délai de six mois après la réclamation que le propriétaire pourra adresser au Ministre de l'Instruction publique et des Beaux-Arts pendant l'année qui suivra la promulgation de la présente loi. Il y a dans le deuxième alinéa de l'article 7 une disposition transitoire s'appliquant aux immeubles des particuliers, et constituant une sorte de classement sous condition résolutoire ; c'est le classement préalable dont nous avons déjà eu à constater l'existence ; seulement la condition du consentement du propriétaire ne se réalisera plus de la même façon. Nous ne comprenons donc pas bien pourquoi M. Challamel trouve que le texte de cet article, entendu rigoureusement, est inconciliable avec l'article 6, 2°, qui, lui, ne vise pas notre hypothèse particulière mais le déclassement de droit commun. Il nous semble qu'il n'y a pas besoin de recourir, ici, à des confusions de textes résultant de modifications successives, et que l'explication de notre article est très simple et parfaitement en harmonie avec les autres dispositions de la loi de 1887.

En vertu de sa toute puissance, le législateur a cru devoir donner à la loi une force rétroactive ; à la condition de le dire expressément, c'était son droit. Mais, malgré le soin qu'il mettait à bien marquer qu'il ne voulait atteindre que les monuments régulièrement classés dans le passé, cette expression n'était pas sans laisser prise à certaines critiques. Comme on l'avait fait remarquer au Sénat, le classement « régulier » autrefois n'existait pas ; cette première difficulté a été résolue par le règlement du 8 mars 1889 qui, dans son article 14, a défini quels étaient les monuments que l'on devait regarder comme régulièrement classés avant la loi nouvelle. *Sont considérés comme régulièrement classés avant la promulgation de la loi : 1° les monuments classés avec le consentement de ceux auxquels ils appartenaient ou dans les attributions desquels ils se trouvaient placés ; 2° les monuments qui auraient été classés d'office par le Ministre de l'Instruction publique et des Beaux-Arts et dont le classement, après avoir été porté à la connaissance des intéressés, n'aura été l'objet d'aucune protestation dans le délai de trois mois ; 3° les monuments classés pour lesquels l'État aurait fait une dépense quelconque sur le crédit affecté aux monuments historiques.* On comprend donc parmi eux : 1° les monuments classés avec le consentement exprès de leurs propriétaires, ou au moins de l'autorité administrative dans les attributions de laquelle ils se trouvaient placés ; 2° les monuments classés pour lesquels l'État aura fait une dépense quelconque sur le crédit affecté aux monuments historiques ; on a considéré, avec raison, que l'acceptation du concours financier de l'État emportait de la part du propriétaire un acquiescement aux règles que l'État pourrait imposer, et, en compensation du bénéfice de cette assistance pécuniaire, une renonciation à certains privilèges du droit de propriété. On a, enfin, compris parmi les monuments classés une autre catégorie où le consentement du propriétaire est encore tacite et consiste simplement dans son inaction : « les monuments qui auraient été classés d'office par le Ministre de l'Instruction publique et des Beaux-Arts, et dont le classement, après avoir été porté à la connaissance des intéressés, n'aura été l'objet d'aucune protestation dans le délai de trois mois ». (V. arrêt du Conseil d'État, 20 décembre 1889, concernant le Palais Stanislas à Nancy, dans Rev. gén. d'Admin. 1890).

On a voulu, ainsi, atteindre tous les monuments dont la liste avait été faite avec tant de soins par la Commission des Monuments historiques, pour le cas où ils ne se trouveraient pas englobés dans une des deux catégories qui précèdent. Mais comme, ici, l'avis du propriétaire n'a pas été demandé, et qu'il n'y a ni un consentement exprès, ni l'engagement pratique résultant de l'acceptation d'une subvention, la loi n'a pas voulu *de plano* prononcer le classement ; elle spécifie que le propriétaire doit être prévenu officiellement du classement qui avait été fait de sa propriété, et qu'un délai de trois mois lui sera donné, à partir de ce moment, pour présenter ses observations s'il a quelque raison de s'opposer au classement. Il y a, pour ainsi dire, présomption de classement ; et, si le propriétaire laisse passer sans protestation le délai légal, le monument sera considéré comme régulièrement classé. On évite, ainsi, de recommencer, pour des monuments qui ont déjà été examinés depuis longtemps, les formalités longues et minutieuses qui sont imposées pour le classement.

La loi est muette sur la manière dont le classement doit être porté à la connaissance du propriétaire : nous croyons que, devant ce silence, on doit se montrer très large, et, loin d'exiger une notification individuelle, attribuer l'effet demandé à tout mode suffisant de publicité. Aussi, nous n'hésitons pas à considérer ce but comme atteint par l'insertion au *Journal officiel* de la liste des monuments historiques, classés antérieurement à 1887, qui a été faite en même temps que la loi a été promulguée. On a beaucoup discuté, alors, sur la portée de cette publication ; et l'*Officiel* dut même publier, quelques jours après, un *erratum*, expliquant que cette publication n'entraînait pas classement.

On a proposé d'y voir la conséquence de ce fait, que cette liste n'avait pas été discutée par les Chambres ; mais on oubliait qu'aux termes de la loi nouvelle le classement résultait d'un décret et non d'une disposition législative. L'utilité véritable de cette publication, qui n'a été en quelque sorte précisée que par le règlement intervenu beaucoup plus tard, est d'avoir prévenu les propriétaires. Tous ceux dont les propriétés ont été portées sur cette liste, et qui ont laissé écouler trois mois depuis la mise en vigueur du règlement, peuvent donc les considérer comme régulièrement classés. Quant aux monuments qui ne figurent pas sur cette liste, lors même qu'ils auraient été compris dans un classement antérieur, si les propriétaires n'avaient pas été prévenus, ils ne seront pas atteints ; il faudrait pour cela que leurs propriétaires fussent avertis à nouveau et aient laissé écouler le délai de trois mois sans protestation ; tel est le cas des restes de l'abbaye de l'Ile-Barbe, près Lyon (Rhône), qui, portés sur les listes antérieures, n'ont pas figuré sur celle insérée en 1887 au *Journal officiel*.

On arrivait donc, ainsi, à donner une vaste rétroactivité à la loi nouvelle, et nous avons déjà vu que c'était nécessaire ; mais il faut bien prendre garde qu'il existe une profonde différence entre le classement ancien et le nouveau. C'est ce que comprend fort bien l'exposé des motifs de la loi nouvelle présenté en 1882 à la Chambre des députés. Le rapporteur, considérant le moment où il parle, c'est-à-dire antérieurement à la loi nouvelle, s'exprime ainsi : « Il était indispensable de déterminer la situation des monuments actuellement classés. En effet le classement nouveau impose des charges tandis que le classement actuel ne présente que des avantages aux propriétaires du monument ». Il est parfaitement vrai que le classement nouveau impose des charges, et même une sorte de servitude, tandis que le classement actuel, celui qui était en vigueur en 1882, ne présentait que des avantages, savoir le droit éventuel à une subvention, Aussi, comme l'observe le rapporteur, il était difficile de « transformer les effets du classement sans exiger le concours des volontés que l'on a reconnu nécessaire pour classer un monument à l'avenir ». Nous venons de voir comment on a donné une première satisfaction à cette réclamation équitable, en dondant un certain délai pour protester s'il n'y a pas eu de consentement exprès ou tacite.

On a pu objecter, non sans apparence de raison, qu'il était rigoureux de donner rétroactivement des conséquences aussi graves à la simple acceptation d'une subvention qui devait, sur le moment, n'entraîner aucune conséquence. La loi a adopté encore un tempérament, afin d'éviter ce qui aurait pu devenir, dans certains cas, une véritable injustice ; elle a, comme nous l'avons vu, compris dans le classement nouveau, d'une manière très large, presque tous les monuments anciennement classés. Mais, cette mesure préventive une fois prise, ce classement préalable pour ainsi dire, (et ainsi s'explique le rapport qui voyait dans cet article une preuve du maintien de la distinction entre le classement préalable et le classement définitif), une fois décidé, la loi a déclaré que, par égard pour ces propriétaires peut-être pris par surprise, elle leur accorderait le droit dans certaines conditions de demander un déclassement qui serait alors forcé.

C'est ce déclassement forcé qui est visé par l'article 7, § 2, de la loi du 30 mars, et qui constitue l'hypothèse unique pour laquelle le déclassement puisse être de droit; hypothèse qui ne peut d'ailleurs se rencontrer que pour des monuments classés antérieurement à la promulgation de la loi de 1887. La loi en précise avec une grande netteté les diverses conditions. Voici le texte : *Toutefois, lorsque l'État n'aura fait aucune dépense pour un monument appartenant à un particulier, ce monument sera déclassé de droit dans le délai de six mois après la réclama-*

tion que le propriétaire pourra adresser au Ministre de l'Instruction publique et des Beaux-Arts pendant l'année qui suivra sa promulgation.

Première condition : il faut qu'il s'agisse d'un monument appartenant à un particulier dont la propriété soit considérée comme régulièrement classée par le premier alinéa de l'article 7 que nous venons d'étudier. En effet, la place de la disposition, dans l'article 7, immédiatement après l'effet rétroactif donné à la loi nouvelle, montre que l'hypothèse ne doit se réaliser que dans ce cas-là ; de même que le mot « toutefois » placé en tête indique que nous sommes en présence d'un correctif apporté à la mesure de la phrase précédente. Pourquoi n'a-t-on pas étendu le bénéfice de cette disposition aux monuments appartenant aux établissements publics ? Le motif qui l'a dictée l'explique suffisamment : c'est le respect du droit de la propriété privée ; elle trouve, nous l'avons dit, chez les particuliers, une expression encore plus complète et plus respectable que dans la propriété d'une personne morale qui ne vit pour ainsi dire qu'avec la permission de la loi.

Le particulier propriétaire pourra adresser une réclamation au Ministre de l'Instruction publique, une demande de déclassement, lorsque l'État n'aura fait aucune dépense pour le monument dont il est propriétaire, c'est la seconde condition. Du moment que le monument aura profité d'une manière quelconque des ressources de l'État, son propriétaire est censé avoir prévu les conséquences qui pourraient éventuellement résulter pour lui d'une propriété pouvant à l'occasion lui être aussi avantageuse.

Par là même, on le voit, sur les trois catégories de monuments classés avant la loi de 1887, il y en a toute une qui est exclue du bénéfice de cette mesure toute d'équité ; elle ne pourra être invoquée que, 1° par ceux qui avaient expressément accepté le classement, sans en avoir encore perçu aucun bénéfice ; 2° ceux dont le silence, après qu'ils avaient eu connaissance du classement, avait été considéré comme une acceptation tacite. La moindre subvention de l'État suffirait donc à paralyser ce droit qui, troisième et dernière condition, doit « être formulé pendant l'année qui suivra la promulgation de la présente loi ».

On se trouvait en présence d'une situation particulière tenant au changement de législation et recevant de son origine même un caractère transitoire. En même temps qu'elle justifiait un ordre de dispositions spéciales, il importait d'autre part qu'elle ne se prolongeât pas indéfiniment en provoquant des confusions par la situation différente faite aux propriétaires classés par la loi de 1887 et ceux classés antérieurement. De là le délai, fort court, d'un an après la promulgation de la loi, donné aux propriétaires des monuments régulièrement classés non plus comme tout à l'heure pour éviter le classement, mais pour obtenir le déclassement.

Nous avons déjà dit la différence qu'il y avait entre les deux choses et l'avantage pour l'État d'étendre le classement, quitte à faciliter plus tard le déclassement, le monument étant toujours mis au moins provisoirement sous la sauvegarde de la loi. Mais le délai fixé était trop court pour satisfaire aux exigences d'équité qui l'avaient inspiré, et une juste modification a été apportée par l'article 15 du décret ; au lieu de faire courir le délai d'un an du jour de la promulgation de la loi, *il ne commencera à courir qu'à dater de la notification faite au propriétaire, si elle est postérieure à la promulgation de la loi.* Il faut, pour que le bénéfice de cette possibilité exceptionnelle de déclassement soit enlevée au propriétaire, qu'il ait vraiment et officiellement appris la mesure qui le frappait. C'est là ce qu'on a voulu dire par cette expression « notification faite au propriétaire », et, malgré la légère complication que peut entraîner cette distinction, nous croyons qu'on ne peut confondre cette notification avec la mesure générale, consistant à porter le classement à la connaissance des intéressés, que nous avons vu imposée pour faire valider les classements antérieurs à 1887.

Il n'y a pas d'inconvénients réels à se montrer large pour le classement, du moment que l'on réserve la faculté de déclassement. Or il résulte de cette disposition du règlement que le délai d'un an n'a commencé à courir le jour de la promulgation de la loi que pour ceux qui avaient accepté expressément le classement ancien ou en avaient reçu déjà une notification spéciale. Pour tous les autres ce délai n'a pas commencé à courir ; l'insertion de la liste à l'*Officiel*, qui a suffi pour que dans un délai de trois mois les monuments fussent regardés comme régulièrement classés, en portant ce fait à la connaissance de leurs propriétaires, ne suffit pas pour constituer la notification spéciale dont il s'agit ici. Ainsi tous ces particuliers qui sont atteints par le classement nouveau pourraient encore bénéficier du déclassement de droit à l'heure actuelle ; et ils pourront encore le faire tant qu'une notification spéciale ne leur aura pas été faite, et qu'il n'y aura pas eu un délai d'un an écoulé depuis la notification.

Nous avons dit qu'il y avait dans cette mesure un déclassement forcé. L'article 7 de la loi que nous venons d'analyser longuement est, en effet, formel : *le monument sera déclassé de droit dans le délai de six mois après la réclamation du propriétaire*. L'article 15 du règlement confirme la décision : *six mois après la déclaration* (le mot est mis ici pour réclamation) *le monument est déclassé de droit sans qu'aucune formalité soit nécessaire*. Le délai de trois mois avait été jugé suffisant par le Conseil d'État ; il fut prolongé lors de la présentation de la loi. En réalité ce délai est accordé au Ministre des Beaux-Arts, puisqu'à l'expiration dudit le propriétaire rentre dans tous ses droits. C'est un temps donné pour que la réclamation du propriétaire soit mûrement examinée et au besoin combattue. Comment le ministre pourra-t-il paralyser la volonté exprimée par le propriétaire ? Suffira-t-il qu'il s'oppose au déclassement ? Nous ne le croyons pas ; et, quoique la loi soit muette sur ce point, nous pensons pouvoir déduire du contexte que le seul moyen, qui lui sera laissé ici pour empêcher le particulier d'utiliser son droit, sera d'attribuer dans les six mois au monument classé une subvention que le particulier ne sera pas libre de refuser. Pendant les dix-huit mois, le monument ne cessera pas d'être considéré préalablement comme classé quelle que soit la décision définitive.

Il reste bien entendu, d'ailleurs, que si, dans la suite, le ministre qui n'avait pas empêché le déclassement se ravisait, il pourrait obtenir le classement du monument en se conformant à la loi de 1887, ou au besoin même en opérer l'expropriation d'après les règles que nous allons poser dans le chapitre suivant. Il y a donc bien ici un cas où le propriétaire de l'objet classé peut forcer la main à l'Administration, et obtenir le déclassement ; mais il faut observer que l'hypothèse doit réunir toutes les conditions suivantes : 1° qu'il s'agisse d'un monument régulièrement classé antérieurement à la loi de 1887 ; 2° que ce monument appartienne à un particulier ; 3° que l'État ne lui ait jamais accordé de subvention ; 4° qu'un an ne se soit pas écoulé depuis le moment où le propriétaire a reçu une notification spéciale de son classement. Nous sommes donc bien loin de la théorie inadmissible, suivant nous, qui aurait admis un déclassement forcé toutes les fois qu'il se serait agi d'un propriétaire particulier.

En résumé, la loi s'est efforcée d'assurer la protection des monuments historiques sans léser aucune des parties intéressées. Elle a recherché le concours de tous, et, dans les formalités comme dans les conséquences du classement, elle se montre préoccupée de l'intérêt du pays, représenté par le Ministre des Beaux-Arts, de l'intérêt des établissements publics, représenté par le ministre dont ils

dépendent, de l'intérêt privé, représenté par les propriétaires. De plus, prévoyant les conflits qui s'élèveraient
entre ces intérêts divers, elle a désigné pour les trancher
l'autorité la plus élevée et la plus impartiale, le chef de
l'État. La seule limite du pouvoir de l'Administration sera
le droit de propriété privée qu'un particulier pourra invoquer pour s'opposer au classement ou au déclassement
du monument qu'il possède. Il nous reste à voir dans quelles circonstances et sous quelles conditions ce droit si respectable devra pourtant céder devant l'expropriation pour
cause d'utilité publique.

CHAPITRE VII

L'EXPROPRIATION POUR CAUSE D'UTILITÉ PUBLIQUE.

Le classement est le procédé le plus utilement employé
pour assurer la conservation des monuments historiques
aux termes de la nouvelle loi : et c'est à proprement parler la seule et la réelle innovation qui y soit contenue. Nous
l'avons déjà dit, mais nous croyons devoir le répéter à
cause de l'importance considérable de la modification apportée. Entre le classement tel qu'il a été réalisé avant 1887
par les soins de la Commission des Monuments historiques
et celui qui résulte de l'application de la législation nouvelle il n'y a pas de comparaison possible. Jadis c'était
un conseil platonique donné aux amateurs des arts, l'indication du mérite de l'édifice, la prière en quelque sorte
adressée à la fois aux propriétaires et aux pouvoirs publics
d'intervenir dans des intérêts respectables et sacrifiés ;
aujourd'hui, c'est un ordre, une injonction impérative que
la loi revêt de son caractère inflexible. Mais, dans cette

voie d'autorité, il y avait des limites qu'on ne pouvait dépasser sans porter atteinte au juste respect dû au droit de propriété. Le classement, par lequel l'intérêt public ne fait qu'imposer des sacrifices en sa faveur sans faire à l'intérêt privé aucun bénéfice compensatoire, ne peut suffire toujours à la tâche qui lui incombe ; et, à côté de cette arme souvent inefficace, il a été nécessaire d'en conserver une plus énergique dont l'emploi doit être d'autant plus rare que son effet est plus puissant ; nous avons nommé « l'expropriation pour cause d'utilité publique ».

Nous lisons, en effet, dans l'article 5 de la loi du 30 mars 1887 : *Le Ministre de l'Instruction publique et des Beaux-Arts pourra, en se conformant aux prescriptions de la loi du 3 mai 1841, poursuivre l'expropriation des monuments classés ou qui seraient de sa part l'objet d'une proposition de classement refusée par le particulier propriétaire. Il pourra, dans les mêmes conditions, poursuivre l'expropriation des monuments mégalithiques ainsi que celle des terrains sur lesquels ces monuments sont placés.* C'est une arme conservée, disons-nous, et non une arme nouvelle ajoutée à l'arsenal mis à la disposition des défenseurs de monuments. Pendant la préparation de la loi de 1841, la question avait été soulevée dans les Chambres des députés et des pairs par MM. Vatout et de Montalembert. Ce dernier disait dans la séance du 12 mai 1840 : « Je désirerais qu'il fut constaté, par l'insertion de la réponse du Gouvernement au procès-verbal de nos séances, que le Gouvernement entend qu'il lui est possible et permis en vertu de la loi de 1833 d'appliquer aux monuments historiques la déclaration d'utilité publique et l'expropriation qui peut en résulter..... Il importe, selon moi, de déclarer que le Gouvernement possède les moyens légaux nécessaires pour déposséder, moyennant une juste indemnité, les propriétaires individuels de certains monuments d'un intérêt général et qui seraient tentés de les détruire ou de les dégrader ». La question était ainsi posée d'une manière très nette et très précise sous l'une de ses faces ; ne peut-on pas considérer qu'il y a utilité publique à conserver tel monument se trouvant entre les mains d'un particulier qui en est le propriétaire, qui ne veut pas le vendre et qui s'apprête à le faire disparaître ? Comme l'expliquait très bien M. le Duc de Broglie, qui venait appuyer le préopinant de l'autorité de son nom, très souvent dans les expropriations on ne consulte pas seulement l'utilité réelle, on consulte encore l'agrément, la beauté d'une promenade, l'élargissement d'une rue ; ce sont là des questions à apprécier par l'Administration ; il est difficile de tracer d'une manière absolue la limite entre le beau et l'utile dans une pareille matière. M. de Broglie indiquait, en même temps, une autre application de la loi : ce serait le droit de se servir de l'expropriation pour la confection des travaux nécessaires à la conservation des anciens monuments. « Si, par exemple, il se trouvait autour d'un monument national des bâtiments pouvant en compromettre la conservation, le Gouvernement ne pourrait-il pas considérer ce motif comme suffisant pour considérer l'expropriation comme étant d'utilité publique. Quant à moi, conclut-il, si j'étais ministre de l'intérieur je n'hésiterais pas ».

Le Garde des Sceaux, M. Vivien, se contenta de répondre que le Gouvernement se réserverait le droit d'agir selon les circonstances, et après avoir pris l'avis du Conseil d'État ; c'était la même réponse qui avait été faite par M. Vuitry à M. Vatout, proposant un amendement ainsi conçu : « Les constructions adhérentes aux monuments historiques et d'art seront assujetties à la loi sur l'expropriation pour cause d'utilité publique ».

M. Vuitry disait que la loi permettait implicitement au Gouvernement de le demander au Conseil d'État. Mais, dans la pratique, la question fut résolue, avec raison, dans le sens qu'avaient indiqué MM. de Montalembert et de Bro-

glie. Le terme « utilité publique » doit être pris dans le
sens le plus large ; la doctrine et la jurisprudence sont
d'accord sur ce point ; dès le 3 octobre 1845, on déclara
d'utilité publique l'expropriation de plus de cent maisons
d'habitations privées qui s'étaient accumulées, avec le
temps, dans la splendide enceinte du théâtre romain d'O-
range. Il est à remarquer, d'ailleurs, que la jurisprudence,
parfaitement établie, employa surtout le deuxième mode
d'application de la loi de 1841.

On expropriait pour dégager le monument historique ;
c'était le monument public, l'ornement du sol de la patrie
que l'on protégeait. On se trouvait plus à l'aise dans ce cas
où l'expropriation était motivée le plus souvent par une
dépendance du domaine public que lorsqu'il s'agissait de
déposséder le propriétaire lui-même du monument à conserver. On comprend facilement ce sentiment ; car, dans le
premier cas, l'intérêt matériel général, puisqu'on a en vue
une parcelle du domaine public par exemple, entre immédiatement en jeu ; dans le second, c'est un intérêt purement moral qui donne le signal des formalités d'expropriation.

On employa encore la loi de 1841 pour dégager quelques
églises de Normandie. Mais, en ce qui concerne l'acquisition des monuments eux-mêmes, les applications furent
plus rares : un des plus curieux exemples en fut le décret
du 8 juin 1874, qui autorisa l'expropriation des monuments
mégalithiques de Carnac (Morbihan), expropriation qui
d'ailleurs, nous l'avons déjà mentionné, n'a pas été exécu-
tée à cette époque et qui a été reprise en 1887 en vertu de
la loi nouvelle (Décret du 21 septembre 1887).

A ce point de vue, si important, la doctrine juridique
pouvait donc être considérée comme établie ; mais, comme
elle ne s'appuyait que sur des discussions parlementaires,
il était bon qu'un texte de loi vint lui donner une base
plus solide ; aussi l'article 5 a-t-il posé le principe de l'ex-

propriation pour cause d'utilité publique d'une manière
très nette en l'appliquant aux monuments historiques.

Il y a là toutefois un fait assez extraordinaire dont on
pourrait demander l'explication. Voici un procédé qui
avait existé avant la loi nouvelle et dont les résultats
avaient paru notoirement insuffisants ; comment se fait-il
que l'on attache soudainement à son maintien une si grande
importance, alors que la législation nouvelle a précisément
pour but de remédier à son inefficacité par l'établissement
du procédé nouveau du classement ? Nous avons déjà
fait pressentir la raison d'être de cet état de choses, c'est
qu'il y a des cas où le classement, même établi suivant
les prescriptions de la loi de 1887, est impuissant à protéger les monuments d'art ; et alors, malgré tous les inconvénients qu'elle présente, malgré les lenteurs qu'elle
entraîne et les frais qu'elle occasionne, il faut encore
comme dernière ressource recourir à l'expropriation. Dans
quelles circonstances l'expropriation devient-elle nécessaire ? La question mérite que nous nous y arrêtions.

Le classement, tel qu'il faut actuellement l'entendre,
nous l'avons vu, est une charge que l'on a pu qualifier de
servitude administrative ; quelles que soient les réserves
que nous avons cru pouvoir faire sur le caractère du classement, il n'en est pas moins certain qu'il restreint singulièrement les pouvoirs du propriétaire sur son immeuble. Aussi
la loi nouvelle a-t-elle établi qu'il y aurait deux sortes de
classements distincts : tantôt le classement est obligatoire,
tantôt il est facultatif. Il est obligatoire, quand il s'agit d'un
monument appartenant à l'État ou à un établissement public; la décision de l'Administration sera alors toute puissante. Quand nous parlons d'une manière aussi affirmative,
nous considérons comment les choses se passeront en fait ;
car il faut bien se rappeler que la loi laisse à l'établissement
public et au ministre compétent le droit de protester, et
que cette opposition transporte au chef de l'État le pouvoir

de trancher le conflit en dernier ressort. Dans la plupart des cas, le Président de la République ne pourra que sanctionner une mesure prise par le Ministre des Beaux-Arts après qu'il s'est entouré de tous les renseignements nécessaires ; mais il ne serait pas vrai de dire qu'en cas de désaccord, le classement doive être nécessairement prononcé ; la loi ne va pas jusque là. Il peut se présenter des circonstances, très exceptionnelles, il faut l'avouer, telles que le Conseil d'État refuse le classement en tenant compte des protestations émises. Mais quand il s'agit de monuments appartenant à des particuliers, comme leur consentement est exigé, nous savons que le classement est toujours facultatif. Le législateur a trouvé que, s'il n'était tenu à aucun ménagement à l'égard des établissements publics à raison de leur nature, car ce sont en quelque sorte des parties de lui-même, il ne pouvait agir de même à l'égard des particuliers. Le classement, avec l'ensemble de réglementations qu'il comporte, lui a paru une atteinte portée au droit du propriétaire tel qu'il est défini par le Code civil. Il a compris que le rendre obligatoire à leur égard ce serait établir une expropriation nouvelle pour cause d'utilité publique ; et celle-ci ne serait pas entourée des garanties tutélaires qui environnent la véritable expropriation, ni accompagnée de la juste indemnité qui en est l'équitable compensation. Il ne convenait pas d'employer ce mode indirect pour tourner une loi existante, pas plus que d'établir une disposition nouvelle qui se serait violemment heurtée contre un des principes les plus immuables de notre droit.

On a donc déclaré que le classement ne se ferait que du consentement du propriétaire ; un accord doit intervenir entre lui et l'Administration pour le réaliser, et, s'il l'accepte, c'est de sa part une libre concession. Mais il est bien facile de supposer que dans beaucoup de cas le propriétaire ne consentira pas à accepter les minutieux règlements qu'entraîne le classement, ou ne voudra pas souscrire aux clauses de l'accord qu'on lui présentera. Que fera alors l'Administration impuissante ? Aux termes de l'article 5, elle poursuivra l'expropriation du monument qui aura été de sa part l'objet d'une proposition de classement refusée par le particulier propriétaire. C'est là la dernière ressource qui permet aux pouvoirs publics de défendre efficacement le monument contre les entreprises des particuliers ; il importait donc beaucoup de respecter la doctrine qui avait reconnu pour cette occurence la légitimité de l'emploi de l'expropriation et de sanctionner la jurisprudence établie.

D'après les termes de l'article 5, il semblerait qu'un monument non classé ne pourrait être exproprié qu'après le refus du propriétaire d'acquiescer au classement ; et que, dans l'hypothèse où le classement aurait été repoussé par le chef de l'État, sur l'opposition de l'établissement public propriétaire ou du ministre compétent, l'expropriation ne pourrait avoir lieu : nous ne pouvons pourtant pas accepter cette interprétation restrictive. S'il s'agit d'un monument appartenant déjà à l'État, pour lequel le Président, statuant le Conseil d'État entendu, s'est incliné devant les raisons du ministre qui en a la disposition, il est évident qu'on ne pourrait l'exproprier, et il ne resterait plus qu'à recourir à la désaffectation ; mais s'il s'agit d'une dépendance d'un établissement public, malgré la décision administrative repoussant le classement, la voie de l'expropriation restera ouverte, et le Gouvernement sera en droit de se servir de la loi du 3 mai 1841, conformément à la doctrine qui existait déjà avant la loi de 1887. Les dispositions nouvelles n'ont voulu, en aucune façon, restreindre une jurisprudence à laquelle elle voulait au contraire donner une base légale. Il est vrai que dans l'article 5 l'hypothèse du classement refusé par le Conseil d'État n'est pas prévue. L'article 5 ne vise que deux cas dans lesquels il y a eu

classement, classement définitif ou classement préalable.
Il dit en effet : monuments classés pour lesquels on a opéré
un classement définitif (et nous allons avoir à en dire quelques mots tout à l'heure) et monuments des particuliers
objets d'une proposition de classement. Or, dans l'esprit
du rédacteur de la loi, cette situation entraînait certains
effets juridiques et constituait en quelque sorte un classement préalable. Dans cette disposition, la loi laisse complètement en dehors d'elle l'expropriation des monuments
non classés ; et c'est à bon droit, puisqu'elle ne doit s'occuper que du classement et de ses conséquences ; mais ce
n'est pas une raison pour qu'elle vienne paralyser l'exercice régulier de l'expropriation dans les cas où le classement n'est pas en jeu. Nous allons trouver immédiatement
une application remarquable de ce principe qui nous prou-
vera que l'on ne doit pas donner de l'article 5 une interprétation restrictive. D'ailleurs, en ce qui concerne les
établissements publics, M. le Rapporteur a fait, dans la
discussion au Sénat, à propos d'une observation sur la
question de désaffectation, une allusion très nette à l'expropriation possible d'une église, édifice communal.

Enfin ne pourrait-on pas tirer un argument *a fortiori* du
fait que l'on peut exproprier les monuments classés ? La
loi le dit expressément, et c'est le deuxième cas prévu par
l'article 5. Nous nous trouvons ici en présence d'une extension donnée au domaine de l'expropriation. Car le classement, fait et accepté, semblerait devoir être une protection suffisante donnée au monument ; il semblerait devoir
établir en faveur du propriétaire un droit acquis que l'on
ne pourrait modifier : le législateur n'en a pas jugé ainsi,
et il a établi, même pour ce cas, le droit d'expropriation.
M. Bardoux, dans la deuxième délibération au Sénat, répondant à une question qui lui était posée à propos de
Chambord, disait, le 1er juin 1886, que si le propriétaire
acceptait le classement il n'y aurait pas lieu à expropria-

tion. En fait, c'est peut-être vrai ; mais, en droit, nous croyons que l'opinion de M. Bardoux ne peut se soutenir ; l'article 5 est formel. On comprend, dès lors, comment nous pouvons argumenter de ce fait pour dire que l'expropriation, loin d'être restreinte par la loi de 1887, reçoit au contraire une extension nouvelle. Non seulement elle est chargée de suppléer le classement lorsqu'il ne peut atteindre le monument, comme dans les deux premiers cas que nous avons examinés, et qu'une tentative de classement n'a encore pu aboutir à aucun résultat ; mais encore elle doit le compléter, et remédier aux lacunes qu'il présente pour ceux qui ont été complètement et régulièrement classés.

Il faut bien avouer qu'il y a là une disposition qui semble un peu abusive. Comment ? Voici, supposons-le, une commune qui possède une mairie constituant par son architecture une œuvre d'art : elle y tient ; elle y fait des réparations ; l'Administration des Beaux-Arts l'a classée, et le classement a été ou accepté de bonne grâce par l'établissement public ou imposé par voie de décret. Voilà un particulier propriétaire d'une antique demeure seigneuriale ; lui aussi, il a attiré l'attention du Gouvernement sur le monument qu'il a entre les mains ; il a souscrit aux conditions qui lui ont été faites. Et pourtant, un jour, un décret du chef de l'État apparaît qui déclare d'utilité publique l'expropriation de l'hôtel-de-ville ou du château classé, et le propriétaire est dépossédé ? La condition de l'exproprié est assez dure ; et, pour justifier ici l'expropriation, il faut des circonstances assez exceptionnelles. Voici une des espèces que l'on a voulu prévoir, nous semble-t-il. L'établissement et le particulier ont en leur possession un de ces monuments superbes et immenses, disproportionnés aux ressources dont ils peuvent disposer aujourd'hui ; ils ont accepté le classement, mais ils sont hors d'état de faire face, pour la plus petite fraction, aux dépenses d'entretien reconnues nécessaires. L'État, s'il tient à la conservation du monument, va avoir à y consacrer une subvention très importante, plusieurs centaines de mille francs peut-être, dans l'intérêt supérieur de l'histoire et de l'art ; il a le droit d'exiger que ces dépenses n'aillent pas sans compensation enrichir le patrimoine d'un autre que lui. Après la restauration, le monument aurait acquis une plus-value considérable ; comment faire le décompte de ce qui doit revenir à l'État ? Comment le faire rentrer dans ses avances ? Il est beaucoup plus simple de faire rentrer le monument dans le domaine de l'État avant d'y consacrer les subventions qui pourront seules l'arracher à la ruine.

On pourrait encore supposer le cas où ce ne serait pas le manque de ressources du propriétaire, mais sa mauvaise volonté qui viendrait compromettre d'une manière grave la conservation de l'édifice ; les sanctions données au classement, les actions ouvertes contre ceux qui violent les prescriptions légales pourraient se heurter à une coupable inertie qui rendra l'expropriation nécessaire. Mais, en dehors de ces hypothèses, l'expropriation d'un immeuble déjà classé pourrait facilement devenir une vexation inutile et parfois injuste ; la plupart du temps en effet le classement doit suffire. Du moment où la loi de 1887 voulait préciser les cas où l'expropriation de la loi de 1841 pourrait être appliquée aux monuments historiques, elle était bien obligée de prévoir ce cas exceptionnel ; car, sans cela, on aurait pu objecter que la main-mise accordée au ministre par le classement devait suffire et empêcher toute expropriation ultérieure, et nous venons de voir que dans certaines espèces l'expropriation a encore son utilité.

Il est permis de regretter pourtant que la loi n'ait pas simplement énoncé que le Ministre de l'Instruction publique et des Beaux-Arts pourrait, en se conformant à la loi de 1841, se servir de l'expropriation pour cause d'utilité

publique pour tout ce qui concerne les monuments ayant
un caractère historique ou artistique ou présentant un intérêt national. On aurait, par là même, embrassé tous les
cas possibles d'expropriation sans insister inutilement sur
des hypothèses tout à fait exceptionnelles ; et, en même
temps, on n'aurait pas, comme on l'a fait, laissé en dehors
des termes de la loi nouvelle des hypothèses beaucoup plus
pratiques et qui pourraient, dans le silence du texte, soulever certaines difficultés.

L'article 5 parle des monuments classés et de ceux qui
ont fait l'objet d'une proposition de classement : il ne parle
pas des monuments non classés, et ne dit en aucune façon
si on pourra à leur égard exercer la faculté d'expropriation
dans l'intérêt de l'art ou de l'histoire. Si l'on considérait
sa formule comme limitative, il en faudrait conclure qu'on
a supprimé le droit d'expropriation pour les cas qui ne
sont pas formellement prévus au texte. Mais, s'il en était
ainsi, la loi de 1887 aurait singulièrement aggravé la condition des monuments au lieu de l'améliorer selon son intention ; elle aurait fait de la tentative de classement un
préliminaire obligatoire pour pouvoir exproprier. Elle
aurait interdit l'usage de l'expropriation pour une hypothèse entr'autres qui se présente assez fréquemment et pour
laquelle elle avait déjà été employée avec succès : nous
voulons parler de cette faculté accordée à l'État par la loi
de 1841, et sur laquelle insistait M. de Broglie, de se servir
de l'expropriation pour dégager les monuments historiques
des constructions parasites qui défigurent, et parfois met-
tent en péril, tant au point de vue de la solidité que de la
sécurité, les monuments auxquels ils s'adossent.

Il ne s'agit point ici de l'espèce classique du théâtre
d'Orange où les maisons à démolir étaient dans l'enceinte,
sur le sol même du monument classé ; il s'agit de propriétés particulières qui touchent par un côté quelconque
l'édifice à conserver. Elles n'offrent en elles-mêmes aucun

intérêt, on les achète pour les démolir ; on ne peut donc à aucun point de vue prendre à leur égard la mesure préalable du classement. La jurisprudence antérieure à 1887 avait consacré d'une manière absolue cet emploi de l'expropriation ; nous ne croyons pas que l'article 5 ait pour effet de l'interdire désormais. L'intention générale du législateur est manifeste ; il a voulu accroître les moyens mis à la disposition de l'État pour protéger les monuments d'art ; il aurait bâti contre lui-même s'il avait diminué d'une façon quelconque les garanties qui existaient déjà. Nous expliquons la formule restrictive de l'article 5 par la préoccupation suivante sur laquelle nous avons déjà attiré l'attention.

Les rédacteurs de la loi ne se sont préoccupés, en définitive, dans cet article, que du cas où il y aurait eu classement. Leur projet primitif avait été, il nous semble, de consacrer d'une manière générale l'emploi de l'expropriation ; mais, pendant la préparation de la loi, le classement devint l'objet principal de leurs travaux et finit par occuper une place prépondérante ; dès lors ils furent logiquement amenés à ne considérer l'expropriation qu'au point de vue particulier du classement. Ils ont prévu l'objection que l'on pourrait faire contre une institution formant double emploi avec lui ; car ils ont tenu à déclarer d'une manière expresse que ni le classement ni la tentative de classement ne feraient un obstacle à l'expropriation. Mais on ne saurait en tirer un argument contre la possibilité d'exproprier en dehors des cas prévus par la loi, quand aucune question de classement ne se trouve être en jeu ; les dispositions nouvelles, contenues dans l'article 5, qui n'a point la portée générale qu'on pourrait lui attribuer, ne modifient en rien la doctrine qui avait été adoptée sur l'assimilation à une utilité publique de l'intérêt présenté par les monuments historiques. Les dispositions spéciales que prévoit l'article 14 de la même loi au sujet des fouil-

les, et dont nous allons avoir à parler dans un instant,
n'ont pas davantage ce caractère. Il faut donc en conclure
qu'on a entendu laisser subsister intégralement l'état de
choses antérieur, sans qu'il y ait besoin de se servir de
l'argument *a fortiori* qui résulterait si naturellement de
ce qu'on a maintenu l'expropriation spécialement pour le
cas où le classement aurait dû la rendre inutile.

On pourra, par conséquent, décréter l'expropriation des
immeubles, qui, sans avoir un intérêt historique par eux-
mêmes, doivent disparaître pour assurer la conservation
ou la réfection d'un monument historique ; et l'on pourra
décréter également l'expropriation de tout monument présentant un caractère artistique ou historique, ou un intérêt national, sans qu'il soit nécessaire de passer par la
formalité préalable du classement. De même que, dans le
cas d'un refus de classement par le particulier, l'expropriation peut être employée d'une manière efficace, de
même on pourra exproprier directement un monument
pour lequel on sait que le classement sera refusé ou pour
lequel on sent qu'il sera inutile. Le fait du classement
définitif à la suite de toutes les formalités régulières n'est
pas une étape indispensable par laquelle on doive passer
nécessairement avant d'arriver à l'expropriation. Nous n'en
voulons pour preuve qu'une des premières applications
de la loi de 1887, le décret du 21 septembre 1887 qui à déclaré d'utilité publique la conservation des monuments
mégalithiques de Carnac. On se trouvait, il est vrai, en présence de monuments classés, autant du moins qu'on pouvait les classer avant les dispositions de la loi nouvelle ;
néanmoins le décret, qui s'appuie sur l'article 5 de la loi
de 1887, n'a pas cru devoir viser le classement. Il a visé le
rapport du Ministre, l'avis de la commission d'enquête ; il
ne fait pas de mention spéciale du classement auquel l'opinion de ces diverses autorités doit amplement suppléer. On
doit pouvoir se servir avec toutes les facilités possibles de

ce procédé de l'expropriation ; et c'est ainsi qu'on pourra
aboutir à des résultats un peu étranges à propos de ces dé-
gagements de monuments historiques, pour lesquels l'expropriation garde toute son utilité, le classement étant
tout à fait impuissant à obtenir des résultats aussi énergiques:

Nous n'hésitons pas à croire que l'on pourra opérer des
expropriations à l'entour d'un monument que, lui-même,
l'on n'expropriera pas. La seule condition doit être que le
monument soit classé, car, sans cela, la mesure serait trop
difficilement justifiable ; mais nous croyons qu'on pourra
parfaitement laisser le propriétaire du monument maître
chez lui, alors que tout autour on fera tomber les édifices
qui le gênent. Et qu'on ne dise pas que l'on arrive ainsi à
une expropriation pour cause d'utilité privée : car ce
n'est pas dans l'intérêt du propriétaire que l'on mettra en
jeu l'action expropriative ; c'est dans un intérêt moral
supérieur, dans l'intérêt national qui est attaché à la conservation du monument. Le classement donne à cet intérêt une forme matérielle par la part qui est attachée à
l'État dans la surveillance et la jouissance de l'immeuble
classé.

L'expropriation, d'ailleurs, entre les mains du législateur, est devenue très souple ; et si, en fait, on ne l'a pas
déclarée applicable aux meubles, il n'en est pas moins
certain que la loi nouvelle par un détour, y est arrivée à
propos des fouilles et des objets que l'on trouve dans le sol.

C'est une des innovations les plus marquantes de la loi
de 1887 que le classement des meubles, permis par les articles 8 et suivants. Mais d'une part, on n'osait pas s'attaquer aux meubles des particuliers, et l'on s'arrêtait aux
meubles dépendant de l'État ou des établissements publics;
d'autre part, à leur égard, on n'osait pas outrepasser la
mesure déjà énergique du classement. Il n'est pas question
d'expropriation dans la série des dispositions que nous ve-

nons de viser ; et ce n'est pas étonnant si l'on songe que la loi de 1841, dont on a voulu faire purement et simplement application à notre matière, ne parle, comme nous le disions plus haut, que d'édifices et de terrains. A côté de cette raison, toute de législation, les rédacteurs de la loi ont certainement reculé, nous ne saurions les en blâmer, devant l'atteinte que l'on porterait ainsi à la propriété privée, eux qui n'ont pas voulu s'exposer à ordonner les mesures vexatoires et inquisitoriales qu'aurait entraînées le classement des meubles des particuliers.

Il en résulte toutefois qu'en matière de mobilier, l'État est insuffisamment armé ; car, sans parler des meubles qui sont la propriété des particuliers et sur lesquels l'État ne peut pas exercer la moindre influence, cette influence est bien vite inefficace même à l'égard de ceux qu'il peut classer. Aux termes des articles 8 et suivants, en effet, le classement des meubles de l'État et des établissements publics n'est pas absolument obligatoire. En cas de réclamation faite par le propriétaire pendant un délai de six mois à dater de la notification qui aura été faite du classement préalable, il sera statué par décret rendu en la forme des règlements d'administration publique, c'est-à-dire le Conseil d'État entendu.

L'article 19 du règlement prévoit le cas où la réclamation viendrait du ministre dans les attributions duquel l'établissement public est placé ; et il décide qu'elle donnera lieu de même à l'intervention du Président de la République et du Conseil d'État. Quoique l'on affecte de supposer que ces autorités supérieures seront toujours de l'avis du Ministre, il ne faut pas perdre de vue que leur décision peut être absolument contraire. Cette décision prise, il n'y aura plus la moindre ressource de protection pour le meuble, car l'expropriation ne sera pas possible. La situation ne laissera pas d'être fâcheuse dans certains cas ; et, pour une espèce particulière, les inconvénients ont si profondément touché le législateur, qu'il s'est décidé à déroger au principe qu'il venait de poser sans se laisser arrêter par le tort d'édicter une règle juridique pour un cas particulier. Telles sont, en effet, à notre avis, les considérations qui ont surtout inspiré l'article 14, formant sous la rubrique *Fouilles* le chapitre III de la rédaction définitive de la loi.

Depuis longtemps l'attention des savants et des artistes avait été attirée sur la façon déplorable dont étaient traitées les trouvailles que l'on rencontre parfois en si grand nombre dans notre sol fertile en restes du passé. En vertu de la loi physique de la pesanteur, les objets tendent toujours à s'enfoncer davantage dans la terre; et l'exhaussement progressif du sol, dont on constate si souvent les curieux effets dans les églises anciennes, contribue aussi à mettre en réserve les souvenirs du passé. Cette terre, les enveloppant de sa couche protectrice, est pour eux le meilleur préservatif, car elle les garde à l'abri de l'air pour les produire plus tard intacts sous la pioche du travailleur. Mais la plupart du temps c'est par un pur hasard que l'on vient à découvrir ces restes du passé, en creusant les fondations d'un édifice ou bien en faisant des travaux de canalisation ; et ils tombent entre les mains d'ouvriers ignorants qui n'ont rien de plus pressé que de détruire en quelques minutes le précieux monument que la nature nous avait conservé plusieurs siècles. Il faut ajouter, toutefois, à leur décharge, que les monuments sont parfois d'un dégagement difficile (une mosaïque par exemple); et que d'autres fois l'enfouissement a exercé sur les objets une action telle qu'après quelques heures passées au contact de l'air, à moins de précautions minutieuses, il est impossible d'assurer leur conservation. Il n'en est pas moins vrai qu'il y a là des faits regrettables, sur lesquels M. Viollet le Duc a, le premier, insisté. M. du Sommerard avait proposé de charger les maires de la conservation de ces objets ; il y voyait en quelque sorte une annexe des pouvoirs de police municipale ; cette idée a été reprise et appliquée dans les dispositions de la nouvelle loi qui vont être pendant quelques instants l'objet de notre étude.

Le législateur a voulu, dans un article spécial, viser l'hypothèse de ces fouilles au lieu de les laisser purement et simplement sous le droit commun de la loi qu'il venait de faire. Est-ce à tort, est-ce à raison ? C'était peut-être rendu nécessaire par notre législation qui attribue la propriété du trésor par moitié à l'inventeur et par moitié au propriétaire du sol (art. 716 du Code civil); en tous cas, la question mérite examen.

L'article 14 fait une première distinction fondamentale entre les découvertes faites sur un terrain appartenant à l'État ou aux établissements publics, et celles faites sur un terrain appartenant à un particulier. Voici comment il s'exprime :

Lorsque par suite de travaux, de fouilles ou d'un fait quelconque, on aura découvert des monuments, des ruines, des inscriptions ou des objets pouvant intéresser l'archéologie, l'histoire ou l'art, sur des terrains appartenant à l'État, à un département, à une commune, à une fabrique ou autre établissement public, le maire de la commune devra assurer la conservation provisoire des objets découverts, et aviser immédiatement le préfet du département des mesures qui auraient été prises.

Le préfet en référera, dans le plus bref délai, au Ministre de l'Instruction publique et des Beaux-Arts, qui statuera sur les mesures définitives à prendre.

Si la découverte a eu lieu sur le terrain d'un particulier, le maire en avisera le préfet. Sur le rapport du préfet, et après avis de la Commission des Monuments historiques, le Ministre de l'Instruction publique et des Beaux-Arts pourra poursuivre l'expropriation du terrain en tout ou en partie.

pour cause d'utilité publique, suivant les formes de la loi du 3 mai 1841.

La disposition est aussi générale qu'on peut le désirer tant au point de vue des objets que l'on trouvera, que de la manière dont on les trouvera ; il suffit que l'on ait découvert quelque chose de caché. Car il ne faut pas s'y tromper, le mot « Fouilles », donné comme rubrique au chapitre, est loin d'indiquer la portée réelle de la disposition de la loi. L'article 14 s'appliquera toutes les fois que la découverte aura été faite par suite « de fouilles, de travaux ou d'un fait quelconque ».

On avait d'abord mis « de travaux ou d'un accident quelconque » ; mais on trouva, dit M. Bardoux dans son rapport au Sénat, que le mot « accident » n'était pas assez compréhensif, et on l'a remplacé par « fait quelconque ». Or, du moment que l'on atteint tout ce qui est découvert par suite de travaux, ou d'un fait quelconque, il est certain qu'il ne s'agit pas seulement des objets cachés dans le sol, comme semblerait l'indiquer la rubrique, mais de tout objet dont on ignorait l'existence, et qui est révélé à la suite d'un événement quelconque. Il ne faudrait donc pas hésiter, à notre avis, à comprendre sous l'empire de cette disposition, avec les découvertes faites en creusant le sol, ce qui sera de beaucoup le cas le plus fréquent, toutes celles qui pourraient se produire pendant la démolition ou la réparation des bâtiments construits, comme le dit le texte, sur des terrains appartenant à l'État ou aux établissements publics. Voilà pour la manière dont les objets seront trouvés. Quant aux objets eux-mêmes, l'énumération est complète : « monuments, ruines, inscriptions ou objets ». Immeubles, immeubles détruits, matériaux, meubles, sont compris dans cette liste : et la loi, employant pour la première fois une formule plus étendue, et répondant complètement au but qu'elle avait cherché, ne met pas d'autres conditions que d'intéresser l'archéologie, l'histoire ou l'art. Nous avons déjà attiré l'attention, au commencement de ce travail, sur la portée de ce mot « archéologie », qui étend singulièrement le domaine de la loi ; nous aurons à y revenir tout à l'heure.

La loi, réalisant le vœu de M. du Sommerard, confie au maire la conservation provisoire des objets découverts. C'est le maire qui devra prendre les mesures nécessaires ; et il devra immédiatement aviser le préfet. Toutefois la loi ne s'explique pas sur la nature des précautions que le maire doit prendre, ni sur les moyens qu'il devra employer pour arriver au but désiré. Son intention a donc été de s'en référer au droit commun ; et il semble, dès lors, que l'on doive se reporter à la loi municipale du 5 avril 1884. Cette loi, dans son titre III, traite des maires et des adjoints, de leur nomination, de leurs prérogatives ; et nous lisons dans l'article 90 : « le maire est chargé, sous le contrôle du Conseil municipal et la surveillance de l'administration supérieure : 1° de conserver et d'administrer les propriétés de la commune et de faire en conséquence tous actes conservatoires de ses droits ; 2°..... ». Lorsque la découverte aura lieu dans un terrain appartenant à la commune, le maire interviendra donc, dans une double qualité, d'abord comme représentant légal de cet établissement public, et, en outre, en vertu des fonctions spéciales qui lui sont conférées par le texte précité. Il pourra ordonner les mesures nécessaires ; et il n'y a pas à prévoir ici le cas d'une opposition d'intérêt éventuelle entre ces deux qualités ; son titre de propriétaire ne sera qu'un encouragement de plus à assurer l'observation de la loi.

Mais il n'en est plus de même s'il s'agit d'un terrain appartenant à l'État, ou à un département, une fabrique et tout autre établissement public. Ici le maire n'est plus compétent comme administrateur, puisque le domaine appartient à une personne morale différente, ayant son existence propre et ses représentants particuliers. La loi, toutefois, dans son article 14 ne fait aucune distinction ; et, même dans cette hypothèse, elle confie au maire la conservation provisoire des objets trouvés. Comme elle néglige d'ajouter de quelle manière le maire pourra exercer cette prérogative nouvelle sans courir le risque d'empiéter sur des pouvoirs qui ne lui appartiennent pas, nous croyons que le législateur a dû avoir en vue l'article 91 de la loi du 5 avril 1884 ainsi conçu : « Le maire est chargé, sous la surveillance de l'administration supérieure, de la police municipale, de la police rurale et de l'exécution des actes de l'autorité supérieure qui y sont relatifs ». On a cherché, en 1884, en continuant le mouvement décentralisateur dont on a compris la nécessité depuis une vingtaine d'années, à rendre aux communes la part d'autonomie compatible avec le bon fonctionnement des organes de l'État ; il s'en est suivi pour le maire une situation à part que l'on a caractérisée en empruntant à d'autres autorités quelques-unes de leurs attributions ; de telle sorte que la loi des monuments historiques, en innovant, n'a fait en réalité que se conformer au droit commun. « Le maire, dit l'article 92, 3° est chargé, sous l'autorité de l'administration supérieure : 1°..... 3° des fonctions spéciales qui lui sont attribuées par les lois », et plus loin l'article 94 :« Le maire prend des arrêtés à l'effet : 1° d'ordonner les mesures locales sur les objets confiés par les lois à sa vigilance et à son autorité ». C'est absolument le cas qui nous occupe. Si donc notre article 14 de la loi du 30 mars 1887 ne définit pas les mesures provisoires à prendre, c'est que le maire n'aura qu'à publier des arrêtés conformément aux articles 94 et suivants de la loi du 5 avril 1884. L'arrêté pris dans ces conditions, par exemple pour ordonner la suspension des travaux entrepris jusqu'à l'arrivée d'un homme de l'art, n'est pas un acte de gestion, c'est un acte de pure administration, car c'est un acte de pouvoir public pris dans un intérêt spécial et individuel.

Dès qu'il a été pris par le maire, l'arrêté doit, aux termes de la loi municipale, être communiqué au préfet ou au sous-préfet. Le préfet peut l'annuler ou en suspendre l'exécution ; il peut, au contraire, en cas d'urgence, en autoriser l'exécution immédiate. La décision est portée à la connaissance des parties intéressées par la voie de la notification individuelle. Dans l'article 14 de la loi de 1887 cette communication est prescrite à nouveau ; mais il existe cette légère différence avec la disposition de la loi municipale qu'ici l'on n'a pas à s'adresser aux sous-préfets : les maires des arrondissements qui ne contiennent pas le chef-lieu, tout en transmettant leur arrêté par la voie hiérarchique ordinaire, doivent immédiatement aviser le préfet, seul représentant officiel du Ministre des Beaux-Arts qui est l'autorité supérieure en notre matière.

Le préfet, dit la loi, *en référera dans le plus bref délai au Ministre de l'Instruction publique et des Beaux-Arts qui statuera sur les mesures définitives à prendre* (art. 14). Le rôle officiel du préfet se borne à peu de chose ; il est l'intermédiaire obligé entre le maire et le pouvoir central ; mais il est certain, en fait, que c'est au préfet que doit revenir toute l'initiative dans une question de cet ordre. Le maire peut bien signaler la découverte ; mais la plupart du temps il ne sera pas en état d'en déterminer la valeur ; et, le plus souvent, ce sera le préfet, gardien vigilant des intérêts à lui confiés, et plus compétent en matière d'art ou d'histoire, qui indiquera aux maires les mesures à prendre, les arrêtés à porter pour maintenir le *statu quo* jusqu'au moment où le ministre devra déterminer les mesures définitives. L'article 14 ne s'expliquant pas sur les mesures conservatoires, il faut en conclure nécessairement que cette intervention de l'autorité devra s'exercer selon le mode régulier imposé par la loi pour les monuments en général. Si les objets découverts sont des immeubles, le Ministre des Beaux-Arts a le droit de les classer ; si ce sont des meubles, comme ils appartiennent par hypothèse à des établissements publics, le ministre a encore le droit de les classer. Dans cette première hypothèse, l'article 14 aurait pu se contenter d'un renvoi pur et simple à la procédure du classement, tel qu'il avait été organisé plus haut, en indiquant simplement le rôle particulier de protecteur qu'il donne au maire en cette occurrence.

Mais il n'en est pas de même en ce qui concerne la deuxième hypothèse prévue par l'article 14, quand les découvertes ont eu lieu non plus dans une dépendance d'un établissement public mais sur le terrain d'un particulier. Ici le maire et le préfet sont sans autorité. Ils sont pourtant tenus à la même vigilance ; ils doivent faire en sorte que le ministre soit rapidement prévenu ; mais l'action de conservation ne peut être intentée qu'au nom de la loi de 1841, et en prenant la forme d'une expropriation pour cause d'utilité publique. Si la surveillance du maire est maintenue, l'importance de son rôle est bien réduite ; c'est qu'il s'agit de faits se passant sur le domaine inviolable de la propriété privée. Le maire ne peut intervenir ; il peut seulement prévenir l'autorité supérieure de ce qui se passe sous ses yeux, afin que celle-ci puisse prendre telles mesures en son pouvoir pour assurer la conservation des monuments découverts ou à découvrir. Ce changement dans la situation faite au maire est très remarquable ; malgré la réelle admiration que nous avons pour la loi de 1887, nous ne pouvons pas ne pas insister sur les inconvénients de cette disposition ; car ils sont un exemple bien frappant des difficultés que crée le législateur lorsqu'il veut entrer dans les détails de l'application des règles qu'il publie, et donner des solutions pour une espèce déterminée au lieu de s'en rapporter à la jurisprudence après avoir posé les principes.

Nous avons déjà vu que la disposition qui nous occupe embrasse, sous sa formule extensive, à la fois les meubles et les immeubles. Examinons successivement les deux cas. Supposons d'abord que ce que l'on a découvert soit un immeuble. C'est un monument historique appartenant à des particuliers ; ce n'est donc pas une hypothèse nouvelle, et nous la connaissons bien : c'est celle qui a donné naissance au classement facultatif de la loi de 1887. On peut le classer, mais il faut avoir le consentement du propriétaire. Si on ne peut pas le classer, ou si le classement est insuffisant, il reste à se servir de l'expropriation pour cause d'utilité publique. Ces solutions ne semblent plus admises en cas de fouilles : l'article 14 dit en effet : *le Ministre de l'Instruction publique pourra poursuivre l'expropriation du dit terrain*. Ainsi, pour un monument qui vient d'être découvert en creusant un aqueduc, par exemple, par un particulier quelconque, la loi n'entend pas donner d'autres moyens que les lenteurs coûteuses de l'expropriation. Il sera interdit de le classer dans les termes de l'article 3 de la loi ; et pourquoi cette interdiction ? A cause de la circonstance, tout à fait accidentelle et extérieure, qui fait que ce monument, au lieu d'être connu depuis longtemps, vient seulement d'être découvert par suite de quelque travail. Cette interprétation littérale du texte, en levant le procédé si simple de classement avec l'agrément du propriétaire, aurait, en pratique, les plus graves conséquences : l'impossibilité pour le budget de l'État de se charger outre mesure, dans l'état actuel des crédits, serait une cause de ruine pour les monuments dans un trop grand nombre de cas ; nous croyons donc que l'on ne doit pas s'y arrêter. Mais nous ne nous en trouvons pas moins devant ce dilemme : ou bien, c'est sans intention que les rédacteurs de l'article 14 ont passé sous silence la possibilité du classement, et ils n'ont jamais voulu borner à l'expropriation la protection à donner aux fouilles ; alors ils ont employé dans leur article des expressions incomplètes, inutiles et par là même dangereuses ; incomplètes, puisqu'elles ne visent qu'un seul des procédés mis à la disposition du Gouvernement ; inutiles, puisque l'ensemble de l'hypothèse au point de vue juridique est prévu par les dispositions précédentes ; enfin en même temps dangereuses, car elles semblent annoncer une innovation, une restriction, là où l'on n'a voulu que rester dans le domaine de la loi commune ou en agrandir les limites. Ou bien, c'est intentionnellement que l'article 14 aurait réservé à la seule expropriation la possibilité de protéger les monuments découverts dans les fouilles, et il faudrait reprocher au législateur de n'être pas conséquent avec lui-même ; car, tandis que d'une main il prétendrait étendre aux fouilles une sollicitude toute particulière par les attributions spéciales qu'il donne aux maires, de l'autre, il leur retirerait la précieuse garantie de la possibilité du classement par une disposition exceptionnelle que rien ne justifierait.

Nous reconnaissons, d'ailleurs, qu'en fait le classement ne sera souvent qu'une arme illusoire en matière de fouilles, précisément à cause des conditions particulières dans lesquelles le monument se trouvera. Ce sera, par exemple, une citerne romaine qu'un propriétaire trouvera en faisant jeter les fondations de sa maison, il n'acceptera évidemment pas un classement qui serait trop préjudiciable à ses intérêts ; c'est son droit, il n'y a rien à dire. Mais c'est alors seulement qu'il y aura lieu de faire intervenir l'expropriation pour cause d'utilité publique ; et, dans tous les cas où le classement pourrait suffire, on devra se contenter du classement puisqu'il est possible.

Pour les objets mobiliers appartenant à des particuliers, nous savons qu'il n'est pas possible ; les rédacteurs de la loi de 1887 par respect pour le droit de propriété ont posé en principe que les seuls objets mobiliers appartenant aux établissements publics pourraient être atteints et par le seul procédé du classement. Or il nous faut maintenant constater qu'emportés par les nécessités de la solution d'es-

pèce qu'ils donnaient, à propos des objets mobiliers découverts dans un terrain appartenant à un particulier, les
législateurs ont singulièrement dérogé aux principes qu'ils
avaient posés.

Voici quelle est, en effet, la situation créée par l'article 14 *in fine*. Je découvre, par exemple, dans une pièce
de terrain, que j'ai dans un village où se sera livré un des
plus sanglants combats du moyen âge, des armes d'un
curieux travail. Le maire de la commune connaît son devoir ; le ministre est prévenu. Sur le rapport du préfet et
sur l'avis de la Commission, un décret est rendu qui exproprie mon champ. Tout est parfaitement légal dans la
procédure ; et pourtant on est arrivé à quoi ? A me déposséder d'autres armures, peut-être très curieuses, que des
recherches ultérieures m'auraient fait découvrir, et qui
sont au plus haut point des objets mobiliers que l'on ne
pourrait, d'après les principes, ni classer ni exproprier !

Nous avons voulu mettre en relief, par une hypothèse
saisissante, l'anomalie introduite dans le système législatif ; nous avouerons qu'en prenant les choses au pied de
la lettre, ce ne seront pas les armes que l'on expropriera,
mais le terrain qui les contient ; que ce terrain est bien un
immeuble, et qu'on a le droit de le traiter comme tel ; mais
il n'en reste pas moins vrai qu'en fait le résultat est l'expropriation indirecte d'objets mobiliers. Dans ces termes
l'immixtion est grave : et pour cette hypothèse particulière
la formule de l'article 14, *in fine*, dévient justifiée et nécessaire ; car d'une part il ne peut être question du classement prohibé en cette matière ; et, de l'autre, du moment
où l'on voulait appliquer à cette hypothèse l'expropriation
établie par la loi de 1841, il n'était pas inutile de le dire ;
sans cela le propriétaire aurait pu s'élever contre la prétention exorbitante qui aurait exproprié son terrain pour
des monuments mobiliers encore à trouver et n'existant
peut-être pas. Si le principe de l'expropriation pour cause

d'utilité publique est général, la loi de 1841, nous avons déjà eu l'occasion de le dire, ne s'applique qu'aux immeubles. La solution donnée par l'article 14 nous semble certaine, quelle que soit sa valeur au point de vue doctrinal ; mais nous persistons à croire que, toujours sous cette même influence pernicieuse exercée par les circonstances d'une espèce sur l'esprit de ceux qui font les lois générales, le but du législateur a été dépassé, et que nous nous trouvons ici en face d'une solution exceptionnelle qu'il n'a peut-être point désirée.

Un détail particulier vient nous confirmer dans notre opinion que l'article 14, dans son expression, est sorti des limites qu'on aurait voulu lui assigner. Dans la discussion qui prit place au Sénat à propos de l'article 5, M. Combes proposa un amendement par lequel il voulait étendre le bénéfice du classement aux blocs erratiques et aux objets préhistoriques. Développant sa pensée, il attirait l'attention sur le très haut intérêt scientifique que présentent les objets que l'on nomme préhistoriques, silex, pierres taillées, instruments de bronze ; et il ajoutait que, puisqu'on protégeait les monuments mégalithiques, autour desquels on les rencontrait le plus souvent, il serait conséquent d'étendre sur eux la même protection, en donnant la possibilité d'exproprier les gisements où ils se trouvent. Cette argumentation ne parut pas convaincre la haute assemblée qui se rangea à l'avis contraire ; on pensa que ces objets, quelque précieux qu'ils fussent, ne pouvaient présenter un intérêt artistique ou historique ; et que ce serait forcer la loi que d'y ranger des choses dont l'intérêt serait plutôt « scientifique » suivant l'expression de l'éminent rapporteur, M. Bardoux. La raison décisive qu'opposait M. Bardoux à M. Combes était, d'ailleurs, que l'on se trouvait en présence d'objets mobiliers ; et que la loi ne permettait point de les exproprier. L'amendement fut rejeté. Les objets préhistoriques devraient donc échapper à l'action protectrice

de la loi de 1887 ; et pourtant, à notre avis, ils tombent
entièrement sous le coup de l'article 14, tel qu'il a été définitivement rédigé ; nous n'avions donc pas tort de nous
élever contre sa rédaction comme étendant, dans une limite
imprévue, l'effet de la loi nouvelle. En effet, l'article 14 vise
« les objets pouvant intéresser l'archéologie », et le rapporteur, commentant la formule, disait qu'elle avait pour
but de protéger tous les objets sans limitation d'époque ni
de nature pourvu qu'ils pussent être placés au nombre des
monuments artistiques.

Ce n'est pas pour simplement changer une formule que
l'on a substitué aux mots « histoire de l'art » les expressions « archéologie, histoire ou art ». La modification a une
tout autre portée, car le mot archéologie, nous l'avons
déjà constaté, a une étendue et un sens qui sont de nos
jours parfaitement définis. Or, on doit sans aucune hésitation comprendre les objets préhistoriques parmi ceux
pouvant intéresser l'archéologie ; aux termes de notre article, la faculté est accordée d'exproprier les terrains où
l'on trouvera ces objets. Nous conclurons donc qu'après
avoir rejeté sous l'article 5 l'expropriation des objets préhistoriques, avec l'article 14 la Chambre est revenue sur
sa décision primitive, et, par une double dérogation, a autorisé à la fois la protection d'une catégorie d'objets qui ne
devaient point rentrer dans le domaine primitif de la loi
et l'expropriation de certains objets mobiliers, alors que
dans la loi de 1841 elle l'avait repoussée d'une manière
absolue.

Ce n'est pas à dire, toutefois, que, si nous trouvons certaines critiques à formuler contre l'article 14, nous vou-
lions condamner la pensée qui l'a inspiré. M. Hémon,
qui a été le premier instigateur de la disposition dont nous
nous occupons, avait parfaitement compris qu'il y avait
quelque chose à faire pour empêcher le vandalisme et les
dilapidations qui accompagnent trop souvent les décou-

vertes faites sur les terrains des particuliers. La situation
est, ici, spéciale ; il s'agit non de monuments historiques
connus, mais le plus souvent de monuments encore à découvrir; certains indices font présumer leur existence, parfois même ce sera seulement la rencontre dans le sol de
certains fragments indicateurs des restes de la vie du passé
qui a dû se concentrer en ce point déterminé. Autant il est
nécessaire que l'État intervienne pour que les travaux
soient conduits avec intelligence et que les découvertes
soient conservées, autant il lui est difficile d'user des armes mises à sa disposition pour les autres monuments ;
car, d'une part, il n'y a peut-être pas encore de monuments
que l'on puisse classer ; de l'autre, dans beaucoup de cas,
il s'agit de meubles appartenant à des particuliers en vertu
des règles du droit civil concernant la propriété du trésor,
et qui devraient être en dehors de l'atteinte de la protection
gouvernementale. Il y a donc ici une matière particulière,
qui sort un peu du cadre primitif de la loi mais qu'il était
indispensable d'y joindre, ainsi que l'ont fait la plupart des
législations étrangères, à cause de la haute importance des
fouilles aux divers points de vue dont on s'occupe ici, et
de l'impossibilité d'en surveiller la direction sans une disposition spéciale, parce qu'elles échappent aux règlements
visant les monuments proprement dits.

Toutefois, il nous semble qu'en tenant compte des deux
caractères particuliers que présentent les travaux de cette
nature, l'urgence et l'incertitude des résultats, on aurait
pu prendre des mesures plus en harmonie avec l'ensemble
de la législation. Nous disons d'abord l'urgence ; les autres monuments sont connus depuis fort longtemps ; dès
qu'on s'occupe d'eux, une foule de personnes le savent,
et protestent au besoin, ainsi qu'on le constatait, l'été dernier dans la région Lyonnaise, à propos des magnifiques
aqueducs romains de Beaunant (Rhône), monuments historiques classés que l'on menaçait vainement de détruire.

Pour les découvertes faites dans les fouilles, c'est du jour au lendemain que les trouvailles apparaissent et peuvent disparaître sans retour, avant que personne de compétent ait seulement pu les apercevoir.

Nous ajoutons l'incertitude du résultat ; les fouilles devant parfois ne pas répondre à l'attente que l'on s'en était faite, et, d'autres fois, ne devant mener qu'à la découverte d'un certain nombre d'objets mobiliers, il ne restera aucun intérêt, après cela, dans une terre qu'aux termes de la loi actuelle on aura cru devoir exproprier.

La première disposition prise par l'article 14 est excellente ; le rôle du maire en cette matière est très net et très utilement déterminé ; ceci correspond à la nécessité de mesures provisoires et immédiates. Mais, quant au reste de la disposition avec sa formule plus ou moins complète et pouvant donner lieu à des critiques justement fondées, nous aurions voulu que l'on procédât plus franchement. N'aurait-il pas été plus simple de dire que tous les terrains dans lesquels on découvrirait des monuments ou objets intéressant l'archéologie, l'histoire ou l'art, seraient assimilés à des monuments historiques et traités comme tels ? On aurait été plus complet dans la protection, et l'on se serait montré plus ouvertement respectueux des principes posés ; car, en présentant ainsi la question, il nous semble que l'on peut assimiler à un monument le lieu où des ruines et des traces, de quelque nature qu'elles soient, permettent de reconnaître l'emplacement de la demeure de quelques-unes des races qui nous ont précédés. La loi peut assimiler à un édifice l'immeuble qui renferme ces souvenirs, que ce soient les débris enfouis d'une ville romaine, comme à Sanxay (Vienne), ou les dépôts d'objets préhistoriques désignés sous le nom technique de station, comme à Solutré (Saône-et-Loire). Nous croyons en effet que le législateur a eu raison d'étendre finalement à cette catégorie d'objets sa protection peut-être inconsciente. On a eu raison de ne pas insérer en leur faveur une disposition spéciale ; mais il ne faut pas les soustraire au domaine général de la loi, dont l'influence ne peut être efficace et durable qu'à la condition d'être comprise avec largeur. Nous ne pouvons pas distinguer un intérêt scientifique d'un intérêt historique; l'histoire n'est-elle pas une science? Nous estimons donc que l'on doit appliquer aux fouilles les deux procédés de conservation établis pour les monuments historiques, le classement et l'expropriation.

Nous n'avons rien dit, jusqu'ici, des formes dans lesquelles cette expropriation doit s'accomplir, et nous n'avons pas l'intention de nous y arrêter. La loi de 1887 renvoie purement et simplement à l'application de la loi du 3 mai 1841. Les articles 65 et suivants, qui règlent les dispositions exceptionnelles que l'on peut prendre, lorsqu'il y aura urgence d'exproprier des terrrains non bâtis, pourront être utilement appliqués en cas de fouilles. Nous n'avons pas à en aborder l'étude puisqu'il n'y a pas d'innovation faite dans son mode d'emploi, et que son examen ne cadre pas, dès lors, avec le présent travail ; nous ne dirons qu'un mot d'une proposition que quelques-uns ont faite. On voulait modifier, pour l'hypothèse dont il s'agit, la composition du jury d'expropriation afin d'y faire entrer des éléments plus aptes à apprécier le caractère très particulier des monuments ou édifices soumis à leur estimation. On n'a pas donné suite à cette idée ; et nous croyons qu'il n'y a pas à le regretter. Il y aurait intérêt à composer le jury de personnes qui se connaîtraient en matière d'art, si le jury avait à se prononcer sur la valeur artistique de ces monuments, et sur l'opportunité de leur expropriation ; mais le jury n'a pas du tout ce rôle. Quand l'affaire vient devant lui, l'expropriation a été décidée par qui de droit ; il ne reste qu'à déterminer quelle est l'indemnité qui doit être donnée au propriétaire que l'on prive de son bien. Or, il ne s'agit pas ici de valeur artistique, mais de

valeur pécuniaire. La plupart du temps l'expropriation
sera poursuivie afin d'éviter une destruction ; il s'ensuit
qu'au point de vue des intérêts du propriétaire, ce n'est pas
le caractère de l'édifice qui en fait la valeur, si ce n'est le
cas où, par un vandalisme condamnable, il espère, en vendant les matériaux, réaliser un bénéfice aléatoire ainsi
qu'on l'a vu arriver trop récemment encore pour le ravis-
sant château de Montal dans le centre de la France (Lot).
Pour évaluer l'indemnité à allouer à ce propriétaire, c'est
donc le jury ordinaire qui est de beaucoup le mieux composé ; des hommes de l'art feraient intervenir dans leurs
décisions des considérations qui ne sont pas à leur place ;
car on ne doit considérer que la valeur vénale du monument
exproprié, et assurer dans le patrimoine du propriétaire la
substitution à ce monument d'une somme suffisante pour
que, dans ses intérêts matériels, il ne subisse aucun préjudice. Il n'y avait aucun changement à faire aux règles établies par la loi de 1841 ; et la nouvelle loi ne contient
qu'une seule modification à la procédure de l'expropriation
telle qu'elle est admise. Cette modification a été introduite
en considérant l'expropriation à un tout autre point de vue
que celui où nous l'avons considérée jusqu'à présent.

Nous avons, en effet, envisagé l'expropriation comme le
moyen suprême et énergique admis par la loi pour assurer
la conservation des monuments historiques ; mais la loi
de 1887 a eu à la considérer sous un autre jour, non plus
comme une sauvegarde, mais comme un danger. Au
deuxième paragraphe de l'article 4, dans l'énumération des
avantages créés aux monuments historiques par le fait du
classement, nous lisons ces lignes : *L'expropriation pour
cause d'utilité publique d'un immeuble classé ne pourra être
poursuivie qu'après que le Ministre de l'Instruction publique
et des Beaux-Arts aura été appelé à présenter ses observations.* Il ne s'agit pas ici d'une expropriation poursuivie par
le Ministre des Beaux-Arts dans l'intérêt du monument ;

on prévoit le cas où l'expropriation est demandée au nom d'un autre intérêt public plus ou moins puissant, et où le monument court le risque d'en être la victime. Il ne faudrait pas suivre bien longtemps la marche des grands travaux publics modernes pour rencontrer, à côté des progrès civilisateurs auxquels ils ont donné l'essor, les ruines, trop nombreuses et parfois irréparables pour l'histoire et pour l'art, qu'ils ont semées. Des exemples, trop profondément regrettables, étaient présents à l'esprit des rédacteurs de la loi, pour qu'ils n'aient pas cherché à y porter remède par n'importe quel moyen ; et c'est pourquoi nous nous trouvons en présence d'une disposition un peu disparate sur laquelle il était nécessaire de donner ces quelques mots d'explication, afin de faire comprendre comment elle peut s'harmoniser avec l'idée générale que la loi de 1887 s'est faite de l'expropriation.

Contre l'expropriation aveugle des chemins de fer et des routes on a voulu prendre des précautions protectrices ; et on a décidé que, préalablement à l'expropriation d'un monument classé, le Ministre de l'Instruction publique et des Beaux-Arts devra être appelé à présenter ses observations. Ainsi on obtiendra au moins ce résultat qu'il n'y aura pas de surprise, et que la voix du représentant légal des intérêts de l'art sera entendue. Il ne faut pas cependant exagérer la portée de cette intervention. Le ministre n'est pas armé du droit de veto ; son opinion doit être nécessairement sollicitée, mais non pas nécessairement admise. En pratique, on attachera la plus grande importance aux desiderata qu'il aura fait entendre, et l'on s'efforcera de concilier les intérêts contraires qui entrent en conflit. Mais l'opinion du ministre est donnée à simple titre consultatif, et n'a pas plus de force obligatoire, nous semble-t-il, que les avis exprimés par les propriétaires devant la commission d'enquête, conformément à l'article 9 de la loi de 1841 sur l'expropriation. D'ailleurs, il ne nous semble pas que cette absence de sanction constitue une lacune regrettable. Il est certain que c'est avec la plus grande raison que l'on exige l'avis du Ministre des Beaux-Arts préalablement à l'expropriation, car on évite ainsi de nombreuses complications, des formalités inutiles et l'occasion de graves conflits entre les diverses branches de l'administration ; mais il n'était pas nécessaire de revêtir le ministre de pouvoirs rigoureux, car le fait de l'expropriation ne va pas, par lui-même, consommer la destruction du monument historique, et imposer silence d'une manière définitive aux défenseurs de l'histoire, de l'art ou de l'archéologie.

Le rédacteur de la loi, en écrivant le deuxième alinéa de l'article 4, n'a pas dû chercher à se rendre compte comment il se combinerait avec la disposition qui nous occupe. On connaît ce texte que nous avons déjà eu à étudier à propos des effets du classement : *Les effets du classement suivront l'immeuble classé en quelques mains qu'il passe.* Le classement a pour résultat de donner à l'édifice qu'il atteint un caractère particulier, inhérent à l'édifice lui-même et qui reste attaché à cet édifice quel qu'en soit le propriétaire. Or, lorsque c'est l'État qui s'en rend acquéreur par la voie de l'expropriation, il n'y a pas de raisons pour que la conséquence de cette mutation doive être la suppression du classement. La loi de 1841, dans ses articles 17 et 18, prévoit les conséquences de l'expropriation sur les privilèges, hypothèques et autres droits réels ; elle en proclame l'extinction. « Le droit des réclamants, dit-elle, sera transporté sur le prix, et l'immeuble en demeurera affranchi ». Mais, ici, le cas n'est pas le même. Dans l'hypothèse visée par les articles 17 et 18, il s'agit de droits appartenant à des particuliers ; l'essence même de l'expropriation étant d'éliminer ces particuliers pour ne laisser de place qu'à l'État, maître d'accomplir désormais sans entrave les réformes qu'il peut avoir en vue, on ne peut s'étonner que ces droits soient violemment séparés

de l'objet lui-même pour être reportés sur l'indemnité pécuniaire qui doit être la représentation réelle de l'immeuble
exproprié. Mais quand il s'agit de classement, rien de pareil:
le classement n'emporte pas un démembrement du droit
de propriété ; ce n'est même pas à proprement parler un
droit réel, une servitude, c'est une qualité essentielle du
monument que le fait de son passage entre les mains de
l'État ne vient aucunement modifier

Nous avons, du reste, un argument qui nous semble pé-
remptoire, c'est l'emploi de l'expropriation indiquée dans
l'article 5 de la loi de 1887 comme le procédé le plus efficace et la dernière ressource pour assurer la conservation
des monuments historiques. Quand on exproprie un monument classé, pourrait-on soutenir que par là même le
caractère du classement doit disparaître, et qu'il arrivera
entre les mains de l'Administration libre de toutes entraves,
de telle sorte qu'elle pourrait dès le premier instant détruire
l'édifice qu'on a enlevé à son propriétaire précisément pour
éviter toute modification ? Il nous semble que cette opinion
n'est pas soutenable. Dès lors, pourquoi faire une différence
entre l'État agissant par la personne du Ministre des Beaux-
Arts et l'État représenté par le Ministre des Travaux publics
ou par tel autre ministre que l'on voudra ? Dans le premier cas, l'immeuble continuerait juridiquement et logiquement à être considéré comme classé ; dans le second
cas, il se trouverait par le fait même déclassé ? Nous ne
pouvons l'admettre ; et, de même que les immeubles appartenant à l'État peuvent être classés, de même nous croyons
que l'immeuble classé appartenant à un particulier, lors
même qu'il aura été exproprié dans un tout autre intérêt
que celui qui avait inspiré le classement, n'en continuera
pas moins à garder ce caractère. Nous pouvons, d'ailleurs,
invoquer à l'appui de cette opinion un texte précis. L'article 6 de la loi de 1887, que nous avons étudié plus haut,
dit : *Le déclassement total ou partiel pourra être demandé*

*par le ministre dans les attributions duquel se trouve l'immeu-
ble classé, par le département, la commune, la fabrique,
l'établissement public et les particuliers propriétaires de
l'immeuble. Le déclassement aura lieu dans les mêmes formes et sous les mêmes conditions que le classement.* Il en
résulte qu'en l'absence d'une disposition spéciale, on ne
peut pas dire que l'expropriation entraîne le déclassement:
et, dès lors, l'immeuble, restant classé, demeure par là
même soumis à toutes les conséquences ordinaires du classement; et, tout particulièrement, il continuera à être soumis à la surveillance du Ministre des Beaux-Arts sans l'autorisation duquel, il ne pourra être ni restauré ni détruit.

Il n'était donc pas nécessaire d'armer d'une manière
particulière le ministre avant l'événement de l'expropriation. Le classement suit l'immeuble entre les mains de
l'État, et, avant de le démolir, le ministre, qui aura poursuivi son expropriation, devra en obtenir le déclassement
régulier et par suite l'autorisation du Ministre de l'Instruction publique et des Beaux-Arts. Il n'était donc pas nécessaire, comme a cru devoir le faire la loi nouvelle, de
demander l'avis du Ministre des Beaux-Arts préalablement
à l'expropriation de l'immeuble classé; la seule utilité de
cette démarche sera de permettre à l'administration des
Beaux-Arts d'arrêter, dès le principe, les formalités coûteuses d'une expropriation que son opposition postérieure
pourrait rendre inutile. L'art y trouvera aussi cet avantage que ses réclamations auront plus de chance d'être
écoutées en se produisant avant que le pas décisif de l'expropriation ait été franchi. En tous cas l'expropriation
pour cause d'utilité générale n'entraîne pas plus déclassement, que l'expropriation pour cause d'utilité artistique ou
historique n'entraîne désaffectation de l'édifice ainsi exproprié. Ce sont choses d'un ordre tout à fait différent.

L'attention a été attirée sur ce dernier point lors de la
discussion de la loi de 1887, au Sénat, en août 1886;

M. de Gavardie ayant demandé que l'on voulût bien s'expliquer nettement sur la question, l'honorable rapporteur, M. Bardoux, répondit que la question ne faisait pas l'ombre d'un doute ; que pour désaffecter un bâtiment, il y a à observer des règles administratives spéciales dont l'expropriation ne saurait tenir lieu. C'est ainsi, disait-il, par exemple que, dans le cas où l'on viendrait à exproprier une église, propriété communale, elle n'en serait pas le moins du monde enlevée, pour cela, à l'exercice du culte ; on doit purement et simplement appliquer la loi de 1841 sans l'étendre et sans la restreindre. Dans cet ordre d'idées, nous n'hésiterons pas à appliquer à notre matière l'article 50 de la loi du 3 mai 1841, permettant au propriétaire exproprié partiellement de requérir l'emprise totale de son immeuble, si la partie qui reste n'est plus susceptible de remplir sa destination antérieure. Nous avons vu que l'on pouvait classer, pour partie, un monument historique ; il s'ensuit qu'on pourrait l'exproprier pour partie, puisque l'expropriation est en quelque sorte la suprême sanction du classement ; on pourra donc, le cas échéant, requérir l'expropriation totale du bâtiment.

D'ailleurs, si nous voulons résumer l'ensemble de l'étude à laquelle nous venons de nous livrer, nous constaterons qu'en matière d'expropriation la loi du 30 mars 1887 n'a guère innové ; elle s'est attachée à en déterminer les conséquences, car l'expropriation peut être pour les monuments historiques une arme protectrice ou un danger redoutable. Au premier point de vue elle a déclaré que l'expropriation devait être considérée comme la ressource définitive devant suppléer à l'insuffisance du classement ; elle a étendu d'une manière générale la possibilité de son emploi alors que, pourtant, son utilité ne ressort d'une manière bien nette que dans deux cas : 1° quand il s'agit d'un immeuble appartenant à un particulier et dont le propriétaire refuse le classement ; 2° quand il s'agit de découvertes faites dans un terrain qui forme une propriété privée ; dans ce dernier cas, il y a une extension véritable due à la loi nouvelle. Au second point de vue, la loi s'est efforcée de prendre certaines précautions contre le danger qui pourrait menacer le monument à la suite de l'expropriation. La loi exige seulement qu'on prenne l'avis du Ministre des Beaux-Arts avant de procéder à l'expropriation. Hors de là, le législateur a eu la raison de ne rien changer à une institution réglée, depuis de longues années, par une loi dont les effets sont satisfaisants ; et, lors même qu'il organisait une application législative nouvelle des principes établis, il a eu la sagesse de faire la loi en suivant le mode de formation qui devrait être toujours observé ; il a eu cette bonne fortune de la trouver toute construite dans la jurisprudence, et de n'avoir qu'à fixer par écrit des usages qui avaient déjà passé en force de loi.

Après avoir ainsi parcouru, d'une manière rapide, les deux grands procédés mis en œuvre par la loi nouvelle pour assurer la conservation des monuments historiques, le classement et l'expropriation, nous voulons, en finissant, dire un mot du troisième moyen à l'aide duquel on s'efforce d'arriver au but recherché. Nous l'avons déjà, sans le chercher, rencontré cent fois sur notre route, car il est intimement lié aux deux procédures que nous avons déjà étudiées, c'est le rôle confié au Ministre des Beaux-Arts. A chaque phase du classement et de l'expropriation, la loi invoque, de nouveau, l'autorité du Ministre de l'Instruction publique et des Beaux-Arts : les deux départements sont actuellements réunis avec raison ; mais les attributions que nous étudions sont, sans la moindre hésitation, du ressort des Beaux-Arts, et suivraient ce département si l'on en faisait un ministère séparé ou si on le réunissait à tout autre, Intérieur, Cultes, etc. Or c'est ce Ministre que la loi charge, d'une manière générale, de tout ce qui peut intéresser la sauvegarde des monuments historiques ; et cette

centralisation était aussi nécessaire qu'utile. Il faut qu'il y
ait quelqu'un dont la fonction soit de veiller à ces intérêts
sacrés ; et quelqu'un qui soit suffisamment éclairé et assez
impartial, pour ne pas se laisser absorber par les intérêts
matériels qui peuvent parfois se trouver en contradiction
avec les intérêts d'ordre supérieur qu'il est chargé de sauvegarder. Il doit avoir l'indépendance, des moyens d'action,
il doit endosser toute la responsabilité : dans certains pays
étrangers, nous verrons que l'on a confié cette fonction à
une commission.

Avec l'organisation de l'administration française c'était
le Ministre qui était tout désigné. On aurait pu, certainement, organiser une sorte de société savante, munie de la
personnalité civile, et qui aurait été chargée d'assurer ce
service et l'accomplissement de la loi : M. de Caumont avait
rêvé de l'organiser de 1840 à 1848. Mais, l'administration
centrale joue chez nous un rôle trop prépondérant pour
qu'on put admettre cette manière de voir ; et l'organisation actuelle suffit pour constituer un immense progrès, et
avoir les plus heureuses conséquences. C'est le Ministre
qui classe ou fait opérer le classement par le Conseil d'É-
tat ; et c'est le Ministre qui surveille les monuments et objets classés : c'est le Ministre qui, le cas échéant, obtient
l'expropriation des monuments historiques ; c'est lui qui
poursuit et punit ceux qui violent les dispositions de la loi ;
c'est avec sa permission que l'on pourra déclasser. Il intervient partout, et son action, par le fait même qu'elle
atteint les monuments dans toutes les situations, est efficace, parce que, sachant qu'il pourra faire triompher ses
ordres, il n'hésite pas à les donner. On arrive, ainsi, à éviter les inconvénients de la dispersion si regrettable qui
attribue à des administrations diverses les œuvres d'art,
parfois même contenues dans un même bâtiment. Les monuments classés continuent bien à relever chacun indivi-
duellement de l'autorité compétente quant à sa destination :

celui-ci du Ministre de la Guerre ; celui-là du Garde des Sceaux ; mais, par dessus cette hiérarchie, on a établi une surveillance nouvelle, celle du Ministre des Beaux-Arts, qui atteint le monument lui-même sans s'occuper de ceux auxquels il sert ou appartient. Un seul dirige : dès lors, plus de rivalités fâcheuses ni de mesquines vexations d'administrations jalouses, plus d'esprit de système ni de déplorable vandalisme, mais une autorité compétente et forte qui peut et qui sait se faire respecter.

CHAPITRE VIII

LÉGISLATIONS ÉTRANGÈRES.

Sommaire. — Intérêt de ce rapide tableau. — Italie : Droit romain ; lois diverses de la Péninsule ; la législation Pontificale est de toutes la plus ancienne et la plus complète, et peut être considérée comme le modèle du genre ; les deux lois de Pie VII. — Tunisie : décret du Bey, du 11 mars 1886, ses très remarquables dispositions. — Autres législations s'inquiétant particulièrement du vandalisme spoliateur : Égypte, Grèce. — Pays où l'on s'occupe davantage du vandalisme destructeur : Autriche ; Allemagne ; Hongrie, loi du 28 mai 1881 ; Angleterre, loi du 18 août 1882 ; Danemark, ordonnances diverses ; Grand-Duché de Finlande, loi du 2 avril 1883. — Conclusion.

Nous avons analysé la loi française du 30 mars 1887 sur la conservation des Monuments historiques, et nous avons vu comment elle a cherché à prévoir tous les dangers pouvant les atteindre et à y remédier. Il faut donner aux efforts qui ont été faits un juste tribut d'éloges et reconnaître dans quel progrès évident la situation nouvelle se trouve sur celle qui existait antérieurement. Mais, si l'on jette les yeux en dehors de la France sur les pays qui nous entourent, on est forcé d'admettre que la plupart des mesures, dont on a pu apprécier la sagesse et l'efficacité, sont loin d'être des innovations, et que parfois même elles ne sont que le pâle reflet de celles prises, depuis longtemps peut-être, par des gouvernements soucieux des trésors d'art ou d'histoire abandonnés à leurs soins. M. Bardoux, dans le remarquable rapport au Sénat, dont nous avons déjà eu l'occasion de parler, faisait de ces mesures un exposé rapide, en invitant le législateur français à y cher-

cher un exemple et une leçon. Et c'est bien, en effet, ce qui
doit ressortir, malgré les protestations que dans l'enceinte
du Parlement lui-même quelques voix ont essayé de faire
entendre, de ce fait que la question s'est posée universelle-
ment devant les pouvoirs publics chez presque toutes les
nations. Ce n'est ni le vain désir d'imiter ce qui a été fait
à l'étranger, ni la préoccupation de la part des États d'empiéter plus ou moins sur les propriétés importantes des
établissements publics ou des particuliers, qui ont pu déterminer le remarquable mouvement d'ensemble avec lequel cette question a préoccupé les gouvernements les plus
divers. Il faut y reconnaître le caractère supérieur et tout
puissant de l'intérêt qui se trouve ici en jeu, et qui, à toutes
les époques et sous toutes les latitudes, s'est révélé avec
clarté aux esprits soucieux du bien général et désireux d'y
concourir dans la mesure de leurs forces.

Parmi les législations qui se sont occupées des monuments historiques, et qui sont toutes, à notre connaissance,
antérieures à notre loi de 1887, les unes sont allées plus
loin que nous dans la voie de la protection, et, sans s'arrêter
au souci de la propriété privée, ont fait peser lourdement
sur les propriétaires le joug de la surveillance gouvernementale ; d'autres, au contraire, se sont tenues en deçà, et
n'ont pas cru devoir faire les mêmes concessions que nous
aux intérêts qui sont ici en jeu. Tandis que celles-ci s'occupaient particulièrement de défendre les monuments
contre les destructions, celles-là s'inquiétaient surtout de
les préserver contre le vandalisme spoliateur. Nous ne
voulons point nous attarder dans une énumération qui serait bien vite fastidieuse ; et nous nous contenterons de
relever, dans les plus importantes d'entre elles, les points
par lesquels il nous semble qu'elles comblent une lacune
existant dans notre loi actuelle ou présentent sur elle une
supériorité. Il y a deux législations, pourtant, sur lesquelles nous voulons insister plus longuement, l'une déjà an-

cienne, l'autre toute récente et qui offrent toutes deux à des titres divers un très vif intérêt : ce sont les lois sur les Monuments édictées à différentes époques par les Souverains Pontifes dans leurs États, et la loi promulguée en 1886 par un souverain qui est presque Français, le bey de Tunis.

De toutes les contrées étrangères, l'Italie est peut-être la plus importante et la plus intéressante au point de vue des arts. Elle a été le centre de la civilisation romaine dans l'antiquité ; elle a été le foyer de la Renaissance dans les temps modernes ; c'est elle qui a recueilli l'héritage de la Grèce ancienne. Ses produits ont été, à toutes les époques, admirés et recherchés : aujourd'hui encore les chefs-d'œuvre des grands artistes italiens sont ceux dont les musées d'Europe se font gloire. Dès lors faut-il s'étonner si les mesures protectrices de ces grands souvenirs ont d'abord pris naissance sur un sol si privilégié ? C'est le Droit romain lui-même, dont on ne saurait assez vanter la profondeur et la sagesse, qui a le premier abordé cette question. On aurait pu cependant supposer qu'une semblable préoccupation ne s'était pas présentée au génie un peu utilitaire de ces maîtres du monde ; mais, comme le raconte, avec autant de savoir que d'intérêt, dans un rapport parlementaire sur un projet soumis en 1872 à la sanction de l'assemblée, un sénateur italien, M. Miraglia, après la conquête de l'Étrurie et plus tard de la Grande Grèce et de la Sicile, les Romains se prirent, eux aussi, à aimer et cultiver les études qu'ils admiraient dans les vaincus. Le siècle d'Auguste fut celui qui porta Rome au comble de la gloire dans les arts comme dans les lettres. Après dix-huit siècles les ruines des constructions des empereurs romains remplissent l'Italie de leur magnificence ; les œuvres de sculpteurs et de peintres, çà et là multipliées dans les édifices somptueux qui ont été construits par Antonin, Marc-Aurèle, etc. rivalisent avec les modèles que la conquête de la Grèce avait fait affluer dans la capitale romaine. La correspondance de Cicéron avec Atticus montre le prix qu'il attachait déjà aux œuvres d'art, malgré l'indifférence de commande qu'il témoigne encore parfois ; et ses inoubliables plaidoyers contre Verrès immortalisent et l'âpreté que certains amateurs n'hésitaient pas à montrer pour assouvir leurs passions artistiques, et la part que la jurisprudence ne tarda pas à prendre dans cette matière. Certes, ce n'est pas un mince témoignage en faveur de la réelle importance de la question à laquelle nous avons consacré cette étude, que cette attention prêtée par les jurisconsultes romains à des nécessités qui étaient autrefois les mêmes qu'aujourd'hui. M. Saleilles, dans son très savant travail sur le Domaine public à Rome et la protection des monuments publié dans la *Nouvelle Revue historique*, en 1889, a longuement examiné les données du Droit ancien.

Malgré le profond respect qui ne cessa de dominer le Droit romain pour la propriété et ses inviolables limites, les jurisconsultes comprenaient que la liberté absolue pour chacun de disposer de son propre patrimoine n'enlève pas au législateur le droit d'établir certaines restrictions au nom de l'utilité publique et notamment pour la conservation des objets d'art. C'est ainsi que des intérêts artistiques dictèrent les dispositions qui contraignaient les propriétaires de maisons détruites à les reconstruire, *etiam inviti* même malgré eux (L. 7, D. *De officio præsidis*. L. 3 et 8, C. *De œdificiis privatis*. L. 4, C. *De jure reipublicæ*) ; celles qui leur interdisaient de construire même sur leur propre terrain sans se conformer au règlement des édiles (**L. 2 et 3, C.** *De œdif. priv.*) ; et la règle célèbre qui défendait de détruire les édifices pour y rechercher les matériaux qui avaient été pris à autrui, *ne urbs deformetur ruinis*, pour que la ville ne soit point attristée par la vue de ruines. Enfin Vespasien et Adrien rendirent, tous deux, des sénatus-consultes dont on trouve dans le *Corpus* de nombreux

fragments, et qui ont pour objet de pourvoir à la conservation des marbres, des statues, des tableaux, des bibliothèques.

*Negotiandi causa œdificium demoliri et marmora detra-
here edicto divi Vespasiani et senatus-consulto vetitum est.*
Il est défendu de démolir les édifices pour en tirer bénéfice et en vendre les marbres ; voilà la première des prohi-
bitions de la loi française que nous retrouvons sous la
plume d'Ulpien ; c'est celle de détruire les monuments d'art.
La sanction d'ailleurs était énergique ; *Si quis ad demo-
liendam negotiandi causa vendidisse domum partemve domus fuerit convictus : ut emptor et venditor ? singuli pre-
tium, quo domus distracta est, præstent constitutum est* (L.
ult. D. *De damno infecto*). Les deux contractants sont
également punis ; et ils sont frappés jusqu'à concurrence
du gain illicite qu'ils avaient recherché. Mais on ne s'arrête point là ; il est défendu de mutiler en aucune façon
ou de modifier les édifices dont la destruction est interdite.
La loi 41, **D.** *De legatis*, **XXX**, *passim*, établit avec netteté
qu'il est prohibé de léguer aucun des objets qui ne pourraient être remis qu'en étant arrachés d'un édifice comme les
marbres, les colonnes ; et il en est de même des bibliothèques, des peintures, des statues : *Sententia et mens Senatus
plenius accipienda est ut si quæ ibi fuerint perpetua, quasi
portio œdium, detrahi non possint. Proinde dicendum est,
nec tabulas affixas et parietibus adjunctas, vel singula
sigilla adæquata legari posse.* On ne pouvait séparer ces
objets des immeubles dont ils faisaient l'ornement que
dans le cas où on voulait l'offrir pour en faire un ornement
public.

Le droit postérieur ne cessa de s'occuper des monuments
antiques, et de s'efforcer de les conserver au milieu des
invasions et des révolutions. On trouve à cet effet diverses
dispositions au Code Théodosien, entr'autres, **L. XVI**, t. **X**,
l. 15 ; et Théodoric, lui-même, rétablit, au témoignage de

Cassiodore (L. VII. Form. Comit. 13), un fonctionnaire chargé de veiller à ce soin et de remplacer le *Comes nitentium rerum* de l'époque classique. Nous ne quitterons pas les premiers siècles de notre ère sans rappeler la loi publiée à la fin du Ve siècle par Majorien et Léon I (Nov. Tit. VI) pour la protection des monuments historiques. Elle est remarquable par l'élévation des idées et des principes, et aussi par la sévérité des peines afflictives puisque parmi ces peines figurait l'amputation des mains de celui qui mutilait un monument.

Les législations modernes, en Italie, trouvaient donc certains jalons déjà posés dans l'œuvre qu'elles avaient à accomplir et qui empruntait aux circonstances spéciales où elles se trouvaient une orientation toute particulière. La prodigieuse quantité de richesses, qui avaient été accumulées par la Rome impériale et que la Rome pontificale et l'Italie de la Renaissance allaient encore accroître dans de telles proportions, devenaient l'objet de l'envie de tous les peuples voisins et particulièrement des peuples du Nord moins favorisés quant à la puissance de production artistique. Ce n'est pas seulement contre les vandalismes destructeur ou restaurateur qu'il faudra lutter ; c'est principalement contre le vandalisme spoliateur : à Venise, à Milan, à Florence, à Naples, la préoccupation est d'empêcher que le pays ne soit dépouillé de son patrimoine national, et de retenir tous les objets dans n'importe quelle branche de l'art.

Un décret très curieux du grand-duc de Toscane, du 24 octobre 1602, défend d'une manière absolue l'exportation d'aucun des tableaux de dix-neuf peintres qu'il énumère et, parmi eux, Michel-Ange, Raphaël, Andrea del Sarto, Daniel de Volterra, le Corrége, le Parmesan, le Pérugin. Tous les gouvernements prennent des mesures analogues : voici quelques dates des réglementations édictées :

A Venise, le 31 juillet 1773, le 11 novembre 1817, le

13 janvier 1818, le 10 février 1819, le 16 février 1857.

A Milan, le 6 octobre 1804, le 3 mars 1809, le 20 février 1815, le 12 juin 1816.

A Parme, le 8 juin 1760, le 20 janvier 1822, le 28 octobre 1856.

A Modène, en 1857.

A Florence, le 26 décembre 1754, le 11 octobre 1762, le 4 janvier 1817, le 6 avril 1857, le 13 janvier 1859.

A Lucques, le 17 mai 1819.

A Naples, le 16 octobre 1755, les 13 et 14 mai 1822, le 7 décembre 1827.

Ces diverses dispositions sont toujours en vigueur. Plusieurs tentatives, faites dans ces dernières années au Parlement italien pour arriver à les fondre dans une loi unique, sont restées infructueuses. C'est ainsi que, le 13 mai 1872, M. Correnti a présenté au Sénat un premier projet de loi; en 1877, M. Suppino a présenté un nouveau projet qui, adopté à la Chambre, échoua au Sénat ; enfin, en 1887, le même ministre renouvela sa tentative sans plus de succès. On a redouté des empiétements sur la propriété privée : les projets, fort remarquables du reste, sont entièrement inspirés par les dispositions antérieures. Deux grandes préoccupations dominent tout cet ensemble de lois et de décrets : l'une, qui est bien caractéristique du sol où elle prend naissance, est la nécessité de surveiller et de diriger les fouilles qui peuvent à chaque instant faire surgir des trésors qu'il importe de recueillir et de conserver ; l'autre, c'est la crainte, dont nous avons déjà parlé, de voir les étrangers s'emparer des trésors d'art que l'on voudrait réserver à la seule Italie. Si une vente a lieu, le Gouvernement se réserve le droit de préemption. Lorsqu'on désire exporter un objet d'art, il faut demander l'autorisation au Gouvernement. Une autorité spéciale, du reste, est désignée, qui a la direction de tout ce qui intéresse les arts, et, auprès d'elle, siège comme conseil tantôt un ins-

pecteur général (à Venise, en 1773), tantôt le président
de l'Académie des Beaux-Arts ou le directeur de la Bibliothèque nationale (à Venise, en 1817, à Milan, en 1815,
à Florence, en 1602 et en 1818); tantôt une commission
spéciale (Venise, 1818; Naples, 1860). C'est sur l'avis de
ce Conseil que les exportations sont autorisées, et que l'on
décide les acquisitions à faire pour le compte de l'État.

Nous n'entrerons point dans les détails de ces législations diverses, dont nous venons de résumer brièvement
les lignes générales, par la bonne raison qu'elles ne sont
toutes, avec des modifications de peu d'importance, que le
reflet d'une législation à la fois beaucoup plus ancienne et
beaucoup plus complète qui est celle que les Souverains
Pontifes avaient donnée à leurs États. C'est donc sur l'étude
de cette législation que nous nous arrêterons un peu plus
longuement. Il nous faudra reconnaître les nombreux em-
prunts qui lui ont été faits par les rédacteurs de la loi du
30 mars 1887; et, lorsque, sur certains points, nous devrons
constater des différences, le plus souvent, nous nous trouverons en présence d'une lacune de la loi française. La
législation pontificale sur la matière a pu et pourra encore
servir de modèle à tous ceux qui s'occuperont de rédiger
des dispositions légales sur la conservation des objets d'art;
et elle est une preuve remarquable de la sagesse et de la
supériorité du gouvernement des Papes, même en ce qui
touchait les intérêts purement profanes de leurs sujets.

On pourrait aisément trouver dans le Droit Canon les
traces de la préoccupation qui a animé l'Église à conserver
les objets d'art qu'elle avait dans sa dépendance, et dont
nous avons déjà signalé les remarquables exemples dans
les temps contemporains.

Tel est en effet le résultat immédiat des règles rigoureuses par lesquelles la vente des biens d'église a été interdite
(C. *De sacrosanctis Ecclesiis*). On considère les ecclésiastiques comme des usufruitiers ou des administrateurs: les

évêques, selon la formule du Pontifical, doivent prêter serment, avant leur consécration, de ne point aliéner les biens
de leurs églises, *etiam cum consensu capituli ecclesiæ meæ,
inconsulto pontifice romano*, même avec le consentement
du chapitre, à moins d'avoir l'autorisation du Pontife romain. Et, par extension, on doit mettre au nombre de ces
choses inaliénables le mobilier précieux qui fait partie du
trésor de l'Église, tout ce qui est remarquable par l'art, la
matière, la rareté, et qui confère à l'Église une certaine
splendeur d'antiquité (*Cours de Droit canon*, par l'abbé An-
dré, t. I, p. 120). Des peines canoniques très graves, entr'autres l'excommunication, et l'obligation de restituer, sanc-
tionnent toutes ces règles qui auraient dû parfois faire
réfléchir des pasteurs trop empressés à dépouiller leurs
églises des précieux souvenirs du passé. La constitution
Ambitiosæ de Paul II, qui renferme les décisions auxquelles
en cette matière doivent se soumettre les ecclésiastiques
chargés d'une paroisse ou ayant la garde d'une église, comprend dans la défense d'aliéner avec les biens immobiliers
tous les meubles précieux *immobilia et pretiosa mobilia*.
Les aliénations consenties contrairement à ces règles sont
nulles et de nul effet (V. la remarquable lettre de Mgr Turinaz déjà citée, page 32.).

En dehors de ces prescriptions d'ordre purement ecclésiastique, il faut remonter jusqu'en 1462, pour trouver
dans l'édit du Pape Pie II, *Cum almam nostram urbem*, le
commencement de la lutte du gouvernement pontifical
contre le vandalisme. Dans ce premier édit, on s'atta-
quait au vandalisme destructeur : un édit de Sixte IV, en
1474, *Quum provida*, prit les premières précautions contre
le vandalisme restaurateur. Après une lacune qui nous
conduit jusqu'au 5 octobre 1624, nous trouvons une série
ininterrompue d'édits rappelés par le cardinal Valenti
lorsque, sous le pontificat de Benoit XIV, le 5 janvier 1750,
ce cardinal développe, commente et renouvelle toutes les

prescriptions antérieures. C'étaient : 1° l'édit du 5 octobre
1624 qui défend de laisser sortir sans une permission expresse les objets d'art et qui ordonne que toute découverte
faite dans une fouille soit signalée dans les vingt-quatre
heures aux agents du gouvernement ; 2° l'édit du 29 janvier 1646 qui défend de briser, cacher, vendre les objets
et les monuments découverts dans les fouilles, d'exporter
les statues, bas-reliefs, médailles, camées, peintures, etc.,
menaçant de peines sévères tous ceux qui prêteraient leurs
concours à l'enlèvement, au transport ou à la destruction
d'un objet d'art, emballeurs, charretiers, ouvriers de toute
sorte ; 3° les édits du 30 août 1655 et du 5 février 1686 qui
répètent l'édit de 1646 presque textuellement ; 4° les édits
du 18 juillet 1701 et 30 septembre 1704 qui ajoutent aux
peintures, etc., les manuscrits, chartes et tous autres
livres écrits en latin, en grec et en hébreu ; 5° les édits du
8 avril 1717 et du 21 octobre 1726, qui, visant spécialement les fouilles, défendent les mutilations et renouvel-
lent la prohibition de vendre et d'exporter les antiquités
de quelque nature que ce soit.

A l'important édit de 1750 succèdent les deux édits publiés sous le pontificat de Pie VII, le premier par le cardinal Doria Pamphili, à la date du 1ᵉʳ octobre 1802, et le
second par le cardinal Pacca du 7 avril 1820 qui n'est
guère que la reproduction du premier. Avant de s'occuper
des objets d'art, le cardinal Pacca avait déjà, le 8 mars
1819, contre-signé un édit relatif aux manuscrits, chartes,
inventaires, écrits de toute nature, ayant un intérêt pour
l'histoire du pays et des familles. Il y rappelait et confir-
mait ce que des édits précédents du 30 septembre 1704,
14 mai 1712, 1ᵉʳ septembre 1742, 15 décembre 1757 et
16 juin 1772, avaient ordonné dans le but de prévenir la
dispersion et la lacération de ces documents écrits, impri-
més ou peints.

L'édit de 1820 ne revient donc pas sur ces monuments

historiques d'une nature toute particulière, mais il renferme tout ce qui concerne les objets d'art et d'antiquité
proprement dits en réalisant de la manière la plus complète la pensée souveraine des Saints-Pères pour leur capitale, comme le marque si bien le début de l'édit : « les
monuments antiques ont rendu et rendront toujours illustre, admirable et unique cette auguste cité de Rome :
*Gli antichi Monumenti hanno reso et renderanno sempre
illustre, ammirabile ed'unica quest'alma Citta di Roma.*
Rappelant les spoliations dont le Saint Siège avait été
victime à la fin du dernier siècle, particulièrement par le
traité de Tolentino, l'édit reprend les dispositions qui
avaient été arrêtées en 1802 sous l'influence encore toute
récente de ces événements, et il s'efforce, en tant qu'il est
possible, d'en réparer les effets pour l'avenir.

Tout d'abord, il faut avoir une organisation administrative à laquelle sera confié le soin des monuments d'art. On
constitue une Commission consultative des Beaux-Arts,
qui sera présidée par l'Auditeur du Camerlinguat *pro tem-
pore*, et où figurera, en première ligne, l'Inspecteur général des Beaux-Arts. Nous attirons l'attention sur cette
fonction très utile, qui avait été créée en 1802 par le pape
Pie VII pour être conférée au célèbre sculpteur Canova,
en mémoire d'une mission analogue dont Léon X avait jadis chargé Raphael. Auprès d'eux prennent place l'Inspecteur des peintures publiques à Rome, le Commissaire des
Antiquités, le directeur du Musée du Vatican, le premier
professeur de sculpture de l'Académie de St-Luc et un des
professeurs d'architecture de la même Académie. On voit
avec quel soin on veut s'entourer de spécialistes d'une autorité incontestable ; et on n'hésite pas à donner à cette
Commission une haute autorité, en déclarant que son avis
devra être pris par le cardinal Camerlingue toutes les fois
qu'il aura à se prononcer en matière d'art.

Le cardinal Camerlingue est, en effet, l'autorité centrale, munie des pouvoirs les plus étendus et revêtue de la plus haute influence, qui est chargée d'une manière absolue par le Souverain Pontife de diriger, avec pleine autorité, la conservation et la protection des monuments d'art. On insiste d'une manière particulière sur l'indépendance que doit avoir le directeur des Beaux-Arts à l'égard des autres administrations, et la situation prépondérante qu'il aura sur elles afin que ses efforts ne soient pas paralysés par la mauvaise volonté des uns ou des autres. Notre loi de 1887 s'est inspirée, nous l'avons dit, de cette nécessité en définissant le rôle du Ministre des Beaux-Arts.

Afin d'aider l'action de cette administration centrale, par une disposition excellente, des commissions auxiliaires sont instituées dans les provinces (art. 5). Elles sont composées des légats et d'hommes compétents ; à Bologne, à Pérouse, de délégués des Académies locales ; elles doivent correspondre avec la Commission centrale à Rome. Nous avons en France une organisation analogue, mais qui n'existe malheureusement presque que de nom. Pourquoi ces commissions locales ne sortiraient-elles pas de l'inaction où les avait peut-être plongées, il faut bien le dire, l'impossibilité d'agir efficacement ? Elles ont maintenant à leur disposition la loi de 1887 ; pourquoi ne pas s'en servir ?

Quant aux moyens de parvenir à protéger les monuments confiés à la vigilance de l'administration, le cardinal Pacca les a résumés dans le règlement qu'il adressa, le 6 août 1821, aux Commissions, en faisant appel à leur patriotisme et à leur amour pour les arts. C'est d'abord l'inventaire prescrit par l'article 7 de l'édit de 1820. Il s'agit d'établir la statistique, la plus complète et la plus détaillée, des peintures, sculptures, marbres et autres objets précieux qui existent dans les églises, couvents, chapelles et établissements publics, soit que ces objets demeurent exposés aux regards, soit qu'ils restent renfermés dans l'intérieur.

Cet inventaire dont un double sera déposé à Rome, tandis
que l'autre sera rendu au propriétaire servira aux délégués
à faire des visites annuelles, dans lesquelles, 1° ils vérifie-
ront l'existence des objets inventoriés ; 2° ils décideront les
réparations nécessaires afin que des opérations maladroites
ou inspirées par un désir de spéculation ne viennent pas
détruire les monuments qu'elles auraient dû conserver.
Tout ceci s'applique aux meubles comme aux immeubles.
De même qu'il est interdit de mutiler, casser ou altérer de
quelque manière que ce soit les objets d'art anciens, il est
défendu de démolir, en tout ou en partie, les édifices antiques dont on veut conserver intacts tous les précieux souvenirs. Visant une hypothèse particulière, qui, par une
curieuse coïncidence, s'est trouvée réalisée trop souvent
de nos jours et que la loi Tunisienne de 1886 a cru devoir
spécialement prévoir, l'article 12 de la loi de 1802 s'exprime ainsi : « Aucun de ceux qui travaillent aux chemins
publics ne devra avoir l'audace, sous les mêmes sanctions
que celles qui frappent les dévastateurs des monuments
publics, de démolir les monuments anciens qu'ils trouveront sur leur passage, soit pour en utiliser les matériaux,
soit pour faciliter leurs travaux ».

La loi pontificale, allant beaucoup plus loin que n'ose
le faire la loi française, prescrit aux Commissions de visiter et d'inventorier les antiquités des particuliers, afin que,
si ceux-ci désirent un jour les aliéner, ils ne puissent le
faire sans en prévenir la Commission (art. 9 et s.). On n'a
pas osé, non plus, établir, en France, le droit très utile de
préemption donné au Gouvernement en cas de vente desdits objets. Vis-à-vis des collections particulières le Gouvernement français est resté complètement désarmé : le législateur a été retenu par le respect du droit de disposition.
On aurait pu cependant, il nous semble, sans empiéter sur
la propriété privée, emprunter à la loi pontificale certaines
de ses dispositions ; d'autant plus que la France ne croyait

pas, comme nous l'avons vu, devoir prendre contre le vandalisme spoliateur les remarquables précautions contenues
dans la loi pontificale de 1820.

Il est interdit, par les articles 12 et suivants, d'exporter
sans autorisation aucun objet d'art, tableaux, sculptures,
mosaïques, marbres, etc. : les Commissions des Beaux-
Arts sont chargées de les examiner et de les évaluer pour
le cas où on les laisserait sortir en les frappant, alors, d'un
droit *ad valorem* de vingt pour cent. *Qualunque Articolo e
Oggetto di Belle Arti, che voglia estrarsi dalle Provincie
dello Stato per l'Estero o da quest'alma citta di Roma per
le Provincie o per l'Estero, sara sottomesso alle piu rigo-
rose ispezioni, riserbata solamente a Noi la facoltà di per-
metterne la relativa estrazione...* Et ceci ne s'appliquera pas
seulement aux œuvres de l'antiquité, mais encore aux
ouvrages du moyen âge, de la Renaissance ou même des
auteurs modernes : une seule exception est faite en faveur
des artistes vivants qui pourront envoyer librement leurs
œuvres à l'étranger. Il n'est pas une seule prescription qui
ne soit accompagnée de l'indication de la peine à laquelle
le contrevenant s'exposera : ce sont des amendes, ou même
la confiscation des objets. L'article 24 s'exprime ainsi :
« Dans le cas de vente forcée par la voie des enchères,
ordonnée judiciairement, d'antiquités offrant un grand
intérêt pour l'art ou l'archéologie, le Ministre des Dépôts
publics devra nous prévenir en temps utile ; il devra également avertir notre Commission à Rome et les commissions auxiliaires dans les provinces sous peine d'être déclaré
responsable de la valeur des objets qui seraient vendus
sans que cette précaution ait été prise, etc. ». Dans les lois
antérieures qui n'ont point été abrogées, nous l'avons vu,
on trouve des punitions édictées contre tous ceux qui prêteraient leur concours aux violateurs des règlements et
aideraient à l'exportation ou à l'aliénation des objets d'art,
quand ce seraient de simples voituriers. Comme corollaire

de ces dispositions, le commerce des antiquités, d'ailleurs permis à Rome, sera soumis à une certaine surveillance indispensable pour assurer l'observation de la loi.

Enfin, le législateur pontifical, désireux de bien montrer que ces réglementations sévères ont pour but d'encourager les beaux-arts et non de les paralyser, prend une série de mesures (dans les articles 25 et suivants), destinées à donner un nouvel essor aux fouilles qui jouent un si grand rôle dans l'histoire artistique de l'Italie. Toute personne pourra opérer des fouilles à la condition d'en prévenir la Commission des Beaux-Arts qui déterminera à l'avance les conditions dans lesquelles elles devront se faire. Toute découverte devra être immédiatement notifiée à l'Autorité qui décidera s'il y a lieu d'acquérir l'objet pour les musées, de le laisser au propriétaire qui s'engagera à le conserver, ou enfin de le laisser entrer dans la libre circulation des objets curieux ne présentant pas une valeur exceptionnelle. Dans le cas où ce serait fortuitement et à la suite de travaux quelconques que l'on viendrait à découvrir des objets d'art ou des restes de monuments anciens, l'inventeur sera tenu de faire connaître sa découverte, à peine de confiscation, et de ne rien modifier ni démolir sous les sanctions les plus sévères.

Nous n'insisterons pas davantage sur ces dispositions et nous n'entrerons pas dans les détails minutieux de la loi pontificale dont nous voulons donner seulement un exemple, en reproduisant ici l'énumération des objets dont l'exportation est interdite par l'article 1er de la loi de 1802 : *In primo luogo vogliamo che sia affatto proibita da Roma et dello Stato l'estrazione di qualunque Statua, Basso-rilievo, o altro simile lavoro rappresentante figure Umane o di Animali, in Marmo, in Bronzo, in Avorio, ed in qualunque altra materia, ed altresì di Pitture antiche, Greche, e Romane, o Segate, o levate dai muri, Mosaici, Vasi detti Etruschi, Vetri, ed altre opere colorite, ed anche di qualunque*

*opera d'intaglio, Vasi antichi, Gemme e Pietre incise, Ca-
mei, Medaglie, Piombi, Bronzi, e generalmente di tutti
quelli lavori, o di grande, o di piccolo Modello, che sono
conosciuti sotto il nome di Antichita, pubbliche o private, Sa-
cre o profane, niuna eccetuata, ancorchè si trattasse di semplici frammenti, da quali ancora grandi lumi ricevono le
Arti e gli Artisti; ed eziandio di qualunque antico Monu-
mento, cioe di lapidi, o Iscrizioni, Cippi, Urne, Candelabri,
Lampadi, Sarcofagi, Olle cinerarie, ed altre cose antiche
di simil genere e di qualunque materia siano composte,
comprese anche le Semplici Figuline. Questa proibizione,
vogliamo che si estenda ancora alle opere asportabili di
Architettura, cioe colonne, Capitelli, Basi, Architravi, Fregi,
Cornici intagliate, ed altri ornamenti qualsi vogliano di
antiche Fabriche, ed anche alle Pietre dure, Plasme, Lapisla-
zuli, Verdi, Rossi, Gialli antichi, Alabastri orientali, ancorchè grezzi è non lavorati, Porfidi, Graniti, Basalti, Serpen-
tini ed altri simili, fuori del semplice Marmo bianco........,*
les statues, bas-reliefs et autres travaux semblables représentant des hommes ou des animaux, en marbre, bronze,
ivoire ou quelqu'autre matière, peintures antiques grecques ou romaines, mosaïques, vases étrusques et anciens,
ouvrages de verrerie, pierres précieuses, intailles, camées, plombs, bronzes et généralement tous les objets qualifiés d'antiquités, publics ou privés, sacrés ou profanes,
encore qu'il ne s'agisse que de simples fragments; de
même tous débris de monuments antiques comme pierres,
inscriptions, cippes, urnes, sarcophages, candélabres; de
même tous morceaux transportables d'architecture tels
que colonnes, chapiteaux, frises, corniches, de lapis-la-
zuli, de marbre vert ou rouge, de porphyre, de granit, de
serpentine, d'albâtre oriental, etc. Quand on veut faire des
énumérations c'est ainsi qu'il faut procéder.

Tout ce que nous voulons retenir de ce rapide examen,
des édits si remarquables de Pie VII, contre-signés par les

cardinaux Doria Pamphili et Pacca, c'est que notre loi de
1887 doit reconnaître qu'elle a été de beaucoup devancée,
par cette législation extrêmement logique et complète, et
qui peut servir de modèle à tout ce que l'on cherchera à établir à l'avenir. Et c'est vainement que, pour justifier les
parties incomplètes de l'œuvre de nos législateurs, on se
réfugie derrière cette excuse qu'ils ont été arrêtés par la
notion plus étendue et plus inquiète qui pourrait exister
aujourd'hui des droits des propriétaires particuliers. Nous
trouvons, en effet, une partie des défauts de notre législation évités dans une loi essentiellement moderne, faite,
il y a peu d'années, sous l'influence immédiate de la
préparation de notre loi française et décrétée par le bey de
Tunis à la date du 7 mars 1886.

Ce décret, aussi intéressant par la netteté des solutions
qu'il donne que par sûreté des précautions qu'il prend, a été
inséré au *Journal Officiel Tunisien* du 12 mars 1886. Le
cadre général de la loi est analogue à celui qui a été adopté
par le Parlement français, avec les seules différences qui
tiennent à la diversité des constitutions régissant les deux
pays. Nous ne nous arrêterons donc que sur les points où
l'œuvre du législateur tunisien aurait pu servir de modèle
à notre législation française. Le grand moyen de protection des objets d'arts et monuments historiques est toujours le classement, qui aura pour conséquence l'interdiction de toute destruction et de toute réparation non autorisée.
Le Titre II du décret lui est entièrement consacré. Le
classement est prononcé par décret, après avis du Directeur du Service des Antiquités, et enquête, si le monument appartient à un particulier. Mais, prévoyant les inconvénients qui pourraient résulter des lenteurs de l'enquête,
l'article 5 tranche la controverse qui s'agite dans notre
droit sur le classement préalable par la solution suivante,
parfaitement nette et logique : *La déclaration d'enquête a.
pour effet d'assimiler l'immeuble pendant la durée de l'en-*

quête à un immeuble classé. La conservation provisoire de l'immeuble est ainsi ordonnée ; mais cela ne suffit point, il faut l'assurer pour l'avenir par des moyens efficaces.

Il y a lieu de les protéger contre ceux qui pourraient ignorer des décisions ne laissant aucune trace matérielle. D'après l'article 7, *l'administration devra faire apposer sur le monument classé une marque spéciale apparente.* Ce classement n'aura son plein effet vis-à-vis des tiers qu'à dater de l'apposition de cette marque. Par là même on fournit aux autorités locales, incertaines de leurs droits, le moyen de connaître exactement l'étendue de leur devoir, et la possibilité de défendre équitablement les monuments par les mesures énergiques mises à leur disposition un peu plus loin. L'article 12 de la loi, en effet, déclare que tous ceux qui auront violé de quelque façon les règles concernant les monuments classés seront passibles des peines édictées par l'article 257 du Code pénal français pour la destruction des monuments publics : la destruction de la marque apposée par l'Administration sur un monument classé sera assimilée à une dégradation du monument lui-même et passible des mêmes peines. Nous croyons que pratiquement cette mesure est la seule vraiment efficace. La loi tunisienne fait, en outre, inscrire l'arrêté de classement à la Conservation de la propriété foncière quand il s'agira d'un immeuble immatriculé ; mais, pour arriver au but cherché, rien ne vaut, pour les immeubles, ce signe matériel apparent, qu'elle a innové la première de toutes, et qu'il ne serait peut-être pas impossible d'introduire en France par voie d'usage.

A propos d'immeubles, il faut encore remarquer la disposition qui permet au propriétaire de réclamer une indemnité fixée après expertise, dans le cas où les travaux de restauration seraient nuisibles à ses intérêts. Cette mesure, qui n'a rien d'équivalent dans la loi française, s'explique par le fait que le classement des immeubles peut

s'opérer, en Tunisie, malgré l'opposition des propriétaires.
Il en est de même pour les meubles d'art ou d'antiquité,
qui, d'après l'article 15, sont tous soumis de plein droit à
la surveillance du Gouvernement et considérés comme
classés. Ici, après avoir sévi contre le vandalisme destructeur et restaurateur, donnant à sa loi la portée la plus
complète, le Bey de Tunis prend, dans l'article 17, la plus
utile précaution contre le vandalisme spoliateur en déci-
dant qu'aucun objet présentant les caractères indiqués ne
pourra être exporté sans une autorisation du Directeur du
Service des Antiquités et du Premier Ministre. Une exportation temporaire pour les Expositions étrangères est seule
permise avec les précautions nécessaires ; c'est une préoccupation toute contemporaine qui indique bien quel est le
degré de perfectionnement atteint par la loi.

Le Titre IV de la loi Tunisienne est consacré en entier
aux Inscriptions. Les pierres écrites ou inscriptions de
toutes espèces, à quelque époque qu'elles appartiennent,
en quelque langue qu'elles soient rédigées, sont considé-
rées comme monuments de l'histoire du Royaume, et,
comme tels, pourront être classées comme des immeubles
auxquels elles sont assimilées ; à défaut de classement,
elles seront, comme les meubles d'art, sous la protection
de l'Autorité. Une mesure spéciale pour ce genre de monuments n'est pas une chose indispensable, et notre loi n'a
pas cru devoir en prendre ; les inscriptions rentrent, en
effet, par leur nature, dans une des catégories visées, soit
immeubles par destination si elles sont enchassées dans
quelque édifice, soit meubles si elles en sont séparées.
Néanmoins, à cause de leur caractère particulier qui les
répartit entre les classes d'objet les plus diverses, car les
inscriptions nous peuvent parvenir sur des fragments de
poteries, sur des pierres fines, aussi bien que taillées dans
les rochers des cols des montagnes, à cause de leur très
grande importance et de l'extrême facilité qu'il y a à les

conserver sans causer au propriétaire le moindre préjudice, nous croyons qu'il n'était pas inutile de prendre à
leur égard une disposition expresse. Si on avait fait de
même en France, on n'aurait pas à hésiter parfois sur les
mesures à prendre, et nous n'aurions pas à déplorer, comme
dans tel village des environs de Lyon, St-Rambert l'Isle
Barbe, la destruction totale d'une inscription des plus
curieuses avec la seule consolation de la savoir relevée et
conservée par les épigraphistes.

Au titre suivant, les fouilles sont réglementées par le
législateur tunisien avec le plus grand détail et la plus
grande sagesse. On prévoit trois hypothèses : 1° les fouilles
sont conduites dans le but de rechercher des objets d'art ;
2° les fouilles sont le résultat inattendu d'un travail quelconque. Ce sont les deux mêmes cas prévus par la loi pontificale. Il faut, dans le premier cas, se munir de l'autorisation de l'État : dans le second, la demander dès la première
découverte ; on est tenu d'ailleurs de veiller avec le plus
grand soin sur les objets découverts. Mais, 3° on ajoute
une hypothèse qui ne peut guère se réaliser que dans les
pays de l'Afrique romaine ou de l'Orient, témoins des magnifiques civilisations de l'antiquité ; c'est le cas où il s'a-
git de ces débris immenses de cités oubliées qui couvrent
des espaces de pays entiers. Cependant, ailleurs, en Indo-
Chine, en Amérique, et même en France ne pourrait-on
pas en trouver des exemples dans des localités telles que
Sanxay (Vienne), Les Baux (Bouches-du-Rhône) ? L'article 29 s'exprime de la manière suivante : *Les travaux de
déblaiement, d'appropriation, de destruction, exécutés dans
les ruines d'édifices qui ne sont pas classés, l'enlèvement,
le bris, l'emploi de pierres antiques éparses à la surface du
sol sont assimilés aux fouilles.* Et plus loin : *On doit annoncer à la Direction des Antiquités et des Arts l'intention où
l'on est d'employer ou de détruire les matériaux de cette
nature, un mois au moins avant le commencement du tra-*

vail. Quant aux objets d'art découverts dans les fouilles, par une faculté d'expropriation spéciale, ils peuvent être dans les six mois revendiqués par l'Administration. Les collections d'objets d'art appartenant à des particuliers sont d'ailleurs elles-mêmes l'objet de la sollicitude gouvernementale. Elles pourront recevoir de l'État une subvention ; et, dans ce cas, elles seront qualifiées de musées et jouiront de tous les droits dont jouissent les monuments publics ; tous les objets les composant seront, *ipso facto*, considérés comme classés.

Enfin, pour arriver pratiquement à la réalisation du but cherché, on ajoute à la marque extérieure, dont nous avons déjà fait l'éloge, les deux prescriptions suivantes dont l'extrême utilité n'a pas besoin d'être démontrée : 1° les décisions prises par la direction du Service des Antiquités et des Arts, tout en étant susceptibles de recours, sont exécutoires par provision ; 2° les autorités locales, gouvernementales ou municipales sont tenues non seulement de signaler les infractions au décret, mais encore de les empêcher par leur intervention directe ; et ce, sous leur responsabilité personnelle des dommages que leur négligence pourrait occasionner.

Si l'on rapproche ce tableau rapide que nous venons de faire de la législation Tunisienne des desiderata que nous avons exprimés en étudiant la loi de 1887, soit pour apprécier les mesures prises, soit pour y regretter des obscurités ou des lacunes, on est forcé de convenir que ce décret de 1886 sur la matière des monuments d'art est une des lois les plus complètes et les mieux ordonnées qu'il soit possible de faire.

Les divers pays de l'Orient, qui se trouvent dans le même cas que la Tunisie par rapport aux richesses qu'ont laissées dans leur sol les antiques civilisations disparues, se sont vus forcés de recourir à des mesures analogues quoiqu'elles ne forment pas un ensemble aussi complet. En Turquie, un règlement daté du 24 février 1884, sur les antiquités, s'occupe de réglementer les fouilles, le transport des antiquités, leur exportation, sous diverses sanctions pénales. En Égypte, un décret du 18 décembre 1881 constitue un Comité chargé de la conservation des monuments de l'art arabe. Antérieurement, de nombreux décrets ont été rendus pour régulariser les fouilles dans les ruines de l'Égypte ancienne, pour déterminer dans quelles conditions l'exportation des objets découverts pouvait être effectuée. En principe, toutes ces découvertes sont réservées à l'État ; c'est la règle qui a été aussi proclamée d'une manière absolue en Grèce où toute exportation est interdite ; nous en avons pour preuve les conventions conclues entre les Gouvernements grec et allemand à propos des fouilles d'Olympie en 1874, et tout récemment avec le Gouvernement français pour les fouilles à entreprendre à Delphes. Elles sont toutes deux conclues sur la base que tous les objets trouvés doivent rester à la Grèce ; celle-ci se réserve seulement d'abandonner le cas échéant à la nation co-contractant les doubles que l'on pourrait trouver et de lui accorder le droit de prendre des moulages.

La crainte de se voir dépouillés des richesses qu'ils renferment, la nécessité de prendre des précautions contre le vandalisme spoliateur, telles sont les préoccupations qui dominent les divers pays que nous venons d'énumérer. A ces législations, on pourrait encore rattacher les réglementations édictées dans l'empire Austro-Hongrois.

Dès les 18 août et 23 décembre 1848, une ordonnance avait interdit l'exportation des objets d'art. Une commission centrale avait été créée le 31 décembre 1850, réorganisée le 21 juillet 1873, pour classer et conserver les monuments historiques. Nous ne rappellerons que pour mémoire les nombreuses circulaires publiées par le Gouvernement Autrichien en ce qui concernait les provinces de la Lombardie et de la Vénétie. Reprenant les prescriptions

des décrets, du 20 avril 1770, du Conseil des Dix à Venise et,
du 6 octobre 1804, du Vice-Président de la République
Cisalpine, il avait interdit l'exportation des objets d'art, et
pris les mesures les plus énergiques pour assurer la conservation des édifices et objets découverts dans les fouilles.
A ce propos, nous voulons citer encore ici une mesure
qui fait le plus grand honneur au Gouvernement qui l'a
édictée : ce sont les ordres donnés de Vienne, le 24 mars
1849, pour interdire l'introduction et le trafic dans la monarchie autrichienne des objets d'art provenant des musées
d'Italie. La loi la plus récente est celle qui a été promulguée en Hongrie le 28 mai 1881 (*Annuaire de législ. étrang.*
1882). Elle s'occupe tout particulièrement des fouilles et
des monuments qui peuvent être découverts à l'intérieur
du sol. L'autorité communale doit être prévenue aussitôt
que l'on découvrira un monument d'art, c'est-à-dire, tout
édifice ayant la valeur d'un monument artistique ou historique et tout ce qui en dépend. L'autorité communale
en réfère au Ministre du Culte et de l'Instruction publique qui a la surveillance des monuments (art. 1ᵉʳ) ; et, pendant une période de trente jours, toutes choses doivent
être laissées dans l'état. Si le Ministre décide que le monument doit être classé, il est désormais interdit de le
détruire ou de le réparer sans autorisation ; le propriétaire
doit l'entretenir en bon état à ses frais sous peine d'expropriation ; et, si c'est un établissement public, le Gouvernement peut même le faire réparer d'office, quitte à se
faire rembourser plus tard de ses avances. Le tempérament
apporté à cette mesure, un peu onéreuse peut-être pour le
propriétaire, est la possibilité qu'on lui donne de mettre
l'État en demeure de le déclasser ou de l'exproprier, s'il
ne peut subvenir aux charges nécessaires. On peut, en
effet, exproprier les monuments historiques ; et, par une
attention, digne d'éloge, on spécifie, dans les articles 9 et
12, que l'on peut exproprier, outre les immeubles, les ter-

rains entourant les monuments d'art, nécessaires aux intérêts de la science ou utiles pour faciliter l'accès du monument. Une autre disposition spéciale à la loi hongroise est encore plus remarquable, c'est celle qui « permet l'expropriation temporaire pour trois ans des terrains dans lesquels des fouilles doivent être faites, à la seule condition qu'ils ne contiennent pas de construction ». Nous avons eu à regretter que la loi française n'ait pas cru devoir prendre de quelque manière des mesures analogues. La loi hongroise ajoute (art. 14), qu'en matière d'expropriation la valeur vénale des immeubles expropriés doit seule entrer en ligne de compte et non leur valeur artistique ou historique. De nombreuses dispositions pénales, et particulièrement des amendes, sont édictées contre ceux qui n'observeraient point les prescriptions de la loi et détruiraient ou dégraderaient les monuments dont la conservation est décidée.

Une Commission nationale des Monuments d'art, dont les membres peuvent recevoir une indemnité de déplacement lorsqu'ils vont en mission (huit ou cinq florins par jour et le transport), et le directeur royal des établissements publics sont chargés de l'exécution de la loi ; le Ministre ne prononce qu'après avoir consulté la Commission. Une faveur particulière exempte de tous droits les actes passés en vertu de la loi. En résumé, la loi hongroise se préoccupe beaucoup des découvertes que l'on peut faire par des travaux souterrains ; mais elle ne s'inquiète plus comme les lois relatives à l'Italie de la possibilité de se voir ravir ces objets par les nations étrangères. Elle peut donc, en quelque sorte, servir de transition entre les législations que nous venons d'étudier et un second groupe de législations que nous voulons rapidement parcourir en finissant.

A mesure qu'on s'éloigne des contrées européennes où les civilisations anciennes ont brillé jadis, les monuments

que l'on rencontre deviennent moins importants et moins
nombreux. Si tous ces monuments sont pour les peuples
qui les possèdent l'objet d'un intérêt passionné, parfois
même d'un orgueil national, ils cessent d'exciter au même
degré l'envie des peuples voisins à laquelle souvent ils
échappent par leur nature même. Néanmoins, et ce fait
est remarquable, il n'est pas pour ainsi dire de pays où
l'on ne s'efforce de disputer aux atteintes du temps ces
restes auxquels sont attachés les souvenirs du passé. En
Espagne deux décrets, datés l'un du 16 décembre 1873,
l'autre du 30 septembre 1887, s'occupent d'une manière
générale de la conservation des monuments historiques ;
signalent les mutilations que les autorités locales leur font
subir et confient à l'Académie de St. Ferdinand le soin de
les protéger. Il en est de même en Allemagne, où une ordonnance prussienne du 4 octobre 1815 interdit de faire
aucun changement dans les monuments anciens sans autorisation. Le mouvement qui passionna la France pour les
monuments pendant la monarchie de juillet se fit d'ailleurs
sentir dans tous les États allemands. L'opinion publique
s'y prononça avec une grande vigueur ; nous en avons une
preuve dans les nombreuses circulaires et ordonnances
parmi lesquelles nous citerons celles du 31 octobre 1830,
19 août 1837, 7 mars et 1ᵉʳ juillet 1843, 24 janvier 1844,
12 janvier 1853. Ces deux dernières confiaient la conservation des monuments à un Conservateur relevant du
ministère des Cultes (*Konservator der Kunstdenkmaler*) et
créaient une Commission chargée de les rechercher et de
les protéger. De plus, on a inscrit au Code pénal allemand,
à l'article 304, la disposition suivante dont la sévérité est
parfaitement justifiée. « Celui qui intentionnellement et
sans raison détériore ou détruit tous monuments publics
ou objets d'art, les objets du culte et ceux consacrés au
service divin, les monuments funéraires, les objets de l'art,
de la science ou de l'industrie qui sont conservés dans les

collections publiques, et les objets qui seront destinés à l'embellissement des voies, est puni d'un emprisonnement pouvant aller jusqu'à trois ans et d'une amende dont le maximum est de cinq cents thalers : la tentative est punissable comme le délit ».

En Angleterre, en Danemark et en Finlande, nous rencontrons des lois qui à raison de leur caractère spécial, du soin avec lequel elles ont été rédigées, et, pour le Danemark en particulier, des heureux résultats obtenus, méritent que nous nous y arrêtions plus longtemps.

En Angleterre, quels que soient le nombre et la splendeur des monuments, le Gouvernement ne s'est pas préoccupé de protéger ceux qui offrent une grande valeur artistique, œuvres d'architecture, de sculpture, de peinture ou d'orfèvrerie ; il se repose entièrement pour la conservation de ces objets sur leurs propriétaires. Son attention n'a été attirée que sur les monuments qualifiés de *préhistoriques* dont l'intérêt est bien moins apparent. Encore est-ce tout récemment que des mesures législatives ont été prises pour leur sauvegarde. Pendant longtemps, toutes les tentatives faites dans ce but étaient venues se heurter au profond respect que les Anglais portent à un si haut point pour tout ce qui touche aux libertés privées. Le scrupule des droits inviolables de la propriété, qui a fait hésiter nos législateurs et paralysé leurs meilleures intentions, s'est fait sentir en Angleterre avec encore plus de force ; et le caractère particulier de cette législation est le soin avec lequel elle a évité tout ce qui pourrait la compromettre.

Un projet présenté par M. Shaw-Lefèvre, député de Reading, a été adopté par la Chambre des Lords le 1er août 1882, voté par la Chambre des Communes le 15 août suivant, et promulgué le 18 août 1882, sous la rubrique de : *Ancient Monuments Protection Act.* Par suite du désir de renfermer les dérogations au Droit commun qu'on allait édicter dans les limites les plus étroites, cette loi ne vise que les seuls monuments de l'espèce de ceux dont une courte liste est annexée, et qui sont, tous, des monuments préhistoriques ou mégalithiques. Ce sont les vestiges des civilisations bretonne, celtique et anglo-saxonne, primitives : il n'est question ni des châteaux, ni des églises, ni des œuvres d'art. C'est l'honneur du peuple anglais de reconnaître que les mesures de protection n'ont été jusqu'à présent rendues nécessaires que pour des monuments que leur intérêt purement scientifique rend vraiment, nous l'avons dit, peu accessibles à la masse du public. Ils sont désignés, nominativement, au nombre de 29 en Angleterre, 21 en Écosse et 18 en Irlande ; mais faculté est donnée au Gouvernement d'en classer d'autres par décret « *order in council* », pourvu qu'ils présentent les mêmes caractères. *Her Majesty may, from time to time, by Order in Council, declare that any monument of a like character to the monuments described in the schedule hereto, shall be deemed to be an ancient monument to which this Act applies, and thereupon this Act shall apply to such monument in the same manner in all respects as if it had been described in the schedule hereto. An Order in Council under this section shall not come into force until it has lain for forty days before both Houses of Parliament during the Session of Parliament* (Art. 10).

Les seuls effets de ce classement sont : 1° de permettre de frapper de certaines peines (art. 6) ceux qui les mutileraient à la condition, remarquons-le, que ce ne soit pas le véritable propriétaire ; 2° de permettre l'achat de ces monuments (art. 3) par les soins d'une Commission spéciale dont les membres sont appelés *Commissioners of Works*. Cette institution qui est la base de la loi en forme un des traits les plus caractéristiques. En effet, cette Commission reçoit la personnalité civile ; et c'est elle qui est appelée non seulement à prendre sous sa garde les anciens monuments pour les protéger mais encore à en devenir elle-même propriétaire, soit qu'elle en fasse l'acquisition avec les fonds que le Parlement vote à cet effet, soit qu'elle les recueille par legs ou donation. La Commission est placée sous le contrôle et la direction du ministère des Finances, *the Commissioners of Her Majesty's Treasury*, en raison des fonds qui peuvent être mis à sa disposition par l'État : aussi cette même administration des Finances a-t-elle à nommer un ou plusieurs inspecteurs des Anciens Monuments qui se mettront en rapport avec la Commission, et examineront avec elle les meilleures mesures à prendre pour assurer leur conservation (art. 5). Voilà à quoi se borne l'intervention de l'État. Quant à la Commission, c'est elle qui a le rôle actif. Elle peut être chargée de la conservation des monuments appartenant à un particulier, si celui-ci prend l'initiative de cette mesure et constitue les commissaires gardiens de son monument. *The owner of any ancient monument to which this Act applies may, by deed under his hand, constitute the Commissioners of Works in this Act mentioned the guardians of such monument* (art. 2). C'est dans ce cas unique que le propriétaire deviendra passible des peines édictées contre ceux qui dégradent les vieux monuments, car il sera considéré comme ayant abandonné ses droits en tant qu'ils impliquent la faculté de détériorer ou de dégrader: *In which case the owner shall be deemed to have relinquished his rights of ownership so far as relates to any injury or defacement of such monument and may be dealt with as if he were not the owner.* Nous avons insisté sur l'empiétement subi par le droit de propriété parce que cette concession, si on l'apprécie d'après les mœurs anglaises, est considérable, bien que le propriétaire, à tous autres points de vue, conserve intact son droit. L'*Ancient Monuments Protection Act* est donc, au fond, une loi très spéciale ; mais le moyen imaginé pour avoir des gardiens vigilants des monuments, et qui se rapproche de la conception qu'avait eue M. de

Caumont autrefois en France, pourrait peut-être inspirer à cet égard une mesure analogue fort utile, en donnant une autorité plus grande et une autonomie plus active à la Commission des Monuments historiques.

Il ne faut pas oublier, en effet, que l'initiative privée est de beaucoup la plus efficace pour la conservation des objets d'art, à la condition qu'elle soit seulement favorisée par les autorités gouvernementales. Le Danemark nous en donne un très remarquable exemple. Si le Cabinet Royal des Arts de Copenhague possède actuellement des richesses incalculables, et qu'on peut presque regarder comme la totalité des découvertes faites dans ce pays, on le doit à la fois à la sagesse du Gouvernement et au patriotisme des gouvernés. Il existe en Danemark un ancien droit désigné par l'appellation de *Danefæ* (du vieux norrain *danarfé*, *fé* propriété et *danar*, homme mort), en vertu duquel tout objet exhumé du sol et tout trésor sans maître doivent appartenir au Roi. Une ordonnance, du 22 mai 1737, avait développé cette règle en obligeant les inventeurs à livrer au fisc le produit de leurs découvertes sans en recevoir aucune indemnité. Mais, comme, pratiquement, cette attribution à l'État était trop rigoureuse, et pouvait avoir pour résultat la disparition de certains objets, une ordonnance du 7 août 1752 disposa que le prix de la valeur intrinsèque de l'objet serait accordé à l'inventeur. L'expérience a bien vite démontré la sagesse de cette mesure, comme le constate un rapport très complet de M. Worsaæ, l'illustre savant qui a tant contribué à obtenir les magnifiques résultats auxquels on est arrivé (ledit rapport a été publié, en 1877, p. 343, dans les *Mémoires de la Société Royale des Antiquaires du Nord*). Peu à peu on organisa un enseignement archéologique bien compris qui a vulgarisé des connaissances d'un haut intérêt ; l'amour-propre national fut surexcité ; on obtint que les paysans apportassent à Copenhague tout ce qu'ils découvraient dans le sol.

Pour les monuments immeubles, des mesures analogues ont été prises : on réserve à l'État le plus possible les parcelles qui les contiennent. M. de Marsy, dans une lettre fort intéressante, insérée au *Bulletin Monumental* (1878), rappelle que, dans un État voisin, la Hollande, la province de Drenthe a pu, en moins de trois ans, faire entrer dans son domaine tous ses monuments. Au reste, depuis de longues années les monuments historiques, les dolmens, les menhirs, toutes ces constructions étranges qui ont servi de tombeaux, d'autels et de sanctuaires à des peuples encore inconnus, ont été en grand honneur dans les pays Scandinaves. En Suède, dès le temps de Gustave Adolphe, il existe une charge d'*Antiquaire du Royaume* dont le titulaire, chargé de la conservation des Monuments nationaux, doit être en relations constantes avec l'Académie royale d'archéologie et les nombreuses sociétés provinciales. Récemment encore, une loi du 29 novembre 1867, reprenait les prescriptions anciennes. Au XVIIe siècle, en Danemark, Christian IV prend les premières mesures destinées à sauvegarder les inscriptions runiques. Toutefois, c'est au XIXe siècle qu'apparaissent les mesures les plus efficaces. En 1807 est créée à Copenhague la Commission royale pour la conservation des Antiquités et d'une manière générale on les met toutes sous la protection de la loi. En 1847, un inspecteur général des Monuments est adjoint à la Commission, et c'est M. Worsaæ qui est chargé de ces fonctions. Sous son impulsion éclairée, plusieurs dispositions utiles sont prises ; une allocation annuelle est remise à la Commission pour achat ou restauration des monuments et au besoin pour exécution de fouilles. Les vieux souvenirs des époques les plus reculées sont déclarés domaines nationaux (en 1848), et défense est faite d'aliéner les propriétés où de vieux monuments existent sans que le Gouvernement en soit averti ; des commissions diocésaines sont créées (en 1866), pour travailler de concert avec la Commission royale qui réside à Copenhague ; une enquête générale et complète sur tous les monuments historiques est ordonnée en 1874 ; enfin le Gouvernement se fait un devoir de venir en aide aux propriétaires des édifices, même modernes, et des églises pour les réparations jugées nécessaires, à condition que la surveillance des travaux lui soit réservée. C'est ainsi qu'a été constitué le musée des Antiquités du Nord ; c'est ainsi qu'ont été préservés de la ruine tant de monuments précieux pour l'histoire des peuples qui, traversant les pays du Nord, gagnaient les rives de l'Atlantique et fondaient les empires dont se compose l'Europe actuelle. (Voir le remarquable travail que vient de publier M. le professeur Berlioux, *Les Hyperboréens*, dans le *Bulletin de la Société de géographie de Lyon*.) La science doit garder une profonde reconnaissance aux généreux efforts de la Monarchie Danoise pour assurer la conservation des souvenirs du passé.

Dans le grand-duché de Finlande, sous le gouvernement de l'empereur de Russie, les mêmes préoccupations et le même culte pour le passé ont inspiré la loi du 2 avril 1883, la dernière que nous ayons à étudier (*Annuaire de législ. étr.* 1884, p. 689). En voici les passages les plus importants. L'article 1 s'exprime ainsi : *Toutes les antiquités tenant au sol, telles que les ruines de vieux bourgs, châteaux-forts, églises, chapelles, oratoires ou autres édifices publics d'importance, les tumuli, signaux de pierre, les blocs et rochers couverts d'écriture runique et d'autres signes, et tous les autres monuments analogues assez anciens pour ne plus pouvoir être considérés aujourd'hui comme appartenant à des particuliers, sont placés par les présentes sous la protection de la loi : et ne peuvent, en conséquence, être modifiés, démolis ou détruits que sous les conditions suivantes. Lorsque le propriétaire, pour une cause quelconque, se propose de modifier ou de déplacer quelque antiquité attenant au sol, il devra en donner avis au représentant de l'autorité le plus proche. Le Gouverneur de la province fera exécuter une description exacte du monument, et l'enverra à la Commission Archéologique qui sera instituée par le département administratif du Sénat de Finlande pour la garde des antiquités du pays.*

Deux hypothèses peuvent alors se présenter : la Commission décidera que le monument est à conserver, sa décision sera confirmée par le Sénat de Finlande ; et alors, s'il y a un préjudice pour le propriétaire, il pourra obtenir une indemnité ; le Gouvernement pourra, s'il le veut, poursuivre l'expropriation dans la forme légale. Si, au contraire, la Commission ne pense pas que l'on puisse classer le monument, le propriétaire reçoit le droit d'en disposer librement. Il y a toutefois un moyen terme, d'une application assez remarquable, indiqué par l'article 4 : dans cette dernière hypothèse, la Commission peut néanmoins faire visiter et décrire le monument et même déléguer quelqu'un pour assister, au nom de la Commission, à la modification ou au déplacement du monument, sans que cette mesure entraîne un préjudice pour le propriétaire. La Commission a également le droit de faire restaurer, ou rechercher par des fouilles, les antiquités tenant au sol, moyennant une juste indemnité pour le dommage éventuel causé au propriétaire ; ce procédé est bien plus pratique que l'expropriation que l'on a considérée chez nous comme nécessaire même dans ce cas. C'est elle qui accorde l'autorisation nécessaire pour les fouilles particulières ; doit faire visiter et décrire, sur la mise en demeure qui lui sera faite, les antiquités que des travaux publics (ces grands ennemis des monuments, routes, canaux, chemins de fer) pourraient mettre au jour. Les réparations des églises et autres monuments sans autorisation sont interdites, comme les mutilations et les destructions ; et des amendes sont édictées contre les contrevenants (art. 7). La loi finlandaise s'occupe aussi des meubles d'art, mais, comme nous l'avons fait nous-mêmes en France, elle se borne avec raison à ceux qui sont dans les établissements publics. *S'il se trouve*, dit l'article 9, *dans une église ou un monument public des biens meubles de nature à conserver le souvenir des usages ou de l'art antique et qui n'appartiennent à aucun particulier, ni à aucune famille, tels que d'anciennes parures, images, tableaux d'autel, croix, crucifix, bijoux, vases, fonts baptismaux, encensoirs et boîtes d'aumône, peintures non murales et autres ouvrages d'art, monuments et pierres funéraires, bannières, écussons, armes, armures anciennes, lettres des anciens écrits : ces objets ne pourront être dissipés ni détruits sous la responsabilité de celui qui doit en avoir la garde. Ces objets ne pourront plus être aliénés sans avis préalable à la Commission Archéologique, et avant que cette Commission ait été mise en demeure de faire dessiner, copier, ou, même si elle le demande, de faire acheter l'objet pour le compte du Trésor.*

Une disposition spéciale et très sage règle enfin la condition des objets mobiliers trouvés dans les fouilles en reproduisant à peu près le vieux droit du *danefæ* que nous a présenté la législation danoise. Quiconque trouve dans la terre, *dans l'eau* (c'est la première fois que nous rencontrons le soin de prévoir cette hypothèse qui pourtant peut se rencontrer même en France pour les lacs alpestres où l'on trouve des restes de la période lacustre, et les sources thermales où les Romains jetaient leurs offrandes à la divinité protectrice), dans de vieux édifices ou ailleurs, d'anciennes monnaies, armes, parures, ustensiles, vases ou autres antiquités, devra offrir sa trouvaille en vente au Trésor ; et, à cet effet, (art. 10), envoyer au fonctionnaire le plus proche les antiquités par lui découvertes, sans les endommager, en prenant toutes les précautions pour leur conservation ; il sera joint à l'envoi une indication exacte du lieu de la trouvaille et de toutes les circonstances pou-

vant servir d'éclaircissements. Si l'objet est acquis par le
Trésor, car on peut toujours le rendre à son propriétaire,
l'inventeur en recevra la valeur intégrale et un quart en
sus; ou, s'il ne peut y être attaché de valeur vénale, il sera
indemnisé sur estimation. *Celui qui, au lieu de faire connaître la trouvaille, la dissimule ou la fait disparaître, per-
dra, outre l'indemnité, ce qui lui restera de l'objet trouvé ;
et sera condamné à une amende de 10 a 300 marks. Sera
soumis à la même peine celui qui aura acheté l'objet sachant
que les formalités n'ont pas été observées.* On voit tous les
avantages qu'il y a à séparer, en matière de fouilles, ce
qui concerne les meubles de ce qui concerne les immeubles. Cette loi est si complète et si explicite qu'il n'est pas
nécessaire de la commenter plus longuement.

. Nous arrêtons, ici, le tableau rapide des principales dispositions prises chez les nations étrangères à l'égard des
monuments historiques. Il nous avait paru intéressant de
rechercher, en les examinant, quelles étaient les lacunes
qui pouvaient rester à combler dans l'œuvre d'ailleurs très
remarquable des législateurs de 1887. Nous n'hésitons pas
à reconnaître que, malgré quelques critiques de détail, les
moyens préparés sont suffisants ; il reste maintenant à les
mettre en action. Il faut, pour cela, que l'on aborde cou-
rageusement la tâche en cherchant à remédier aux inconvénients qui, dans la pratique, pourraient paralyser les
meilleurs règlements. D'une part, l'autorité administrative,
tout en maintenant ses droits avec un soin jaloux, devra
s'efforcer de rendre sa surveillance aussi légère que possible ; pour cela, elle devra se garder des prescriptions
vexatoires et apporter dans ses décisions la plus grande
célérité, de telle manière qu'on ne puisse plus se plaindre,
comme on le fait trop souvent, de ce que le classement
condamne les propriétaires à voir leurs immeubles dépérir
entre leurs mains sans pouvoir y toucher. D'autre part, il
faut que le grand courant d'opinion publique, qui se fait

jour partout en faveur des monuments historiques, soit maintenu et dirigé ; il faut que les municipalités, les établissements publics prennent souci de ce qui leur appartient ; que les évêques et le clergé continuent à entourer de leur sollicitude les monuments de la foi de nos ancêtres ; que de toutes parts les corps savants et les personnes éclairées ne cessent d'appeler l'attention sur les monuments. Ils devront signaler les abus qu'ils aperçoivent, et ne pas hésiter à provoquer l'usage des armes si équitables mises par la loi de 1887 à la disposition des défenseurs des monuments historiques. Il y a là, nous ne saurions assez le répéter, un immense intérêt scientifique et intellectuel ; il y a même plus, il y a une œuvre de patriotisme. Pour nous, si ces lignes, en tombant sous les yeux de quelque lecteur dévoué et de bonne volonté, pouvaient devenir la cause indirecte de la conservation d'un seul monument, appelé sans une intervention active à disparaître, nous nous croirions suffisamment récompensé de notre peine ; et nous nous dirions avec joie que notre labeur n'a pas été perdu.

POSITIONS

DROIT ROMAIN.

I. — Les condamnations civiles étaient pécuniaires dans le système des actions de la loi.

II. — Les arrhes dans la vente parfaite même sous Justinien ne servent que de moyens de preuve.

III. — Pour qu'un fait soit l'objet d'un louage d'ouvrage, il est nécessaire qu'il se prête à une exacte estimation pécuniaire.

IV. — La compensation resta toujours judiciaire à Rome.

V. — La substitution, sous ses diverses formes, dérive de la notion de l'adoption que contenait l'institution d'héritier primitive.

DROIT CIVIL.

I. — La femme mariée commune en biens peut contracter une société en nom collectif avec son mari.

II. — Le paiement pour autrui peut être fait soit malgré le créancier, soit malgré le débiteur ; mais il est impossible, s'ils s'y opposent tous les deux.

III. — La maxime *nemo auditur propriam turpitudinem allegans* ne met pas obstacle en droit français à ce que celui qui a versé une somme en vertu d'une convention illicite, comme contraire à l'ordre public ou aux bonnes mœurs, puisse poursuivre en justice la restitution de cette somme.

IV. — Le contrat qui attribue le bénéfice d'une assurance sur la vie à un tiers n'est pas une donation mais une stipulation pour autrui ; l'enregistrement ne doit donc en aucun cas réclamer le droit de mutation par décès.

V. — Le montant d'une police d'assurance sur la vie contractée par un époux commun en biens au profit de ses héritiers ne tombe pas dans la communauté.

DROIT COMMERCIAL.

I. — En cas d'attribution directe et spéciale du bénéfice d'une assurance sur la vie à une tierce personne expressément désignée, le bénéfice en doit être recueilli par le gratifié, sans qu'il ait à donner aucune indemnité pour les primes, à l'exclusion des créanciers du décédé, et ce, malgré la déclaration de faillite.

II. — Les parts de fondateur dans une société anonyme ne constituent pas de simples créances, mais de véritables parts sociales.

III. — Les changements d'administrateurs qui se produisent dans une Société anonyme, et qui se font conformément aux statuts ne sont pas soumis à la publication.

ÉCONOMIE POLITIQUE.

I. — La théorie de la spécialité des établissements publics n'est pas conforme à l'intention du législateur ; elle doit être rejetée en législation et en économie politique.

Vu :
Lyon, le 15 décembre 1890.
Le Président de la thèse,
C. APPLETON.

Vu :
Lyon, le 16 décembre 1890.
 Le Doyen de la Faculté,
E. CAILLEMER.

Vu et permis d'imprimer,
Lyon, le 20 décembre 1890.
Le Recteur de l'Académie,
E. CHARLES.

BIBLIOGRAPIHE

BARDOUX : Rapport au Sénat sur le projet de loi pour la conservation des monuments et objets d'art, (*Journal officiel,* doc. parl., mai 1886, p. 186).

BAUMGART : Rapport sur les monuments historiques, (*Expositions internationales, Londres,* 1874).

BELLISSEN (de) : Discours à la Chambre des députés, 28 juin 1881.

BULLETIN MONUMENTAL : Passim.

CAUMONT (de) : Rapport fait à la Société française d'archéologie pour la conservation et la description des monuments. Paris, 1857.

CHALLAMEL (Jules) : La loi du 30 mars 1887, dans l'*Annuaire de législation française,* 1888.

CHARMES (Xavier) : Le Comité des Travaux historiques et scientifiques, 1886.

COURCELLE-SENEUIL : Rapport au Conseil d'État, 28 février 1881.

DUCROCQ : La loi du 30 mars 1887 sur la conservation des monuments.

DUPRÉ ET OLLENDORF : Les Beaux-Arts.

GAUDRY : Traité des cultes.

HUGO (Victor) : Ode sur la Bande Noire.

HUGO (Victor) : Guerre aux démolisseurs, (*Revue des deux Mondes,* mars 1832).

LÉGISLATION ÉTRANGÈRE : Ancient Monuments Protection Act, 1882, 45 et 46 Vict. ch. 73 (Angleterre).

LÉGISLATION ÉTRANGÈRE : Décret du Bey de Tunis du 7 mars 1886, (*Journal officiel tunisien,* 11 mars 1886).

LÉGISLATION ÉTRANGÈRE : Leggi, decreti, ordinanze per la conservazione, dei monumenti. Roma, 1884.

LÉGISLATION ÉTRANGÈRE : Annuaire de législation étrangère, années 1874, 1876, 1881, 1883, 1884, 1887.

MIRAGLIA : Rapport au Sénat Italien, 1872.

MONTALEMBERT (de) : Du Vandalisme en France, dans la *Revue des deux Mondes,* mars 1833.

MONTALEMBERT (de) : Discours à la Chambre des Pairs, Discours au Congrès archéologique de Troyes (*Œuvres complètes,* tom. VI).

MORGAND (Henri) : L'Administration des Beaux-Arts, dans la *Revue générale d'administration,* 1883.

MORGAND (Henri) : Monuments historiques et objets d'Art, dans la *Revue générale d'administration,* 1889.

ROUSSE : Avant-projet de loi, dans *Œuvres, Discours, plaidoyers,* tom. I, p. 285.

SALEILLES : Le domaine public à Rome et les monuments, dans la *Nouvelle Revue historique,* 1888 et 1889.

SALEILLES : Compte-rendu de l'ouvrage de M. Ducrocq, dans la *Nouvelle Revue historique*, 1889.

SOMMERARD (du) : Les monuments historiques de France à l'Exposition de Vienne de 1873.

TURINAZ (Mgr), *Évêque de Tarentaise, aujourd'hui Évêque de Nancy*, Lettre pastorale sur l'étude de l'archéologie, 10 octobre 1875.

VIOLLET LE DUC : Rapport, annexé au Rapport sur le budget de 1880 par M. Proust.

WEISS : Philippe Pot devant la Cour de Dijon.

TABLE DES MATIÈRES

Imp. G. Saint-Aubin et Thevenot, Saint-Dizier (Haute-Marne), 30 Passage Verdeau, Paris.

Imp. G. Saint-Aubin et Thevenot, St-Dizier. 30 Passage Verdeau Paris.